Franz Peter Dyrchs

Ist Jura das Richtige für mich?

Franz Peter Dyrchs

Ist JURA das Richtige für mich?

Ein Dialog mit dem Jurastudium

Vahlen

Zitiervorschlag: *Dyrchs* Jurastudium

www.vahlen.de

ISBN: 978-3-8006-6443-6

Satz: Fotosatz Amann
Babenbergerstraße 2, 87700 Memmingen

Druck und Bindung: Beltz Bad Langensalza GmbH
Am Fliegerhorst 8, 99947 Bad Langensalza

Umschlag: Stefanie König
Umschlagfoto: © mucella – istockphoto.com

CO_2 neutral
chbeck.de/nachhaltig

Gedruckt auf säurefreiem, alterungsbeständigem Papier
(hergestellt aus chlorfrei gebleichtem Zellstoff)

Für meine Enkel
Edgar, Rufus, Vincent,
Lenny und Charlie

Inhalt

Vorwort
Ein Dialog mit dem Jurastudium

Sie stehen gerade kurz vor oder kurz hinter dem Abitur und denken daran, wie es sein wird, auf die Uni zu gehen und Jura zu studieren. Universität – klingt nach Erwachsensein. Und davor haben Sie großen Respekt. Sie können sich die Welt bis zum Abi vorstellen, aber die Welt dahinter nicht mehr. Sie haben das unbestimmte Gefühl, da draußen werde etwas von Ihnen erwartet, da würden Fähigkeiten verlangt, ein bündiges Studium, ein klares Verlaufsprofil. Aber Sie selbst fühlen sich noch gar nicht so weit? Sie seien doch gerade erst dabei zu verstehen, wer Sie selbst sind, was Sie können, und da werde schon von Ihnen verlangt, sich für das richtige Studium zu entscheiden. Sie spüren einen Druck und haben das Gefühl, alle anderen seien schon weiter. Die hätten sich schon spezialisiert, wüssten, dass sie einmal Lehrer, Arzt, Physiker, Richter oder Betriebswirt werden wollen. Aber für Sie ist die Zeit nach dem Abi eine einzige Nebelwand? Wie es weitergehen soll ist ungewiss? Sie neigen zum Studium der Rechtswissenschaften? So vagabundieren Sie als Schüler[1] mit Ihren Fantasien zwischen der langsam immer mehr der Vergangenheit angehörenden Schule und einem aus der Zukunft aufscheinendem Jurastudium hin und her. Dabei ist es keine so kluge Strategie, sich in ein solches Studium zu begeben, ohne sichere Erkenntnis über ein solches Studium.

Das riesige Land, das da vor Ihnen liegt, heißt bei Studenten oft spaßig »Jurististan«. Ein unwegsames, wildes, aber immerhin ein gefestigtes

1 Eigentlich müsste hier Schüler und Schülerin stehen. Auf die Verwendung dieser Konstruktion verzichte ich im ganzen Text nicht aus frauendiskriminierender Absicht, sondern ausschließlich aus Gründen der Lesbarkeit. Also: Grundsätzlich sind immer Schülerinnen und Schüler, Dozentinnen und Dozenten gleichermaßen gemeint. Ein bisschen beneide ich die Angelsachsen: Ein Schüler, eine Schülerin ist ein »student«; eine Dozentin, ein Dozent ein »teacher«; ein Lernbuchleser, eine Lernbuchleserin ein »reader«.

Reich. Dieses Imperium besteht aus Tausenden von Gesetzen, Artikeln und Paragrafen, aus Richtern, Anwälten, Politikern und Beamten in Gerichten, Kanzleien, Parlamenten und Büros, getrieben und getragen von einer geölten Maschinerie zur immer wieder neuen Produktion von Recht und Gesetz in Bundestag und Bundesrat, in Landesparlamenten, Gemeinden und Kommunen. Ich bin nun aufgebrochen, um mit Ihnen dieses Riesenreich »Jurististan« zu entdecken.

Ein Jurastudium – das wünschen sich viele. Das ist das eine. Das andere ist, dass nur wenige wissen, was genau das heißen soll, Jurastudium. Weder die Begeisterung noch die Neigung allein sind entscheidend für diese Studienwahl, so wichtig sie dafür auch sind. Auch die Vernunft muss eine Patenschaft übernehmen. Ein Jurastudium ist nicht allein aus Leidenschaft, Passion und Interessen komponiert. Eine solche »Komposition Jurastudium« entsteht aus einem erstaunlichen Zusammenspiel von Ihrer Begeisterung, Ihrem Interesse, Ihren Begabungen, Ihrer Persönlichkeit und Ihrer genauen Kenntnis von dem, was in einem Jurastudium auf Sie zukommt. Man darf einen Mangel an Informationen und Fakten nicht durch einen Überschuss an Fantasie kompensieren.

Mein Ziel muss es daher sein, Ihre Fantasie, Ihre Begabungen, Ihre Interessen und Ihre Persönlichkeit mit den Anforderungen und Fakten eines solchen Studiums in Einklang zu bringen, Ihnen eine Entscheidungshilfe an die Hand zu geben für die Frage: *»Jura, ja oder nein?«* Um möglichst nah an eine Antwort heranzukommen, müssen Sie wissen, was ein Jurastudium bedeutet, wie es aufgebaut ist, welche Inhalte es für Sie bereithält, welche Ihrer Begabungen, Interessen und Neigungen dazu förderlich sind und welche Ihrer Persönlichkeitsmerkmale, also Ihrer Fähigkeiten, Fertigkeiten und Talente, Ihnen ein Jurastudium leichter fallen lassen und welche hinderlich sind. Erst im Zusammenhang wird alles klarer: Gefragt ist die Kunst der kleinen Schritte. Der erste Schritt beim Übergang vom Gymnasium zum Jurastudium ist, wie meist im Leben, Ihr waches Bewusstsein von der hinter der im Titel gestellten Eingangsfrage: *»Ist Jura das Richtige für mich?«* und Ihre Erkenntnis von deren Beantwortung.

Ja – ist Jura das richtige für Sie? – Wie können Sie feststellen, ob Sie für Jura überhaupt geeignet sind? – Was bedeutet eigentlich »Rechtswissenschaft« genau? – Was Recht? – Was Gesetz? – Was ändert sich für Sie auf dem Weg vom Abiturienten zum Jurastudenten? – Welche Art von Persönlichkeit trifft auf welche Art von Studium? – Was erwartet der Ankömmling in den juristischen Hörsälen? Und was erwartet ihn tatsächlich? – Und: Warum scheitern eigentlich so viele Jurastudenten? – Fragen über Fragen.

Genau vor dem Hintergrund dieser Fragen und in ihren Resonanzraum hinein möchte ich mit meinen Antworten Ihren Aufbruch zu einem möglichen Jurastudium erden. Zu oft verwechselt so mancher seinen Willen zum Jurastudium mit der Kraft seiner Durchsetzung. *»Ich will das!«* heißt noch lange nicht *»Ich kann das!«* Zwischen Abi und Jurastudium nehme ich Sie vertrauensvoll an die Hand und mache mich mit Ihnen auf den steinigen Weg von der behüteten Schul-Welt hin in die freie juristische Hochschul-Welt. Unterwegs werde ich auch das gelebte Recht in den Gerichtssälen und dem juristischen Berufsmilieu mit in den Blick nehmen, um Ihnen zu zeigen, was Sie da erwartet.

Sie als junge Abiturientin, als junger Abiturient werden hier sicher nicht zum utopischen Himmelsstürmer Ihres Jurastudiums angehalten, aber auch nicht zum ängstlichen Duckmäuser Ihres Aufbruchs. Sie meistern ihn!

Das Buch ist entstanden aus einem Versprechen, welches ich meiner Tochter einst gab, als sie nach einem quälerischen Entscheidungsprozess nach ihrem Abitur freudig mit dem Jurastudium begann. Gleich ihren Mitstudierenden in die überfüllten Hörsaalbänke gezwängt verspürte sie aber sehr bald das Gefühl von Frust, Alleingelassensein, Enttäuschung, Nicht-mehr-weiter-Wissen – ja Verzweiflung. Sie bat mich als ehemaligen Richter und Staatsanwalt, als langjährigen Juraprofessor und Repetitor ein Vademecum, einen Leitfaden, für die Leiden und Leidenschaften eines mit der Juristerei Liebäugelnden zu schreiben, um es ihr Nachfolgenden leichter zu machen. Und so entwickelte sich ein brieflicher Dialog zwischen ihr und mir: »Briefe an Passionara – Die Leiden und Leidenschaften einer jungen Jurastudentin«. Daraus ist dieses Buch entstanden. Die literarische Form der »Briefe« habe ich darauf anspielend andeutungsweise beibehalten.

Nein! Ich werde Ihnen keinesfalls abraten, Ihre Neigung für Jura nicht dämpfen, lediglich begleiten will ich Sie auf Ihrem Weg vom Abitur zu einem möglichen Jurastudium und – wenn Sie sich dafür entscheiden sollten – auch auf Ihren ersten Schritten durch das Uniportal zum juristischen Hörsaal, durchaus auch mit kritischen Untertönen. Es ist äußerst vorteilhaft, wenn Vorstellungen und Talente auf eine Gelegenheit treffen, beides zu überprüfen. Diese Gelegenheit möchte ich Ihnen anbieten.

- *Seien Sie mutig genug, Ihre Begabungen für Jura genau zu analysieren,*
- *schlau genug, sich von niemand indoktrinieren zu lassen und*
- *offen genug, sich selbst und das Jurastudium mit seinen Sonnen- und Schattenseiten genau zu inspizieren.*

Ich möchte, um auf den entscheidenden Punkt zu kommen, dass Sie »in sich gehen« und sich fragen: »*Was ist das, ›Jura‹?*« – »*Wie geht ein solches Studium?*« – Und: »*Passt Jura überhaupt zu mir?*« Holen Sie auch verschiedene andere Meinungen zu diesen Fragen ein, auch außerhalb Ihrer Familie, von Lehrern, Freunden, professionellen Beratern. Raten die meisten Ihnen von Jura ab, sollten Sie das berücksichtigen. Aber unterscheiden Sie zwischen Urteil und Vorurteil. Überlegen Sie gut! Haben Sie wirklich Lust darauf, mehrere Jahre in Hörsälen, Seminaren und juristischen Bibliotheken zu verbringen? Unzählige Klausuren zu schreiben? Und neigen Sie bei einer Selbstanalyse nicht, wie die meisten Menschen, bei Fähigkeiten, die Ihnen eher abgehen, zur Selbstüberschätzung und bei solchen, die Ihnen liegen, zu Selbstzweifeln.

Lassen Sie sich auch nicht mit dem Spruch »*Mit Jura kannst Du nichts falsch machen*« in die Irre führen, genauso, wie Sie sich mit dem Rat »*Du solltest etwas Handfestes lernen*« nicht von Ihrer Jura-Idee abbringen lassen sollten. Auch der gut gemeinte Tipp aus der Familie »*Mach einfach, was Dir Spaß macht!*« ist nicht unbedingt hilfreich, da ein erfolgreiches Jurastudium wesentlich mehr von Begabungen und den Sekundartugenden Fleiß und Disziplin als von Spaß abhängt. Begabungen und Tugenden bleiben im Übrigen konstant, während sich Spaß und auch Interessen doch im Laufe eines recht langen Jurastudiums recht schnell ändern können.

Also: Was wollen Sie? – Und was wollen Sie nicht? – Was können Sie und was können Sie nicht? Und was wollen Sie, nur weil es andere wollen? Nach der Lektüre dieses Buches haben Sie eine Entscheidungshilfe, Ihr Einsteigergeist ist geweckt. Die Alternative »Jura, ja oder nein?« ist keine mehr. Wer allerdings an seiner Wankelmütigkeit festzuhalten versucht, riskiert, den Anschluss zu verlieren, wenn die »Jurawelt« mit einem Wuuuuuuuusch an ihm vorbeifliegt.

Eine ganz persönliche Bemerkung: Zahlreiche Zitate und Anmerkungen werden Sie in meinem Buch vergeblich suchen. Der Nachteil davon ist zweifellos: Keine wissenschaftlichen Details. Der Vorteil ist zweifellos: Keine wissenschaftlichen Details. Die Vorteile wiegen die Nachteile bei weitem auf. Wer einen solchen wegweisenden Ratgeber kauft, bedarf zunächst noch keiner wissenschaftlichen Erörterungen, sondern will ganz »einfache« praktische Unterstützung und handfesten Rat. Im Übrigen habe ich von allen klugen Köpfen genommen, was mir gefiel und bedanke mich für deren ungenannte Hilfe, biete aber auch allen an der Materie Interessierten an, sich bei mir zu bedienen von dem, was ihnen gefällt.

Franz-Peter Dyrchs

Einleitung
Hurra Jura!! – Jura??

»Welche Fragen sollte ich mir vor einem Jurastudium von Anfang an unbedingt stellen?«

Sie wollen also vielleicht unter die Juristen fallen? Sie liebäugeln mit einem Jurastudium? Sie stehen kurz vor dem Abitur oder haben das Abi gerade hinter sich gebracht? Sitzen mit dem »Studienführer« auf dem Schoß in den Vorhallen der Hochschule und grübeln, was Sie hier eigentlich machen sollen? »*Jura studieren*?« – Ja! – Nein! – Vielleicht! Aber was ist das, »*Jura*«? – Und wie funktioniert dieses »*Studieren*«? – Was ist das Besondere an der »*Juristerei*?« – Und: »*Was kann man damit werden*?« – »*Was ist ein Jurastudent? Und was nicht*?« – Und: »*Warum scheitern so viele Jurastudenten*?« – »*Wer hilft mir*?« – »*Gibt es ein Geheimnis des juristischen Anfangs?*« Es gibt kein Geheimnis des juristischen Anfangs. Es gibt nur Abiturienten, die sich nicht um ihn bemühen und die deshalb dummen Vorurteilen aufsitzen. Und helfen? Das tue ich gerade in unserem Dialog!

Sie stehen also kurz vor oder gerade in der magischen Zeit zwischen Abitur und Studium? Der Zeit der unbekümmerten Planlosigkeit? Die einzige Zeit im Leben, in der alles offen steht! Genießen Sie diese Phase Ihres Lebens, sie kommt nicht wieder! Aber bald trägt diese Stufe Sie nicht mehr und Sie müssen die nächste Stufe erklimmen. Es naht die Zeit, in der wichtige Entscheidungen reifen müssen. Irgendwann auf den Überlegungsschienen von Pläne-Machen, Pläne-über-den-Haufen-Werfen und Neue-Pläne-Machen, auf dem Weg von der behütenden Schule hin in die freie Welt der Hochschulen, von dem Motto »Nichts ohne meine Eltern« zum »Wie soll ich das alleine alles packen?« stellt sich bei vielen Abiturienten eine gewisse Planungsunsicherheit ein: Studium oder Ausbildung? Wenn Studium, welches wähle ich unter den 20 000 Studiengängen aus? Ein Jurastudium – das wünschen sich viele. Doch nur wenige wissen, was genau das heißen soll.

Ein erfolgreicher Jurastart entsteht aus einem erstaunlichen Zusammenspiel von Begeisterung, Neigung, Interesse, Begabungen, Disziplin, Persönlichkeit und ... genauer Kenntnis von dem, was in einem solchen Studium auf einen zukommt. Sie müssen folglich Ihre Begabungen, Ihre Interessen, Ihre Persönlichkeit mit den Anforderungen und Inhalten eines Jurastudiums in Einklang zu bringen versuchen. Dazu müssen Sie wissen, was ein Jurastudium bedeutet, wie es aufgebaut ist, welche Begabungen dazu förderlich sind und welche Persönlichkeitsmerkmale, also Fähigkeiten, Fertigkeiten und Neigungen, einem ein Jurastudium leichter fallen lassen und welche hinderlich sind.

Der erste Schritt auf dem Weg der Veränderung vom Gymnasium zum Jurastudium ist das Bewusstsein der entscheidenden Frage: **»Ist Jura das Richtige für mich?«**

Hier die wichtigen 10 Fragen, denen Sie sich von Anfang an im Hinblick auf ein Jurastudium gestellt haben sollten, sich aber spätestens nach dem 1. Semester in einem »Reality Check« gewissenhaft stellen müssen. Mit denen sollten Sie ehrlich und ernsthaft mit sich selbst zu Rate gehen. Entwickeln Sie Ihren ganz persönlichen individuellen Plan, das heißt, eine dauerhafte und tragende Strategie für Ihren juristischen Anfang. Es scheitern zu viele Jurastudenten, weil sie unaufgeklärt in die Jurafalle tappen. Diese Planung beginnt mit einer Analyse nachfolgender Fragen:

1. Warum will ich Jura studieren? – Es sind die Fragen nach Ihren Motiven.

Sozialprestige? ·· Breites berufliches Betätigungsfeld? ·· Viel Geld? ·· Günstige Berufsaussichten? ·· Was anderes fällt mir nicht ein? ·· Wunsch der Familie? ·· Macht? ·· Eintreten für Gerechtigkeit?

2. Passt Jura überhaupt zu mir? – Es sind die Fragen nach Ihren Eignungen und Fähigkeiten.

Was bin ich für ein Persönlichkeitstyp? ·· Was bin ich für ein Lerntyp? ·· Welche Eignungskriterien gibt es für Jura? ·· Welche bringe ich davon mit? ·· Kann ich mich an einem Anforderungsprofil messen? ·· Verfüge ich über die notwendigen Sekundärtugenden: Disziplin, Fleiß und Ordnung?

3. Ist das Jurastudium mein Wunschstudiengang, oder was kommt sonst noch in Frage? – Es sind die Fragen nach den Alternativen.

Habe ich ein bestimmtes Talent? ·· Bin ich ein Gerechtigkeitsfanatiker? ·· Wie stand ich in Mathematik, Deutsch und Fremdsprachen? ·· Ist Jura ein schon lange gehegter Wunsch? ·· Oder eher ein Spontanentschluss? ·· Was sagen meine familiären, was die professionellen Berater? ·· Hauptsache etwas ohne Naturwissenschaften?

4. Habe ich eine Vorstellung davon, welchen juristischen Beruf ich nach dem Juraabschluss ergreifen kann und will? – Es ist die Frage nach den Perspektiven.

Rechtsanwalt, Staatsanwalt, Richter? ·· Verwaltungsjurist? ·· Wirtschaftsjurist? ·· Polizei oder sonstige Behörde? ·· Notar? ·· Haben Mama der Papa eine Kanzlei? ·· War Oma Richterin?

5. Wie stelle ich mir meine Studienbedingungen vor? Wie lange will ich studieren? – Es sind die Fragen nach den Situativen.

Eher stromlinienförmig oder breit angelegt? ·· Freischuss oder zehn und mehr Semester? ·· Wo will ich studieren? ·· Massenuni oder kleine Universitätsstadt? ·· Zu Hause oder außerhalb? ·· Wie und wo kann ich wohnen? ·· Wie finanziere ich mein Studium? ·· Jobben oder Elternfinanzierung? ·· Bekomme ich dem Grunde nach Bafög? ·· Wie hoch ist der Förderbetrag? ·· Macht plus Kindergeld wieviel?

6. Wie will ich mein Studium organisieren? – Es ist die Frage nach den Regulativen.

Habe ich einen Studienplan? ▪▪ Akademische Freiheit oder strenge Disziplin? ▪▪ Eigene Planung? ▪▪ Zuhause wohnen bleiben oder Studentenbude? ▪▪ Wenn ja, ab wann und wie finanziere ich das? ▪▪ Wann mache ich welche Scheine? ▪▪ Wie halte ich es mit dem Freischuss? ▪▪ Hochschulwechsel in Deutschland ja oder nein? Wenn ja, wann? ▪▪ Auslandssemester? ▪▪ Wenn ja, wo und wann?

7. Welches Examensergebnis will ich erzielen? – Es ist die Frage nach den Erfolgsabsichten.

Bin ich mir des juristischen »Notenterrors« bewusst? ▪▪ Weiß ich um die Stofffülle? ▪▪ Reicht mir für die väterliche oder mütterliche Kanzlei ein »ausreichend« aus? ▪▪ Oder strebe ich in eine Unternehmensberatung, internationale Wirtschaftskanzlei oder in den Richterberuf? ▪▪ Will ich promovieren? ▪▪ Bin ich genügend ehrgeizig? ▪▪ Bin ich niederlagenresistent?

8. Was spricht gegen das Jurastudium? – Es ist die Frage nach den negativen Seiten.

Dominanz der Noten im Staatsexamen? ▪▪ Zweistufigkeit (weil in Studium und Referendarzeit gesplittet)? ▪▪ Fehlender Praxisbezug? ▪▪ Massenstudium? ▪▪ Trennung von Theorie und Praxis? ▪▪ Juristenschwemme? ▪▪ Zu schweres Examen? ▪▪ Hohe Kosten der Examensvorbereitung im Repetitorium? ▪▪ Kein festes »An-die-Hand-nehmen« am Anfang des Studiums? ▪▪ Fehlen einer begleitenden Kontrolle? ▪▪ Klausurenstress? ▪▪ Viel zu lange Ausbildung? ▪▪ Kaum Betreuung durch Professoren? ▪▪ Klassisches Traditionsstudium wie vor einhundert Jahren?

9. Was spricht für das Jurastudium? – Es ist die Frage nach den positiven Seiten.

Denken Sie in Ruhe nach! Ihnen fällt bestimmt eine Menge ein, und das ganz individuell. Und wenn nicht, lesen Sie das Buch langsam weiter. Haben Sie die letzte Seite gelesen, aber erst dann, wissen Sie mehr über die »Positiva«. »Jura« kann echt Spaß machen! Das begehrteste Bildungsangebot unserer Gesellschaft ist ein Studium. Nehmen Sie ihr Angebot in Form eines Jurastudiums an! Es lohnt sich!

10. Was zehrt im Jurastudium am meisten an den Nerven? – Es ist die Frage nach den Stressoren.

Folgende drei kritische Stichpunkte sollten Sie kennen::

- **Erstens, das Notensystem:** Juranoten sprechen für sich, aber nur, wenn man deren Vergabepraxis kennt. In juristischen Prüfungen kann man bis zu 18 Punkte erreichen. Ab 4 Punkten gelten Klausuren als bestanden. Danach staffelt es sich: bis 6 Punkte »ausreichend« (ca. 50 % aller Studenten), 7 bis 9 Punkte »befriedigend« (ca. 30 % der Kandidaten) und von 10 bis 12 Punkte ein »vollbefriedigend«, eine Notenstufe, die fast alle anstreben, gerade noch erreichbar erscheint, aber nur von ca. 10 % tatsächlich erreicht wird. Darüber wird es extrem dünn: 13 bis 15 Punkte »gut« (ca. 2 % aller Studenten), eine Bewertung, die nicht nur »gut« ist, sondern »hervorragend«, 16–18 Punkte bleibt den Genies vorbehalten. Versuchen Sie einmal, Ihren Mitabiturienten aus anderen Fakultäten klar zu machen, warum ein Jurastudent bei 10 von 18 Punkten jubelt. Abfälliges Abwinken erwartet Sie. *Dieses Notensystem macht Stress*: Die Erkenntnis, dass man voraussichtlich allenfalls mit »vollbefriedigend« abschneiden wird, kränkt das von der Schule verwöhnte Ego und bedarf eines langen Gewöhnungsprozesses. Ein ungesunder Noten-Konkurrenzdruck entsteht innerhalb der Kommilitonenschaft. Aber auch außerhalb mit Ihren Freunden. Diese Juranoten sind nämlich einfach nicht vermittelbar.
- **Zweitens, die Stofffülle:** Eine Unmenge von Stoff muss verarbeitet werden. Sie werden sehr bald zu der Erkenntnis kommen: »*Ich werde niemals alles wissen können*!« Sie sehen es auf sich zukommen: »*Es kann in den Klausuren alles dran kommen*! Es gibt keine stoffliche horizontale Beschränkung!« Folge: Sie sind ständig unsicher. Das stresst ungemein!
- **Drittens, der Vergleich:** Irgendeiner ist immer besser, hat mehr Punkte in den Klausuren, vielfältigere Zusatzqualifikationen, bringt bessere »soft skills« mit, ist weiter im Studium und hat sogar schon Auslandssemester hinter sich. Diese Sorgen kennt jeder Jurastudent: Die Topleistungen des Mensa- oder Hörsaalnachbarn bereiten Stress. Sie kennen aber auch die wichtigtuerische Selbstreklame: »*Meine Noten, meine Stärken, meine Scheine, mein Fleiß*«.

Es stimmt schon: Jura ist ein hartes Studium. Ihre überschaubare Schülerwelt wird geflutet werden von einer zuvor nicht für denkbar gehaltenen Menge an Informationen und Möglichkeiten, die zu hoher seelischer und körperlicher Belastung führen können, die einfach stressen. Mit diesen stressigen Verunsicherungsfaktoren der Außenwelt müssen Sie umzugehen lernen und sich frühzeitig gegen sie wappnen.

Gerade zu Beginn des Studiums wird vieles auf Sie einstürmen, auf das Sie niemand vorbereitet hat und was Ihnen Angst macht. Auch hier einige Stichpunkte:

Stofffülle ·· Alleskönner ·· Panikkommilitonen (Furcht steckt an) ·· Zeitdruck ·· Informationslawine der Ausbildungsliteratur ·· Vorlesungsunverständnis ·· Selbstüberforderung ·· Curriculare Unübersichtlichkeit ·· Hörsaalüberfüllung ·· Dozentendrohungen ·· Klausurengespenster ·· Bücherprobleme ·· Einschreibeformalitäten ·· Finanzierungsfragen ·· Nebenjobs ·· Studienplan ·· Infos en masse ·· Hörsaalsuche ·· Massenansturm ·· Mensaschlangen ·· Ein neues soziales Umfeld ·· Keine Ahnung von der Studienliteratur ·· Fehlende eigene Studienplanung ·· Horrorerzählungen der Altsemester ·· Anonymität ·· Isolationsangst ·· Ein Vorbeirauschen der Vorlesungsmonologe ·· Keine Lernkontrollen ·· Keine Lernstrategien ·· Akademische Freiheit oder Repetitorverschulung ·· Keine Strukturierungen ·· Zeitdruck ·· Stoffdruck

Aber getrost! Die meisten Probleme lassen sich gemeinsam lösen! Wenn Sie sich für Jura entschließen sollten, machen Sie alles »nach und nach«, nicht »alles gleichzeitig« und »sofort«. Für den Studienanfänger ist das Studium gerade dann, wenn er am Anfang der juristischen Leiter steht, am härtesten. Dass im Anfang Zweifel an Ihrer Wahl auftauchen, Ängste vor den Klausuren, dem Lernstoff, manch einer Doppelbelastung, vor schlechten Noten bestehen oder Sorgen über die Finanzen oder beruflichen Chancen aufkommen, ist nur allzu verständlich. Unser *Dialog* hilft Ihnen aber hoffentlich über diese Anfängerbefürchtungen hinweg und hält sie in Schach. *Aus der Zwickmühle. »Jurastudium« – »Ja!« – »Ja, aber!« – »Nein!« – »Nein, aber!«* – zwei ganze und zwei halbe Möglichkeiten – müssen Sie früh raus. Bei jeder anstehenden Entscheidung gibt es zunächst immer zwei endgültige Optionen und zwei Wartestellungen. Entscheiden müssen Sie selbst, aber bitte auf solider Grundlage! Dumm ist es, die »Alternative Jura« gewählt zu haben, ohne zu wissen, was eigentlich Inhalt dieser Alternative ist. Dümmer ist es, die »Alternative Jura« gewählt, ohne die Alternativen »B« und »C« genau geprüft zu haben. Noch dümmer ist es, die »Alternative Jura« gewählt zu haben, weil ein Dritter sie einem eingeredet hat oder einem nichts Besseres eingefallen ist.

Ihre Aufgabe müsste jetzt eine ehrliche Analyse Ihrer »Wackel-Situation« sein, um aus dem langgezogenen »Jein« der halben Möglichkeiten ein knappes »Ja« oder »Nein« zu Jura zu machen. Sie sind bald kein gegängelter Schüler mehr. Sie müssen Ihre Rolle als freier Jurastudent neu lernen. Dabei müssen Sie sich darüber im Klaren sein, dass es bei wichtigen Entscheidungen, wie der Aufnahme eines Jurastudiums, niemals ein 90:10 oder gar ein 99:1 gibt, sondern eher ein 51:49. Und: Dass der unterlegene Teil oft und lange, manchmal bis ins Examen, rebelliert. Wenn es allerdings nicht mehr passt: Finden Sie etwas Besseres! In jedem Menschen steckt mindestens ein zweiter, nämlich der, der er auch sein könnte. Selbst bei einem Abbruch des Studiums scheitert nie der ganze Mensch, sondern immer nur ein Teil, nur der Aspirant in seinem konkreten Vorhaben des Studiums von Jura.

Sie müssen sich jetzt klarmachen, wer Sie sind und wer Sie gerne wären, was ein Jurastudium ist, und was es nicht ist. Sie müssen eine eigene Entscheidung treffen. In dem Wort Entscheidung steckt das Wort »scheiden«: Wägen und gewichten Sie nach Anhörung alles für Sie Maßgeblichen in einem inneren Dialog, um sich dann zu trennen von dem einen oder anderen. Der Mensch ist Mensch, weil er in der Lage ist, frei eine Entscheidung zu treffen. Also entscheiden Sie sich! Einmal kann man dann umsatteln, wenn sich das aufgeputzte und gestriegelte juristische Pferd schon beim Aufgalopp als Mähre herausstellen sollte. Die Unzufriedenheit manches höhersemestrigen Studenten resultiert häufig aus der einfachen Tatsache, dass er sich für Jura entschieden hat, aber ständig denkt: »Hätte ich doch ...« Nein: Entscheiden heißt scheiden! Entweder Jura oder Abschied von Jura!

Ihre Entscheidung sollte auf diesen 7 glorreichen Erkenntnissen basieren:

Erkenntnis 1:	*Selbstanalytischer Faktor:* »Was will ich selbst eigentlich genau und was will ich nicht?« »Wer bin ich und wer bin ich nicht?«
Erkenntnis 2:	*Fachanalytischer Faktor:* »Was beinhaltet und fordert ein Jurastudium?« – »Und was beinhaltet und fordert es nicht?«
Erkenntnis 3:	*Horizont-absuch-Faktor!* Nichts ist alternativlos!: »Welche Alternativen gibt es für mich und mein Jurastudium?« – »Welches Studium käme noch in Betracht? – »Oder doch eine praktische Ausbildung?«

Erkenntnis 4:	*Zu-Ende-denk-Faktor:* »Welche Alternative hat welche Konsequenzen?« – »Wie muss ich die Möglichkeiten konkret angehen?« – »Wie sieht das jeweilige Ende aus?«
Erkenntnis 5:	*Weh-tun-Faktor:* »Welche ›Schmerzen‹ treten bei welcher Alternative auf?«
Erkenntnis 6:	*Interventionsfaktor:* »Welche konsequenten Handlungsweisen erfordert welche Alternative von mir sofort?«
Erkenntnis 7:	*Freud'scher Faktor:* »Was sind meine wahren, ganz ehrlichen Wünsche, Triebe und Instinkte?« – »Und was sind nur vorgespielte und vorgespiegelte?«

Sie fragen zu Recht: »*Warum kommt es so entscheidend auf den Anfang an?*« Weil Sie schon bei der vorbereitenden Planung zu einem Jurastudium alles falsch machen und alles für das weitere Studium Wesentliche verpassen können. Sie können aber auch alles richtig machen! Machen wir uns nichts vor: »*Ich mach dann mal Jura*«, ist schnell gesagt, aber für den unvorbereiteten Abiturienten nur schwer in die Tat umzusetzen. Der Dumme tut immer erst am Ende das, was der Kluge gleich am Anfang tut, nämlich sich genau zu informieren und eine Strategie für sein Jurastudium zu entwickeln, um immer einige Schritte voraus zu sein. Zu einer solchen Strategie gehört die Kenntnis über das Jurastudium und die gewissenhafte Planung eines solchen Studiums.

Um Studienerfolg zu haben, benötigen Sie von Beginn an Planungskompetenz! »*Planen brauchen nur die Gestressten und die ständig an Zeitnot Leidenden.*« Umgekehrt wird ein Schuh draus: »*Um nicht gestresst zu sein oder ständig in Zeitnot zu geraten, muss ich planen*«. Studentische Freiheit heißt keineswegs Planlosigkeit. Ein erfolgreiches Studium hängt immer mit einer optimalen Studienplanung, mit Strategie und Zeitmanagement zusammen. Außerdem haben Sie ohne Planung ständig Gewissensbisse. Sie müssen vom ersten Tag an planen! Allgemeingehaltene Hinweise helfen allerdings kaum weiter. Gute Planung setzt voraus, dass Sie genau wissen, was von Ihnen wann verlangt wird. Sich von Tag zu Tag, von Monat zu Monat, von Semester zu Semester zu hangeln, ist jedenfalls keine Erfolg versprechende Strategie. Sie müssen sich jetzt (!) Zeit nehmen für Ihre informatorische Aufklärung, für die Aufarbeitung der Studieninhalte und Ihre Selbstanalyse.

Wie man den Anfang schaffen kann? – Von alleine jedenfalls nicht! Dafür benötigen Sie zum Auftakt Wegbereiter, Hilfe von außen, da Jura nicht auf dem Lehrplan Ihres Gymnasiums steht oder gestanden hat. Während die angehenden Studenten fast aller anderen Fakultäten schon in der Schule zumindest einen Einblick in ihr künftiges Studiengebiet erhalten, wird dem angehenden Juristen außer spärlichen Rechtskunde-AGen nichts geboten, was ihm sein späteres Juragebiet näher brächte. Es ist fast wie bei einem »blind date«! Viele von Ihnen fragen deshalb:

»Was muss ich eigentlich tun, um wirkungsvoll, schnell und erfolgreich in die ›juristische Anfangsszene‹ einzusteigen? – Es gibt so viele schlaue Bücher über alles Mögliche, aber kaum eines über das Brückenwissen vom Abi hin zum juristischen Denken und Arbeiten, keines über die Passage von der Schule hin zu den speziellen Lehr- und Lernmethoden in der Juristerei, keines, das mit mir den Kampf gegen meine Unsicherheit aufnimmt, keines, das das praktische juristische Studieren vermittelt, keines, das meinen juraspezifischen Einstieg rhythmisiert.«

Sie haben Recht! Was in den Juristischen Fakultäten und der juristischen Literatur fehlt, ist genau dieses »Missing Link« zwischen der »Schul-Welt« der frischen Abiturienten und der »Hochschul-Welt« der jungen Jurastudenten. Der juristische Geist wird hier viel zu früh von der Kette gelassen und irrt in den ersten Klausuren ziellos umher. Das Allmähliche, nicht der Galopp, wäre die passende Gangart für das Orientierungswissen des Jurastudiums. Schritt vor Schritt! Der Erfolg Ihres Studiums entwächst aus der Logik Ihrer richtig gesetzten Schritte.

Das 21. Jahrhundert wird von Algorithmen beherrscht. Auch die Studieneingangsphase in das juristische Studium ist nichts anderes als ein solcher Algorithmus. Ein Algorithmus ist eine methodische Abfolge von Schritten, mit deren Hilfe Berechnungen angestellt, Probleme gelöst und Entscheidungen getroffen werden können.

Die algorithmische Schrittfolge Ihrer Entscheidung für den Weg zum Anfang des Jurastudiums müsste in etwa so aussehen:

1. **Schritt:** Ich muss feststellen, ob ich für Jura überhaupt motiviert und geeignet bin.
2. **Schritt:** Ich muss mich über die Länge des Jurastudiums, seine Inhalte, seine Anforderungen, seinen Ablauf und seine Leistungskontrollen umfänglich vorab informieren und auch schon mal Alternativen ins Auge fassen.

3. **Schritt:** Ich muss mir klar darüber werden, was sich für mich persönlich auf meinem Weg vom Abiturienten zum Jurastudenten ändern wird.
4. **Schritt:** Ich muss wissen, was die Vielfältigkeit der Juristen ausmacht und wie man ein solcher Jurist wird.
5. **Schritt:** Ich muss den Studienaufbau kennen, einen Überblick über die Inhalte der Vorlesungen und deren Quantitäten gewinnen und wissen, was mich an Curricula erwartet.
6. **Schritt:** Ich muss eine individuell angepasste Studienstrategie entwickeln, mir meinen ganz persönlichen Studienplan zusammenstellen und beides mit meinen privaten Freizeitbeschäftigungen in Einklang bringen.
7. **Schritt:** Ich muss für mich entdecken, was es mit den juristischen Gegenständen »Recht«, »Gesetz«, »Rechtssprache« und »Rechtswissenschaft« auf sich hat und ob mir das gefällt.
8. **Schritt:** Ich muss versuchen, das System der Rechtsordnung zu erfassen und die wichtigen Studieninhalte aus dem Bürgerlichen Gesetzbuch (BGB), dem Strafgesetzbuch(StGB) und dem Grundgesetz (GG) darin einzuordnen.
9. **Schritt:** Ich muss mich fragen, ob ich die Sekundärtugenden Fleiß, Disziplin und Ordnung besitze oder mir zutraue, sie rasch aufzubauen.
10. **Schritt:** Ich sollte der Rechtswirklichkeit bei einem Gang durch die Gerichtstempel einen Besuch abstatten, um auch die Praxis einmal zu schauen und mich zu motivieren.
11. **Schritt:** Ich muss mich entscheiden: Ist Jura das Richtige für mich? – JA! Oder! NEIN!

Es gibt jedes Jahr Tausende von Abiturienten, die als junge Jura-Einsteiger an Hunderten von Universitäten und Hochschulen das Studium aufnehmen. Der Algorithmus der Studieneingangsphase aber bleibt für alle der gleiche! Und genau den versuche ich deutlich zu machen und Ihnen ans Herz zu legen.

Sie werden mit dem Jurastudium wohl das lernintensivste Studium ergreifen. Nun müssen Sie nur noch den dazu geeigneten Jurastudenten schaffen, dem es gelingt, es mit Freude und zügigem Kompetenzzugewinn in Angriff zu nehmen. Das Jurastudium ist nicht besser und schlechter als andere Studiengänge auch. Es ist ein Himmel für den, der über den rechten Anfang seine Inhalte, Wege, Ziele und Methoden kennenlernt und juristisches Verstehen selbstbewusst hervorbringt, und eine Hölle für den, der den Anfang verpasst hat und nichts begreift. *Alte Weisheit: Wer das erste Knopfloch verfehlt, kommt mit dem Zuknöpfen nicht zu Rande. Das gilt auch für das Jurastudium.* Deshalb: Auf den Anfang kommt es an! Mein rechtsdidaktisches Ziel besteht darin, Ihre noch undifferenzierten und unspezifischen Vorstellungen zu konkretisieren und Ihre schulischen Anlagen und Fertigkeiten für das juristische Studium aufzuschließen und sie mehr und mehr in die juristischen Erfordernissen und jurastudentischen Bedürfnissen punktgenau angepassten Verhaltensformen zu überführen. Sie wurschteln dann nicht wild drauflos, sondern Sie wissen, wohin Sie unterwegs sind.

Manche, die frisch nach dem Abitur in die juristische Ausbildung gingen, verspürten jeden neuen Tag bei jedem Schritt durch das Hochschulportal das Gefühl von Frust, Alleingelassensein, Enttäuschung, Nicht-mehr-weiter-Wissen – ja: manchmal Verzweiflung. Dieses Empfinden will ich Ihnen ersparen.

Das Jurastudium ist eine leere Studienchance, wenn die Koordinaten fehlen, die ihm von Anbeginn an Imagination, aber auch reale Beschaffenheit und Struktur geben. Zwar sind die für die angehenden Juristen einschlägig-anfänglichen, altehrwürdigen Gesetzeswerke bis in die letzten Winkel ausgeleuchtet, kommentiert, gefeiert, verflucht, richterlich und rechtswissenschaftlich durchpflügt und geistig erörtert worden wie – mit Ausnahme der Bibel – wohl kaum ein anderes Werk in Deutschland. Allein das gilt nicht für einfühlsame, rechtsdidaktisch angelegte Ein- und Hinführungswerke in die Kunst des Entdeckens des Anfangs in der Juristerei. Der neugierige Abiturient und Erstsemestler bleibt meist allein! Zwar gibt es einige Einführungen in die für die Studenten neue Juristerei. Aber nur wenige davon werden von ihnen freiwillig gelesen. Das liegt an ihrer Rezeptur: Kein »An-die-Hand-nehmen« der Abiturienten, kein »Brückenbau« von Schule zur Hochschule, keine »Brückenköpfe« im fremden »Jurististan« werden gebaut, zu denen man dann die Brücken des Verstehens schlagen könnte.

In den Tagen zwischen Abi und Studienbeginn werden Sie allzu oft mit Horrormeldungen von Wichtigtuern aus älteren Semestern überhäuft: *Wie schwer* ein Jurastudium sei. *Wieviel* »Paukerei« dafür gefordert sei. *Wie schnell* man für den »Freischuss« studieren müsse. *Wie hoch* die Durchfallquote sei. *Wie unendlich wichtig* ein »Prädikatsexamen« als Wertmarke für den juristischen Arbeitsmarkt sei. *Wie unlösbar* die Klausuren oft seien. Und so weiter und so fort. – Die Angst schleicht sich ein! Daraus kann leicht der Eindruck entstehen: »*Das schaffe ich nie*!« Falsch! Jura ist keineswegs ein Studium nur für intellektuelle Überflieger, sondern lässt jedem Abiturienten eine Chance. Aber dann müssen die »Ersten Tage der Schöpfung der Jurawelt und des dazu passenden Jurastudenten« auch ganz überwiegend dem Entdecken unumstößlicher jurastudentischer Gewissheiten und studentisch-ewiger »Wahrheiten« gehören und einen ungeschminkten, aber auch keinen verzerrten Blick auf das Jurastudium ermöglichen. Und genauso machen wir es! Denn auf den Anfang kommt es an!

PS: Zum Schluss noch zwei hoffentlich heiter stimmende Aufmunterungen für Sie: Der Nachteil dessen, dass Sie aus der Schule fast nichts für Jura mitbringen, ist umgekehrt auch ein großer Vorteil: Alle stehen am Start des Jurastudiums unter den gleichen Bedingungen! Jeder hat die gleiche Chance! Und: *Denken Sie an den Allgemeinplatz er gilt auch im Jurastudium: Ein Kilometer besteht aus 1000 Schritten*. Es braucht jeden Schritt, um zum angestrebten Ziel des Examens zu kommen, und den ersten erfolgreichen Schritt tun Sie gerade mit unserem Dialog, und zwar in die richtige Richtung.

»Wie kann ich feststellen, ob ich für Jura überhaupt geeignet bin?«

Von bösen Zungen wird der juristische Erstsemesterhörsaal oft als Biotop für Studenten bezeichnet, die nirgendwo wirkliches Talent hätten, Party machen wollten oder von Mama und Papa hier reingesetzt worden wären. Okay, es gibt keine typisch Berufenen für Jura, kein talenttreibendes Schulfach »Jura« und keine absoluten Alleinstellungskriterien, um die Begabung für das Studium der Rechtswissenschaft exakt beurteilen zu können. Aber es gibt einige Indizien. Die jungen Abiturienten wissen auf ihrem Weg zu den Unis zu wenig über ihre Eignung für das Jurastudium. Was sind ihre Stärken für Jura, was ihre Schwächen für die Juristerei? – Sind Sie dafür begabt oder liegen Ihre Talente auf einem ganz anderen Gebiet? Die Tragik eines Lebens ist die nicht erkannte Begabung. Da sie allerdings ein Leben lang verborgen bleibt, hält sich die Tragik in Grenzen. Schlimmer ist die erkannte, aber nicht ausgelebte Begabung. Das ist echte Tragik! Deshalb testen Sie sich!

»Gibt es ein jurastudentisches Profil, in dem man sich wiederfinden kann?« Ja, das gibt es! Dazu gleich! – Hier aber zunächst die von den

hehren Juraprofessoren empfohlenen Voraussetzungen und Fähigkeiten für ein Studium im Fach Jura. (Quelle: Professor(inn)enbefragung im Rahmen des CHE Rankings 2014/2015.):

Kommunikationsfähigkeit ▪▪ Sprachkompetenz ▪▪ Ausdrucksfähigkeit ▪▪ Argumentations- und Diskussionsfähigkeit ▪▪ Lese- und Schreibkompetenz ▪▪ Textverständnis ▪▪ Freude am Lesen ▪▪ Abstraktes, logisches Denkvermögen ▪▪ Analytisches Denkvermögen ▪▪ Selbstständiges, selbstorganisiertes Lernen ▪▪ Diszipliniertes Lernen und Arbeiten ▪▪ Selbstmanagement ▪▪ Bereitschaft zum Selbststudium ▪▪ Lernbereitschaft ▪▪ Einsatz- und Leistungsbereitschaft ▪▪ Belastbarkeit ▪▪ Ausdauer ▪▪ Durchhaltevermögen ▪▪ Gute Deutsch- und Fremdsprachenkenntnisse ▪▪ Gute Allgemeinbildung.

Okay!? Peinliche Frage: Welches Studium kann man mit dieser Rund-um-Sorglos-Palette von abstrakten Super-Ideal-Studier-Eigenschaften eigentlich nicht studieren? – Und was ist daran typisch für ein Jurastudium und einen Jurastudenten?

Wir machen es jetzt genauer! **Hier sind meine sieben Eignungskriterien**, um eine annähernd verlässliche Vorhersage für Ihr Jurastudium treffen zu können. Sie müssen werden, was in Ihnen steckt. »*Aber was steckt in mir?*« Überschätzen Sie sich, wird es peinlich! Unterschätzen Sie sich, ist es schade! Auch hier gilt der weise Spruch des Orakels: *Erkenne Dich selbst*! – Spiegeln Sie sich doch mal in diesen sieben Merkmalen!

1. Schulische Voraussetzungen

In einer einschlägigen Studie des Landesjustizprüfungsamtes München wurde vor vielen Jahren einmal versucht, die Zusammenhänge zwischen bestimmten Abiturnoten und Examensergebnissen des Ersten juristischen Staatsexamens aufzuzeigen. Prämisse war die Annahme, dass spezielle Noten in bestimmten Schulfächern für ein juristisches Studium besonders bedeutsam seien, dass es also schulische Noten-Markierungen auf dem Weg zum Juristen gibt. Diese Fächer sollen sein: Mathematik, Deutsch und Fremdsprachen.

Was liegt dieser Annahme zugrunde?

- Die Fähigkeit zum abstrakten logisch-analytischen Denken wird in der juristischen Ausbildung immer in besonderem Maße gefordert (*Mathematik*). Wir sind eine folgerichtige, streng methodisch denkende Wissenschaft. Die Korrelation von guten mathematischen und herausragenden juristischen Leistungen ist sicher nicht von der Hand zu weisen.
- Die Fähigkeit, sich in der »Juristensprache Deutsch« klar, verständlich, knapp, präzise und orthografisch und grammatikalisch sicher auszudrücken, »Fälle« sprachlich vernünftig aufzubauen und zu gliedern, Gedanken stringent zu entwickeln, ist bei der gutachtlichen Fallbearbeitung im Jurastudium gefordert (*Deutsch*). *Sprachliche, rhetorische* Ausdrucksfähigkeit, Grammatik, Orthografie, Darstellungskunst, Diktion, Stil und Form nehmen einen immer höheren Stellenwert bei der Beurteilung juristischer Arbeiten ein. Sprache ist und bleibt nun einmal das Medium jedes Juristen, manche sagen, die »Waffe« des Juristen für seine manchmal haarspalterischen Argumentationskünste.
- Die Fähigkeit, Gedanken aus der eigenen Sprache zutreffend und unzweideutig in eine andere Sprache, die Juristensprache, zu übertragen – und umgekehrt –, die auslegende interpretatorische Ableitung abstrakter Gesetzesmerkmale erfordern sprachliches Einfühlungsvermögen und Phantasie, Fähigkeiten, über die ein Jurist ebenfalls verfügen muss. Die Umsetzung der Gesetzessprache in die Alltagssprache und der Alltagssprache in juristische Gutachten, Hausarbeiten, Referate, später in Relationen und Urteile, Schriftsätze und Anklagen, ist in der Tat ein mit der Fremdsprachentechnik vergleichbarer Vorgang (*Fremdsprachen*).

Die Ergebnisse der Studie waren verblüffend: Je schlechter die Abiturnote in den erwähnten Fächern war, desto länger war die Studiendauer und umso höher war die Misserfolgsquote im Examen (die Abbruchquote wurde zwar nicht untersucht, würde die Prämisse aber mit Sicherheit ebenfalls bestätigen). Natürlich wäre es Unsinn, wenn Sie jetzt Ihr Abiturzeugnis zur Hand nähmen und die entsprechenden Noten aufaddierten, um sich anschließend als hoffnungslosen oder hoffnungsvollen Fall einzustufen. Sie sollten aber die Tendenz ernst nehmen.

2. Juristische Intelligenz

Einer der umstrittensten Begriffe in der Psychologie, Didaktik und Pädagogik ist »Intelligenz«! Als Fremdwort bedeutet Intelligenz ganz allgemein: rasche Auffassungsgabe, Klugheit, geistige Begabung, Scharfsinn, Verstandeskraft und leitet sich ab von lat.: intelligere, älter intellegere, das heißt innewerden, verstehen, erkennen, eigentlich »dazwischen« (inter) »wählen« (legere), also eine überlegte Wahl treffen.

Intelligenz lässt sich allgemein als die »*Fähigkeit zum Problemlösen*« definieren. Etwas salopp: Ein intelligenter Mensch ist ein Mensch, der (schnell) sieht, was Sache ist (Problemerkennung), und dem (schnell) einfällt, was jetzt zu tun ist (Problemlösung) … und dabei meist richtig liegt (Erfolgsquote). Übertragen auf einen Jurastudenten heißt das: Ein intelligenter Jurastudent ist ein Mensch, der (schnell) sieht, wo das Problem im Fall steckt und dem (schnell) einfällt, wie das Problem juristisch zu lösen ist … und dabei in Klausuren gute Noten schreibt.

Gibt es nun eine solche juraspezifische Intelligenz, die mit der allgemeinen Intelligenz korrespondiert? Die sehr große Anzahl vorliegender abstrakter theoretischer Umschreibungen der Intelligenz sollte nicht hindern, dem Begriff für die Juristerei eine mehr pragmatische Zuschreibung zu geben. Es ist nämlich zu fragen, ob die juristische Intelligenz überhaupt ein stabiles Merkmal ist (*Macht der Gene*) oder ob sie sich nicht vielmehr durch die kumulative Wirkung von juristischer Lernerfahrung, durch die Entwicklung effektiver Lernstrategien und durch die richtige, weil lerndidaktisch logische Abfolge der juristischen Lernschritte (Algorithmus) zunächst begründen und dann steigern lässt. Ob also die juristische Intelligenz nicht überwiegend von Lernprozessen abhängig ist (*Macht des Lernens*). Man könnte auch argumentieren, dass mit juristischer Intelligenz *Kompetenzen* gemeint sind, die in den Ablauf des juristischen Denkens und Arbeitens eingehen. Juristische Intelligenz ist dann mehr die Akkumulation spezifischer juristischer Fertigkeiten (Begabungen, Geübtheiten, Veranlagungen, Fähigkeiten). Juristische Intelligenz ist dann nicht nur Voraussetzung für das Studium, sondern mehr dessen Wachsen im Studium. Kurz: Das ganze Jurastudium ist für Sie ein einziger Intelligenztest! Und anders als bei der allgemeinen Intelligenz ist die juristische Intelligenz auch klar messbar: durch die Noten im Examen! Welche Fertigkeiten sind besonders gefragt?

- Es ist die *Fertigkeit*, abstrakte oder konkrete Probleme in Gestalt komplexerer Lebenssachverhalte – nennen Sie später Klausur – unter

Zeitdruck lösen zu können und damit eine schnelle Bewältigung neuer Fallkonstellationen zu ermöglichen. (*What is the problem? What is to be done*?)

- Es ist die *Fertigkeit* zu optimaler Wissensaneignung. Das bloße Herumprobieren und das herumstochernde Lernen an sich zufällig einstellenden Erfolgen wird damit minimiert, wenn nicht erübrigt. (*Keine bloßeTrial-and-Error-Methode*)
- Es ist die *Fertigkeit,* juristische Gesetze in übergreifenden Sinnzusammenhängen assoziativ zu erfassen, anzuwenden, zu deuten und selbst herzustellen. (*Nennt man klassisch: juristisches Verständnis*)
- Es ist die *Fertigkeit,* die Sekundärtugenden von Disziplin, Fleiß, Ordnung und Geduld für den Studienalltag aktiv aufzubauen und Widerstände dagegen abzubauen. (*Nennt man gehoben: Dekomposition der Sekundärtugendresistenz*)

Und das kann fast jeder Abiturient schaffen, denn es geschieht überwiegend durch Lernen und Training. Juristische Fertigkeiten sind anders als vielleicht mathematische, naturwissenschaftliche, sportliche oder künstlerische Begabungen durchaus erlernbar. Überprüfen Sie mal die Passung zwischen Ihrer Selbstanalyse und diesen oben genannten vier im Jurastudium geforderten Fertigkeiten zur fundierten Überprüfung Ihrer möglichen Studienwahlentscheidung.

3. Bestimmte Interessen und Vorlieben

- Viele Juristen haben in ihren Berufen Verantwortung für Staat und Gesellschaft. Wer glaubt, ihn gingen die öffentlichen Belange nichts an, sollte sich nach einem anderen Studium umsehen. Unpolitisch, ahistorisch, uninteressiert sind juristische Anti-Eigenschaften.
- Ein wenig Sinn für Recht und Gerechtigkeit, ein Interesse an Fragen nach Freiheit, Staat, Gemeinwohl und Ethik sollte man schon mit in das Studium bringen, auch wenn man deren Kern noch nicht erfasst, aber doch erahnt.
- Da es ein Jurastudent, wie später der Jurist, sein ganzes berufliches Leben lang mit Rechtsfällen zu tun hat, muss er ständig Entscheidungen treffen. Dass es von den vier Möglichkeiten: »Ja« – »Ja, aber« – »Nein, aber« – »Nein« nur noch »Ja« oder »Nein« gibt, beruhigt nur auf den ersten Blick. Denn eine davon muss er wählen. Wer sich gern um Entscheidungen drückt, wird es als Jurist nicht sehr weit bringen.

- Ganz entscheidend ist die Lust zum logischen Denken. Man muss ein Interesse am Knobeln und Tüfteln, eine Neigung zum Grübeln und Klügeln haben. Bei jedem noch so kleinen Rechtsfall muss der Jurist den Sachverhalt zum einen in einem logisch geordneten, methodisch geregelten Verfahren zum Gesetz in Stellung bringen (das nennen Sie später Subsumtion) und dabei zum anderen in einem erneuten logisch geordneten, methodisch geregelten Verfahren (das nennen Sie später Gutachten) folgerichtige Schlüsse ziehen.
- Die Sprache ist ein wichtiges Instrument der Juristerei. Der Jurist muss vortragen, begründen, plädieren, Gesetze allgemeinverständlich machen, streiten, Recht behalten wollen, diskutieren. Wer mit der deutschen Sprache auf Kriegsfuß steht, wer bei Fachdiskussionen Langeweile verspürt, Argumentieren hasst, Rhetorik als Rabulistik verteufelt, sollte von Beginn an ein anderes Pferd satteln und das juristische im Stall lassen.

4. Handwerkliche Fertigkeiten

Gute Juristen verfügen über eine Freude an den handwerklichen juristischen Fertigkeiten. – Jura? – Handwerk? – In den USA herrschte bis 1870 ein erbitterter Kampf um die Fragen: »*Wie lehrt man Recht am besten?*« – »*Wie, von wem und wo werden Juristen am besten ausgebildet?*« Bis zu diesem Zeitpunkt galt Jura in Amerika als ein Handwerk – »Law is a craft« – und also in Universitäten »theoretisch« schlicht nicht erlernbar und folglich nicht lehrbar, vielmehr ausschließlich »praktisch« vermittelbar in einer Lehre bei einem Rechtsanwalt als Meister. Erst allmählich setzte sich in der Eliteuniversität Harvard der kontinentaleuropäische Gedanke durch (Exportschlager war zu dieser Zeit nicht das Auto, sondern die deutsche Universitätsverfassung), dass Jura eine Wissenschaft sei und von den praktischen Lehrwerkstätten der Kanzleien in die wissenschaftlichen Lehrwerkstätten der Universitäten verlegt werden müsse. Aber egal! Ob Lehre oder Studium, immer bleibt das wesentliche Werk der Juristen der zu lösende »Fall«, und der muss auch mit Handwerkszeugen bearbeitet werden, auseinandergenommen und zusammengesetzt werden mit den Werkzeugen der Gesetze, den Instrumenten der Methoden und der Arbeitshilfe der Sprache.

Der Jurist ist einerseits ein »Sprachwerker«, andererseits ein »Methodenwerker«. Sprache und Methode sind nichts weiter als juristische »Werkzeuge« zur »Bearbeitung« von Gesetzen und Lebenssachverhalten, den Fällen. So wie es für die unterschiedlichen handwerklichen

Gewerke »Hand«-Werkzeuge gibt, so gibt es für die juristischen Gewerke »Kopf«-Werkzeuge zur Anwendung und Auslegung von Gesetzen und zur praktischen Fallbearbeitung. Hier nennt die Wissenschaft sie nur hochfliegend Methoden. Man muss als Jurastudent folglich eine Liebe zum Handwerklichen, zur Konstruktion und Dekonstruktion, zum Zusammensetzen und Auseinandernehmen von Teilen, zur Genauigkeit mit Zollstock und Bandmaß sowie zum Tüfteln mitbringen.

- Die handwerkliche auseinandernehmende Aufbereitung des abstrakten Gegenstandes »Gesetz« und des konkreten »Falles« auf der einen Seite und ihre konkrete methodische Gegenüberstellung in der handwerklichen Operation des zusammensetzenden »Gutachtens« auf der anderen Seite sind eine juristisch-handwerkliche Kunstfertigkeit. Je besser das Handwerk gelernt ist, desto leichter fällt Ihnen der Weg zum Erfolg. *Das muss man können und mögen*!
- In der juristischen Ausbildung geht es immer und immer wieder um Falllösungen, also um die Anwendung, Auslegung, Erklärung von Gesetzen und die Unterordnung von Sachverhalten unter Gesetze. Dieses ewige Spiegeln des konkreten Lebensausschnitts im abstrakten Gesetz, dieses Spiel mit der Subsumtion – dem Kraftwerk im Innersten der Juristerei – bewältigt man nur mit dem gekonnten Handwerk des fallorientierten und gesetzesorientierten Arbeitens. *Auch das muss man können und mögen*!
- Alles *globale juristische* Wissen im Kopf nützte letztendlich nichts, wenn es nicht zu einem bestimmten Zeitpunkt fallbezogen umgesetzt und handwerklich sauber *lokal* angewendet werden könnte. Wer sich auf das Jurastudium einlässt, wacht eben schnell in Klausurensälen wieder auf. Jede »Klausuren- und Hausarbeitsteufelei« findet ein jähes Ende, wenn man das Handwerk des Klausuren- und Hausarbeitenschreibens gelernt und verinnerlicht hat. *Insbesondere das muss man können und mögen*!

5. Ausgeprägte Persönlichkeitsmerkmale

Wie jemand studiert, wird auch durch seine Persönlichkeit bestimmt. Studieren findet immer im Rahmen der Persönlichkeit des Jurastudenten statt. Gesucht im Jurastudium ist eher der lebhafte Sanguiniker als der träge Phlegmatiker oder der trübsinnige Melancholiker, eher der auf die Außenwelt gerichtete Extrovertierte als der scheue, zurückgezogene Introvertierte, mehr der Gewissenhafte als der leichtsinnig

Sorglose und ganz besonders der offene, breit interessierte, wissbegierige, geistreiche, einfallsreiche, erfinderische Jurastudent. – Weniger erfolgreich ist der ängstliche, entscheidungsschwache, verschlossene, nur einseitig interessierte, verzagte, sich häufig selbst bemitleidende Student. Ein gewisser Erlebnishunger nach Neuem und Neuartigem (*Neugier*) sollte ihm ebenso zu Eigen sein wie eine Empfänglichkeit für Lern- und Studienerfolge (*Ehrgeiz*), ein entsprechendes hohes Durchhaltevermögen (*Geduld*) und eine starke Resistenz dieser Eigenschaften gegen eine Löschung durch Misserfolge, gegen ein Aufgeben, wenn sich der Erfolg nicht einstellt (*Frustrationstoleranz*). Und ganz besonders sollten Sie über Selbstdisziplin und Fleiß verfügen.

6. Lust am Argumentieren

Zu einem Großteil besteht professionelle juristische Arbeit aus Argumentieren (lat.: *argumentum*, stichhaltige Entgegnung, Beweisgrund).

Argumentieren, um Streit zu schlichten

Argumentieren, um einen Streit anzuheizen

Argumentieren, um einen Angeklagten zu entlasten

Argumentieren, um einen Angeklagten zu belasten

Argumentieren, um eine Forderung durchzusetzen

Argumentieren, um eine Forderung abzustreiten

Argumentieren, um ein Gesetz zu verteidigen

Argumentieren, um ein Gesetz anzugreifen

Argumentieren, um einer Mindermeinung zur Mehrheitsmeinung zu verhelfen

Argumentieren, um den Angriff einer Mindermeinung abzuwehren

Argumentieren, um ein Urteil zu begründen

Argumentieren, um ein Urteil zu Fall zu bringen

Aber nicht erst der Berufsjurist wird mit solcher Argumentationskunst konfrontiert, sondern schon der Jurastudent wird dazu herausgefordert in Referat, Klausur und Hausarbeit. Daran sollten Sie Spaß haben. Das Argumentieren stellt den Höhepunkt jeder juristischen Tätigkeit dar. Sie sind hier in Ihren schöpferischen Fähigkeiten und Ihrer Rhetorik angesprochen. Zahl und Art von Argumentationsqualitäten sind unbegrenzt: kreative Qualitäten, Fantasie, die Fähigkeit, Zusammenhänge herzustellen und die vielen Facetten komplexer Sachverhalte zu erkennen, Urteile oder Sachthemen von allen Seiten auszuleuchten, pointiert zu formulieren, zu analysieren und argumentativ wieder zu synthetisieren. Und ganz wichtig ist es, sich vom Schwätzer, Wichtigtuer und Phrasendrescher abzugrenzen.

7. Sie sollten Gefallen am Denken finden

Denken bedeutet allgemein, geistig zu arbeiten. Juristisches Denken ist die geistige Arbeit an der Beziehung zwischen Gesetz und Fall und an der Reflexion über das Gesetz. In der Juraausbildung kommt es zu einer Menge juristischer Denkableitungen:

Durchdenken: Das systematische Durchdringen und Ergründen juristischer Institute, Gesetze und Netzwerke.

Eindenken: Die forschende, neugierige Arbeit am Anfang eines zu erarbeitenden Falles mit einem Schuss von Motivationsfunktion.

Erdenken: Die Aufgabe, Assoziationsketten zu knüpfen, Baumdiagramme zu entwickeln und Kreativität zu entfalten.

Herausdenken: Der Mut, eingefahrene juristische Wege zu verlassen.

Hineindenken: Das Einbuchstabieren in juristische Probleme sowie das Einfühlen in juristische Autoritäten.

Mitdenken: Die notwendige überlebenswichtige, begleitende Tätigkeit beim »Vorlesen« des Dozenten oder beim »Selbstlesen« der juristischen Autoren.

Nachdenken: Der Vorgang des schleichenden Nachgehens schon durch Gerichte und Wissenschaftler vorgedachter juristischer Gedanken.

Querdenken: Die innovative, Alternativen suchende, kreative Fähigkeit, juristisch Neues im juristisch Alten zu finden.

Teildenken: Die Fähigkeit, juristische Systeme zu reduzieren und die Einzelteile wieder zu synthetisieren (Puzzle-Technik).

Überdenken: Die sinnierende Arbeit am Ende eines Erarbeitungsabschnitts mit einem Schuss von gedächtnisspeichernder Sicherungsfunktion.

Umdenken: Das Übersetzen fremder juristischer Gesetzes-, Literatur- und Rechtsprechungstexte in die eigene Sprachwelt.

Vorausdenken: Das planmäßige, zeitlich und räumlich organisierte und systematische Herangehen an die juristischen Arbeiten.

Weiterdenken: Das Schließen von Gesetzeslücken auf der Fährte der Analogie, des Umkehrschlusses und der teleologischen Reduktion.

Zerdenken: Das immer wieder neue Sezieren der Gesetze in ihre Konditionalprogramme und das Herausstanzen der Tatbestandsmerkmale und Rechtsfolgen.

Zurückdenken: Das reproduzierende Erinnern juristisch gespeicherter Stoffgebiete und das Memorieren gemachter Lernerfahrungen.

Zusammendenken: Das Zusammenstellen juristischer Einzelheiten zu einem juristischen Ganzen.

Genug des Denkens! Laufen Sie jetzt nicht gleich von Ihrer Idee zum Jurastudium weg! Es gibt Tausende von exzellenten Juristen, die über das viele »*Geeignetsein*« und »*Nichtgeeignetsein*« am Anfang genauso verzweifelt waren wie manch einer vor Ihnen. Das nur zum Trost! Auch kann niemand einen mittelmäßigen Schüler hindern, als exzellenter Jurastudent sein Lernverhalten zu ändern. Alle stehen am jurastudentischen Start unter den gleichen Bedingungen! Selbstdisziplin, Selbstschulung, Ausdauer beim Lernen, Ehrgeiz und konzentriertes Training sind für den Erfolg im Jurastudium bedeutsamer als (vermeintlich?) angeborene Begabungen oder Geeignetheiten, Intelligenz oder Nichtintelligenz. Und, ganz wichtig: Intelligenz, Begabungen, Fertigkeiten und »handwerkliche« Kompetenzen sind nicht stabil, sie wachsen! Und jeder Abiturient kann von Beginn an aus dem noch mehr machen, was Umwelt, Erziehung und Schule schon aus ihm gemacht haben, jenseits aller Verdrängungen und Verklemmungen.

Und jetzt endlich zu dem angekündigten jurastudentischen Profiltest. Gehen Sie auf Selbsterkundung zu Ihrem in Erwägung gezogenen Jurastudium. Schauen Sie sich einmal in sich selbst um.

Wichtig ist zunächst, den Selbsterkundungsbogen nicht als Bedrohung, sondern als verlockendes Angebot zu Ihrem jurastudentischen Aufbruch zu begreifen. Der Kluge tut nämlich gleich anfangs, was der Träge erst am Ende tut. Alle erfolgreichen Abiturienten tun dasselbe. Nur in der Zeit liegt der Unterschied. Es gibt drei Arten von Abiturienten: die klugen, die disziplinierten und die Mehrheit. Hier stellt sich spätestens für den klugen Abiturienten die Frage nach dem richtigen Aufbruch zum Jurastudium. Der eine stellt sie zur rechten, der andere zur unrechten Zeit. Viele Abiturienten leben lieber in ihrer bekannten depressiv-machenden Hängepartie der Wankelmütigkeit zwischen

»Jura, ja!« – »Jura, nein!«, als zu dem ihnen (noch) unbekannten Glück eines erfolgreichen Jurabeginns aufzubrechen. Im ewigen Kontinuum von Hin und Her, von Hier und Da, fühlt sich der Abiturient dann ganz besonders unwohl, wenn er nicht mehr wegschauen kann und erkennt: *»Das da bin ja ich! Und das ist, was ich will! Und das ist, was ich nicht will! Und wenn ich so weitermache, dann ...«.*

Tja, sieht so aus, als könne man dagegen nichts machen! Sieht aber nur so aus! Bevor Sie jetzt weiterlesen, sollten Sie zu einer kurzen Bestandsaufnahme den folgenden *Selbsterkundungsbogen* gewissenhaft ausfüllen (keine mehrfachen Ankreuzungen!). Wahrheiten, die Sie über sich und Ihre Neigung zum Jurastudium zu sagen versuchen, können nur das Produkt einer gewissenhaften Selbstprüfung sein. Und dazu gehört Ihr ganz individueller Selbsterkundungsbogen.

Meine Bestandsaufnahme

Auf Selbsterkundung zum juristischen Studium		Punkte			
		4	3	2	1
1	Ich habe Schwierigkeiten, mit der Nacharbeit in Lehrbüchern und Skripten überhaupt zu beginnen	immer	meistens	selten	nie
2	Das zeigt sich in Ablenkungen wie Sport, Stadtbummel, Musikhören, Cafébesuchen, Parties, Handy, Smartphone/Tablet/PC, Netflix und Co.	oft	manchmal	kaum	fast nie
3	Ich erreiche beim Lernen das, was ich mir vorgenommen habe	nie	selten	häufig	meistens
4	In meiner Persönlichkeit schätze ich mich eher ein als	ängstlich entscheidungsschwach	verschlossen	sorglos bis leichtsinnig	offen erfinderisch neugierig
5	Misserfolge	löschen Erfolge bei mir aus	ziehen mich runter	sind mir egal	spornen mich an

Auf Selbsterkundung zum juristischen Studium		**Punkte**			
		4	**3**	**2**	**1**
6	Am Argumentieren finde ich Gefallen	nie	weniger	nur, wenn mich das Thema interessiert	ausgesprochen
7	Schriftlich verfasste Texte lese ich	ungern bis gar nicht	mit dem Zeigefinger	diagonal	konzentriert und zügig
8	Meine Kommunikationsfähigkeit bezeichne ich als	geschwätzig	rechthaberisch	eher zurückhaltend	stringent offen und direkt
9	Abstraktes und generalisierendes Denken liegen mir	gar nicht	minimal, lieber eher Bilder	nicht so sehr, denke mehr konkret	recht ausgeprägt
10	Ausdauer und Durchhaltevermögen kennzeichnen mich	absolut nicht	kaum	in Grenzen	signifikant
11	Zu Entscheidungen führt mich eine logisch-methodische Schrittfolge	so etwas kenn ich nicht	immer nur mein Bauch	gelegentlich	jedes Mal
12	In die Mathe-Stunden gehe ich	unfreudig	ängstlich geduckt	offen	freudig
13	Politische Zusammenhänge und öffentliche Belange interessieren mich	nicht	selten	kommt drauf an	sehr
14	In welcher Reihenfolge ich arbeite, überlasse ich dem Zufall	immer	meistens	selten	nie
15	Der Zeitdruck in Klausuren macht mir zu schaffen	sehr	gelegentlich	kaum	überhaupt nicht
16	Am Tag vor einer Klausur lerne ich	besonders intensiv	etwas mehr als üblich	gezielter	genau wie sonst
17	Meine Schwächen in den einzelnen Fächern kenne ich	nicht	ungefähr	ziemlich genau	ganz genau
18	Vor Klausuren habe ich Angst	immer	meistens	manchmal	ganz selten

Auf Selbsterkundung zum juristischen Studium		**Punkte**			
		4	**3**	**2**	**1**
19	In der Klausur habe ich Denkblockaden	fast regelmäßig	kommt oft vor	gelegentlich	kaum
20	Einen festen (Arbeits-) Platz zum Lernen habe ich und sorge dafür, dass ich Ruhe habe	nie, mal hier, mal dort	manchmal	meistens	immer
21	Meine Mitschriften in den Schulstunden sind	wertlos	kaum lesbar	gut lesbar, aber schlecht strukturiert	brauchbar, da lesbar und systematisch
22	Ich arbeite nach einem täglichen Stundenrhythmus und lege die Stunden, die ich täglich mit Lernen verbringe, durch einen Zeitplan fest	nie	sehr selten	regelmäßig	fast immer
23	Neben der Schule jobbe ich	regelmäßig	häufig	gelegentlich	nie
24	Zu Bett gehe ich regelmäßig	nach 2 Uhr	nach 24 Uhr	nach 23 Uhr	vor 23 Uhr
25	Die erarbeiteten Themen strukturiere ich (gliedere ich)	nie	selten	regelmäßig	immer
26	Als »Anschaulichkeitsmacher« setze ich Baumdiagramme ein	nie	kaum	manchmal	regelmäßig
27	Die 4 Teile eines Wochenendes (Samstag 8–12; 14–18; Sonntag 8–12; 14–18 Uhr) nutze ich zum Lernen	gar nicht	allenfalls vor einer Klausur	zu 1/4	zu 2/4
28	Die Wochenenden stehen bei mir für Freizeit	genau	überwiegend	zur Hälfte	jeweils alle 4 Wochen
29	Bei der Erarbeitung des Stoffes erkenne ich das Wesentliche auf Anhieb	fast nie	sehr selten	manchmal	häufig

Auf Selbsterkundung zum juristischen Studium		**Punkte**			
		4	**3**	**2**	**1**
30	Ich versuche, Unbekanntes mit Bekanntem zu vernetzen und stelle die Inhalte in einen Sinnzusammenhang	nie	selten	häufig	fast immer
31	Fragen nach Recht und Gerechtigkeit, Sitte und Moral bewegen mich	alle Jubeljahre	sporadisch	dann und wann	stark
32	Ich habe Spaß am logischen Knobeln und Tüfteln	ist mir zu anstrengend	ab und zu	häufig	ja
33	Entscheidungen treffe ich	immer zaudernd und oft bereuend	zögerlich	Ja, aber nicht mit Ja/Nein, sondern mit Ja, aber/ Nein, aber	schnell und endgültig
34	Diskussionen sind für mich	langweilig	Zeitverschwendung	spannend	geistig-sprachliche Duelle
35	An Diskussionen nehme ich teil	immer ohne mich, öden mich an	nur, wenn man mich direkt auffordert	meist passiv, aber offen	immer aktiv
36	Mit der deutschen Sprache stehe ich	absolut auf Kriegsfuß	in Feindschaft	in Freundschaft	auf Du und Du
37	Sekundärtugenden wie Fleiß, Disziplin, Ordnung und Geduld sind mir	ein Graus	fremd und spießig	willkommen	eigen
38	Von dem Gelernten habe ich vieles nach einigen Tagen wieder vergessen	ja	oft	nur in einem Fach	nein
39	Ich mache genau festgelegte Pausen beim Lernen	nein	gelegentlich	oft	immer
40	Nach der Pause wieder anzufangen, fällt mir	sehr schwer	schwer	nicht immer ganz leicht	leicht

Auf Selbsterkundung zum juristischen Studium		Punkte			
		4	3	2	1
41	Ich lerne mit Musik, Internet , Youtube oder Fernseh-Untermalung	immer	meistens	manchmal	nie
42	Aus dem Lehrgespräch lerne ich	überhaupt nicht	hin und wieder manchmal	häufig	anhaltend
43	Ich arbeite mit Mitschülern zusammen und nehme mir auch die Zeit, mit ihnen zu diskutieren	nie	ganz selten	manchmal	regelmäßig
44	Wieviel Spaß ich an einem Fach habe, hängt vom jeweiligen Lehrer ab	absolut	sehr stark	wenig	kaum
45	In einem Gericht habe ich mich aufgehalten	noch nie	sehr selten	manchmal	öfter
46	Es gibt Fächer, für die arbeite ich gerne	kein einziges	eins	zwei	mehrere
47	Ich bin oft faul, und darüber ärgere ich mich	nein	ich bin nicht faul	so ist es	manchmal
48	Wenn ich ein Thema verstanden habe, macht es mir Spaß	trotzdem nicht	manchmal	in vielen Fällen	so ist es
49	Wenn ich ein Thema nicht verstanden habe, bemühe ich mich um den Durchblick. Mich verwirrenden Stellen gehe ich erneut nach	nie	manchmal	öfter	gewöhnlich
50	Eigentlich macht mir Lernen Spaß	nein	manchmal	na ja	stimmt
51	Ich weiß, was ich mit Jura später anfangen werde	nein	so ungefähr	fast ungefähr	ganz genau
52	Ich will Jura studieren, weiß aber eigentlich nicht genau, warum	so ist es	frage mich oft, was soll das	ein bisschen stimmt das	stimmt nicht

Auf Selbsterkundung zum juristischen Studium	Punkte			
	4	3	2	1
53 Ich habe Probleme vor vielen Menschen zu sprechen	immer	immer, wenn ich den Kreis nicht kenne	wenn die Hörer mir überlegen sind	nie, egal wann und vor wem X
Summe der angekreuzten Felder	12	15	32	29
Multiplikationsfaktor	x 4	x 3	x 2	x 1
Gesamtergebnis	48	45	64	29 = 186

- Wenn Sie insgesamt zwischen 53 und 79 Punkten erreicht haben, wird Ihnen Jura Spaß und Freude machen und Erfolg zeitigen. Sie haben Interesse, Disziplin, Talent und keine echten Lernschwierigkeiten. Ich kann Ihnen nur raten: Studieren Sie Jura, Sie sind bei Jura auf dem richtigen Weg! Zukunft? Jura! Mein Buch wird Ihre Neigung verstärken!
- Liegt Ihre Gesamtpunktzahl zwischen 80 und 185, kann Ihnen mein Buch für Ihre Entscheidung sehr helfen. Nach der letzten Seite wissen Sie ganz sicher, ob Jura das Richtige für Sie ist.
- Falls Ihr Gesamtergebnis zwischen 186 und 212 Punkten liegt, werden besonders Sie sehr viel Nutzen aus diesem Buch ziehen können. Sie sollten sich aber noch für kein anderes Studium entscheiden. Lesen Sie das Buch erst ganz zu Ende.

Es geht mir hier auch gar nicht so sehr um die Punkte. Wichtig ist, dass Sie beim Ausfüllen des Selbsterkundungsbogens ein Gespür dafür entwickelt haben, wie Sie bisher in der Schule gelernt haben und wer Sie sind. Sie wurden mit Ideen, Ihrem Verhalten und Fertigkeiten konfrontiert und haben reflektiert! Dadurch ist Ihnen klar geworden, was Ihre Entscheidung stabilisiert oder woran Ihre Entscheidung für oder gegen Jura »krankt«, worin Ihre Lust oder Unlust, Ihre Stärken oder Schwächen, Ihre Fluchttendenzen aus den wahren Orientierungsaktivitäten in Scheinaktivitäten möglicherweise begründet sind und wie Sie sich selbst einschätzen. Es nutzt kein allgemeines Lamento. Nutzen Sie stattdessen die Ihnen durch den Fragebogen anempfohlene genaue Selbstanalyse. Gebrauchen Sie das schonungslose Beschreiben Ihrer Stärken und Fehler und die in der Bestandsaufnahme »versteckten« »*Auf-die-Sprünge-Helfer*« entweder zu einem offenen und ehrlichen Zusteuern auf ein Jurastudium oder zu einem Umsteuern. Denken Sie daran: Eigene Entdeckungen sind immer besser als vorgefertigte Rezepte.

Diese Erkenntnisse »für oder gegen« kommen nun nicht schlagartig, sondern allmählich. Der Bogen sollte Ihnen dabei helfen: Etwas beginnt sich unterwegs zu Ihrem Jurastudium hin oder von ihm weg langsam zu verändern.

Aber denken Sie auch immer daran: Wer A, wie »Ich bin sicher, ich mach dann mal Jura!«, gesagt hat, der muss nicht B, wie Weitermachen, sagen. Er kann auch erkennen, dass A falsch war. Jetzt, im Angesicht des *Selbsterkundungsbogens*, stellt sich allerdings die wichtige Frage nach A. Fragen sind das dynamische Prinzip des Überlegens und für Sie der Königsweg zu Ihrer Entscheidungsfindung. Die Antwort beginnt mit der ehrlichen Einsicht in Ihre eigene Begrenztheit oder aber in Ihre nach oben offene Unbegrenztheit Ihrer Fähigkeiten und Fertigkeiten. Und: Mit einem gesunden Misstrauen oder aber Vertrauen in Ihre eigene Ehrlichkeit.

Sagen Sie nicht: »*Ich könnte das Jurastudium schaffen, aber es ist mir zu schwierig.*«

Sagen *Sie* sich doch: »*Es könnte schwierig sein, aber ich werde es jetzt schaffen*!«

Erstes Kapitel
Das juristische Berufsbild

»Was macht die bunte Vielfältigkeit der Juristen aus?«

Da lesen und hören Sie auf Ihrem Entscheidungsweg zum Jurastudium in Zeitungen und Fernsehsendungen oft von Rechtsanwälten in einer deutschen, gar ausländischen Großkanzlei mit horrenden Einstiegsgehältern, aber auch von Anwälten in einer kleineren, mehr auf Vielfältigkeit ausgerichteten »Anwalts-Boutique« oder von Einzelkämpferkanzleien. Man erfährt von Verfassungsrichtern, Zivil- und Strafrichtern, Staatsanwälten, von höheren Polizeibeamten und Verfassungsschützern, von weittragenden Verwaltungs-, Finanz-, Arbeits- und Sozialgerichtsentscheidungen, die ja immer von Richtern fabriziert worden sein müssen. Man bekommt Kenntnis von Wirtschafts- und Versicherungsjuristen, von Bankern, Unternehmensberatern und Vorständlern, von Schwurgerichten und Wirtschaftsstrafkammern, von Verbandsjuristen, Verlagslektoren, Mediatoren, von Mitarbeitern bei supranationalen Organisationen, Verbraucherschutzverbänden. Juristen arbeiten in der einen und anderen NGO, in einem internationalen, führenden Großkonzern, in Gewerkschaften, sind Personalchefs, EU-Beamte, Diplomaten und Ministerialbeamte. Juristen lehren als Professoren, Dozenten und Repetitoren. Nun – gerade diese Starparade, die Sie über die Medien erreicht, reizt Sie und viele andere Abiturienten zur Nachahmung.

Viele entschließen sich auch deshalb zu einem Jurastudium, weil sie »für Gerechtigkeit« und »für Menschen« kämpfen wollen. Vielleicht kennen Sie den Film *Der Regenmacher*? Darin kämpft ein Junganwalt für eine Mutter, deren Kind an Leukämie erkrankt ist, gegen die übermächtige Krankenversicherung, gegen eine Phalanx eiskalter Kollegen. Er gewinnt und erstreitet 50 Millionen Dollar für Mutter und Kind.

Ja, das wär es! Eine bessere Motivation lässt sich kaum finden! Solche und ähnliche Filme stehen allerdings oft im Gegensatz zum Berufsalltag vieler Juristen.

Viele Alltagsfälle verlaufen eben unspektakulär nach diesem Schema: A ist B hinten draufgefahren, Stoßstange kaputt. B will eine neue Stoßstange. A will gegen den Bußgeldbescheid vorgehen. Natürlich geht es nicht nur um Verkehrsunfälle und Ordnungswidrigkeiten. Viele Kollegen zweifeln aber an ihrer Berufswahl, weil sie nicht in Den Haag Kriegsverbrecher vor den Internationalen Strafgerichtshof stellen, keine Verfassungsbeschwerde bearbeiten, nicht vor dem BGH plädieren oder in ihm judizieren dürfen, sondern »nur« in Hannover vorwiegend im Amtsgericht für Gerechtigkeit für Menschen sorgen. Aber genau das ist der innere Gehalt eines juristischen Berufes.

Zunächst sollten Sie immer der Tatsache eingedenk sein, dass es den »Juristen« als Beruf bis auf die drei Klassiker Richter, Staatsanwalt und Rechtsanwalt gar nicht gibt. Das Berufsbild ist unscharf und diffus. Der streng einheitlichen Ausbildung folgt eine völlig uneinheitliche, aber juristisch vielfältige Berufswelt. Die Palette ist weit bunter als die ziemlich eindeutig eingefärbter anderer klassischer Berufe, wie Arzt, Lehrer, Pfarrer oder auch Betriebswirt. Mit diesen Berufsbezeichnungen verbindet sich eine fest umrissene Vorstellung. Ganz anders bei dem Beruf »Jurist«. Dieser kann ganz verschiedenen Professionen nachgehen. Mehr als zweihunderttausend Juristen in Deutschland

- aus den unterschiedlichsten Disziplinen, wie Verwaltungsrecht, Strafrecht, Zivilrecht, Steuerrecht, Medienrecht, Freiwillige Gerichtsbarkeit, Polizeirecht, Verlagsrecht
- in den unterschiedlichsten Professionen, wie Richter, Rechtsanwalt, Staatsanwalt, Rechtspfleger, Amtsanwalt, Finanzbeamter, Syndikus, Vorstand, Diplomat, Lektor
- auf den verschiedensten Tätigkeitsfeldern arbeitend, wie streitentscheidend, streitschlichtend, streitvermeidend,

sind zusammengefasst unter der Benennung »Jurist«. Da wollen Sie eventuell hin! Wenn Sie noch kein konkretes Berufsziel vor Augen haben, ist es hilfreich, sich mit mir jetzt die Juristenberufe einmal anzusehen. Ein »Traumberuf« motiviert und lässt den begonnenen Weg unerschrocken weitergehen.

Und das ist sie nun, die bunte Schar unserer Juristen, die die Fahne des Rechts in die täglichen »Rechtsschlachten« tragen. Juristen arbeiten meistens:

Als Richter: Die Befähigung zum Richteramt erlangt nach § 5 DRiG (Deutsches Richtergesetz), wer ein rechtswissenschaftliches Studium an einer Universität mit der ersten juristischen Staatsprüfung und einen anschließenden Vorbereitungsdienst (Referendariat) mit der zweiten juristischen Staatsprüfung abschließt. Laut Artikel 92 und 97 GG (Grundgesetz) ist die rechtsprechende Gewalt den Richtern anvertraut, die unabhängig und nur dem Gesetz unterworfen sind. Der Richter ist damit an keinerlei Weisungen gebunden und nur seinem Gewissen verantwortlich, unversetzbar und unabsetzbar. Er muss entscheiden, versuchen, eine intersubjektive Verbindlichkeit in seinen Urteilen herzustellen, wenn möglich auch noch zu überzeugen und Rechtsfrieden herzustellen.

Als Staatsanwalt: Der Aufbau der Staatsanwaltschaft als wesentliches Organ der Strafrechtspflege ist in § 141 ff. GVG (Gerichtsverfassungsgesetz) geregelt. Sie ist streng monokratisch und hierarchisch organisiert, die Beamten der Staatsanwaltschaft haben den dienstlichen Weisungen ihrer Vorgesetzten nachzukommen. Der Staatsanwalt ist Beamter, also versetzbar und weisungsgebunden. »Staatsanwalt« ist sicher der juristische Beruf, der in der Öffentlichkeit die kontroversesten Meinungen auslöst. Einerseits wird er als konsequenter Strafverfolger gefürchtet, andererseits als Vertreter von Recht und Ordnung gewünscht.

Als Rechtsanwalt: Er ist gem. § 1 BRAO (Bundesrechtsanwaltsordnung) ein unabhängiges Organ der Rechtspflege. Jeder, der die Befähigung zum Richteramt nach § 5 DRiG erworben hat, kann den Antrag auf Zulassung zum Rechtsanwalt stellen. Zur Zeit (Januar 2020) bewegen wir uns in der Bundesrepublik auf die Zahl von über 165 000 zugelassenen Rechtsanwälten zu. Damit hat sich ihre Zahl seit 1990 fast verdreifacht. (Jeder 500. Bundesbürger ist Rechtsanwalt!) Für den Rechtsanwalt ist als dienstleistender Freiberufler der Umgang mit und das Verhältnis zu seinen Mandanten von herausragender Bedeutung, da sein Einkommen von deren Zufriedenheit abhängig ist.

Als Notar: Gemäß § 1 BNotO (Bundesnotarordnung) werden Notare als unabhängige Träger eines öffentlichen Amtes »für die Beurkundungen von Rechtsvorgängen und andere Aufgaben auf dem Gebiete der vorsorgenden Rechtspflege in den Ländern« bestellt. Anders als der Rechtsanwalt ist der Notar kein Vertreter einer Partei, sondern unparteiischer Betreuer aller Beteiligten. Er ist nicht freiberuflich tätig, sondern nimmt staatliche Aufgaben in Form eines öffentlichen Amtes wahr. Seine Mitwirkung und die Form seiner Mitwirkungshandlung sind jeweils gesetzlich ausdrücklich vorgeschrieben. Sie sollen dazu beitragen, dass Rechtsklarheit herrscht und Fehler bei Geschäften von endgültiger oder weitreichender Bedeutung, zB bei Testamenten, Gesellschaftsverträgen oder Grundstücksübertragungen, vermieden werden. Voraussetzung auch für diesen Beruf ist die Befähigung zum Richteramt. Darüber hinaus wird eine Bedürfnisprüfung von der Landesjustizverwaltung durchgeführt, um eine Notarschwemme im jeweiligen Bundesland (wie etwa bei den Rechtsanwälten) zu vermeiden.

Als Verwaltungsjurist: Er hat kaum ein typisches Berufsbild. Das öffentliche Recht besteht aus unzähligen voneinander unabhängigen Bereichen, die wegen ihrer vermeintlichen Unüberschaubarkeit schon in der Ausbildung resignierende Seufzer, wenn nicht gar Ablehnung hervorrufen. Dementsprechend vielfältig sind die Einsatzmöglichkeiten für Juristen, die mit bestandenem Assessorexamen (das 2. Staatsexamen) auch die Befähigung zum höheren allgemeinen Verwaltungsdienst erworben haben. Beispiele für Beschäftigungsbehörden auf staatlicher Ebene sind etwa die Ministerien von Bund und Ländern, Sondereinrichtungen wie Finanzverwaltung, Bundeswehr, Arbeits- und Sozialverwaltung. Auf der kommunalen Ebene kommen als Dienstherren die Gemeinde-, Stadt- und Kreisverwaltungen und alle übrigen Körperschaften, Anstalten und Stiftungen des öffentlichen Rechts in Betracht. Viele Verwaltungsgesetze räumen den betreffenden Behörden einen Entscheidungsspielraum ein, zB »kann« eine bestimmte Genehmigung erteilt werden, im Gegensatz zu »muss«. Die Verwaltungsjuristen sorgen insoweit für den zweck- und rechtmäßigen Gebrauch von Ermächtigungsnormen für hoheitliches Handeln.

Die freie Wirtschaft bietet dem Volljuristen, wie besonders auch dem Bachelor, ein vielfältiges, zum Teil von den Anforderungen her sehr unterschiedliches Tätigkeitsfeld. Als Arbeitgeber kommen Wirtschaftsunternehmen jeder Art und Größe in Betracht, die einer dauernden rechtlichen Beratung und Interessenwahrnehmung bedürfen. Der Volljurist arbeitet als Justiziar in der hauseigenen Rechtsabteilung oder in der arbeitsrechtlich ausgerichteten Personalabteilung und beschäftigt sich im Wesentlichen mit den durch Art und Aufgabenstellung des Unternehmens entstehenden Rechtsfragen. Er ist in der Position eines innerbetrieblichen Hausanwalts, der nur noch einseitig die Interessen eines einzigen Klienten, nämlich seines Unternehmens, wahrnimmt. In der Hauptsache handelt es sich um eine beratende Tätigkeit für den Arbeitgeber. Justiziare werden besonders von Banken, Versicherungen, Verbänden, wie Arbeitgeber- und anderen Berufsverbänden sowie von Gewerkschaften gesucht.

Es stimmt schon: Ohne Juristen läuft in unserer Gesellschaft (fast) nichts mehr zusammen. Und ganz wichtig: Juristische Berufe sind »globalisierungssicher«. Deutsches Recht lässt sich nicht nach China auslagern, und indische Juristen können kein deutsches Recht. Und sie sind krisensicher, denn gestritten wird immer!

Was verbindet sie alle?

Zum einen, dass sie sämtlich eine gemeinsame Juristensprache sprechen, die abstraktesten Abstrakta beherrschen, die Rechtssprache als ihre Waffe benutzen. Sie haben alle dieselbe einheitliche Ausbildung zum sogenannten Einheitsjuristen durchlaufen, dadurch einen gewissen Korpsgeist entwickelt und betreiben gemeinsame zeremonielle und prozessuale Rituale in Behörden, Gerichten und Verwaltungen. Das Leitbild zum Einheitsjuristen, der am Ende seiner Ausbildung eine externe staatliche Prüfung ablegt, ist ein deutsches Markenzeichen und »fest gemauert« im Deutschen Richtergesetz (DRiG).

Zum anderen, dass sie beeindruckt und beherrscht sind von alles steuernden Methoden und Ordnungssystemen, von der ganz speziellen, nur ihnen eigenen gutachtlichen Arbeitsweise und von ihren geheimnisvollen »subsumierenden« Denkstrategien. Sie lieben das »Klein-Klein«, das Trennende, das haargenaue Unterscheiden, das Spitzfindige nach ihrem Motto: »Jeder Fall ist anders!« Die Gesetze werden zerlegt, zerdacht, es wird eliminiert, interpretiert und definiert, und alles wieder im Schlusssatz ihres »heiligen« Gutachtens zusammengefügt. Dies alles werfen sie wie Netze über die Gesetze, das ständig neue juristische Sachverhalte produzierende Leben, über ihr Arbeiten, ihr Denken, Sprechen und Schreiben und fangen darin alle, aber auch alle Fälle. Das alles verehren sie wie Götter in ihren »Gerichtstempeln«, Geschäftsstellen, Büros, Verwaltungsetagen und Kanzleien. Sie halten es am Leben, um damit die Möglichkeit zu haben, auf den Willen anderer Einfluss zu nehmen, was man herkömmlich als »Macht« bezeichnet. Die Juristen achten in ihren geheimen Zirkeln wie Gurus peinlich darauf, dass kein Fremder ihre Systeme und ihre Methoden so schnell durchschaut, denn sie wissen: Ihr Wissen ist ihre Macht.

Zum Dritten, dass sie dank ihres Studiums der »Rechtswissenschaften« und dank ihrer zwei schweren Examina durch eine geistig-seelische Grenzerfahrung miteinander verbunden sind, die durch ein

Gefühl der Ohnmacht, des Ausgeliefertsein und der Unterlegenheit gekennzeichnet ist. Die traumatisierenden gemeinsamen Examenserfahrungen aller Juristen schmieden die professionelle Einheit zusammen, stiften Identität und ermöglichen eine recht wirksame soziale Grenzziehung von Zugehörigen und Nichtzugehörigen zu der Profession. Was diese juristischen Examina von anderen unterscheidet, ist die Länge der Prüfungen, eine fehlende Abstufung und Abschichtung der Fächer, das Wissen der gesamten Ausbildung punktgenau in zwei Wochen (schriftlich) und an einem Tag (mündlich) abrufbereit zur Verfügung haben zu müssen. Dadurch bedingt haben Juristen oft Selbstzweifel und erfahren die Verkümmerung sozialer Kontakte während der intensiven und langen, ca. einjährigen Vorbereitungsphase allein für das 1. Examen. Die Examina sind prägende Lebensepisoden aller Juristen. Es ist der Tanz um das goldene Kalb der Note »vollbefriedigend«. Juristen spiegeln die »Würgemale« wider, die zwei Staatsexamen ihnen zugefügt haben. Dadurch erfolgt die bedingungslose Identifikation mit der neuen Gruppe der Juristen und dem durchlittenen Ritual. Mitglieder der eben verlassenen Studenten- bzw. Referendargruppe sollen gleichfalls durch diese harte Schule gehen müssen, die rückblickend als »lehr- und erfahrungsreich« betrachtet und als prägendes Erlebnis verbucht wird. *»Die sollen am Abstraktionsprinzip genauso kauen, wie wir es auch mussten!«*

- **Viertens**, dass sie über ganz bestimmte Schlüsselqualifikationen verfügen (sollten), denen Sie hier schon einmal überschlägig begegnen sollen:
- **Gekonnte Sprache und Argumentationskunst, Sprachfähigkeit:** Es ist aber nicht nur Sprachkompetenz im Alltag, mehr eine spezifische Bildungssprachkompetenz.
- **Textsicherheit:** Das schriftliche Verfassen von Texten, also Sicherheit in Orthographie und Grammatik, ist in jeder juristischen Berufsrolle erforderlich.
- **Rhetorik:** Sie ist kein (!) Schnickschnack, sondern die Fähigkeit, mit Argument und Gegenargument Meinungen zu bewegen und Einverständnisse herzustellen.
- **Informationsmanagement:** Um von den Rechtsprechungs-, Zeitschriften- und Literaturlawinen nicht erschlagen zu werden.
- **Sachlichkeit und Fairness:** Beide begründen Vertrauen in die Kompetenz von Juristen.

- **Die Fähigkeit, Wesentliches von Unwesentlichem zu unterscheiden:** Nicht alle Meinungen sind wichtig, nicht alle Gesetzesvarianten von Bedeutung. Nur so kann sich der Jurist sowohl in der realen Welt wie auch in der Gesetzeswelt orientieren.
- **Die Reduktion von Komplexität auf einfache Elemente:** Wer die Komplexitätstreiber liebt, sollte Wissenschaftler, aber kein praktizierender Jurist werden.
- **Kommunikative Kompetenz:** Wie Freundlichkeit, Redekunst, um andere von seinen Standpunkten zu überzeugen, letztlich auch manchmal sich selbst, Empathie, Einfachheit, Klarheit, Zuhören können, Abwägen, Echtheit, Mut zur Korrektur.
- **Analyse- und Strukturfähigkeit:** Um Sachverhalte, die das Leben schreibt, und Gesetze, die der Gesetzgeber schreibt, zerlegen zu können. Der gute Jurist ist ein »Zerlegungskünstler«.
- **Selbstdisziplin:** Eine Sekundärtugend, über die nichts geht.

Und fünftens ist es die wahrhaft staunenswerte Fähigkeit dieser Juristen, aus einem endlichen Reservoir von Gesetzen unter Benutzung einer relativ kleinen Anzahl von methodischen Regeln, eine unendliche Zahl von Fällen zu lösen. Diese Fähigkeit ist das wahrhaft Bewunderungswerte an den Juristen. Das Geheimnis der Juristen besteht eben in der Beherrschung dieser Formel: Gesetz + Lebenssachverhalt + Methoden = Lösung des Falles. Jeder ahnt zwar irgendwie, was damit gemeint sein könnte, aber keiner weiß Genaues. Gute Fachkenntnisse sind zwar notwendig, aber keinesfalls hinreichend. Gute Juristen müssen mehr können als nur Jura.

Im öffentlichen Ansehen ist das Berufsbild der Juristen nicht ganz einheitlich. Suchen Sie sich für Sie das Passende heraus!

Einerseits gelten die Juristen als

▪▪ *autoritätshörig*, weil sie immer von der Autorität »Gesetz« abhängig seien ▪▪ *haar-spalterisch*, weil sie einem das Wort im Munde herumdrehen könnten, was sie bei ihren Gesetzesinterpretationskunststücken und Argumentationstricks geübt hätten ▪▪ *wertfrei*, weil sie sich jedem neuen Gesetz schnell anpassten, ohne Moral, Kultur, Religion oder Parteigrundsätze zu achten ▪▪ *pessimistisch*, weil sie immer schon den Konflikt mit Gegner und Gesetz antizipierten und bei Verträgen immer an das Scheitern statt an den Bestand dächten ·· *arrogant*, weil sie ständig alles besser wissen wollten.

Andererseits sagt man ihnen genau das Gegenteil nach, sie seien

·· *gesetzestreu*, weil sie sich an Recht und Gesetz ausrichteten ·· *gute Rhetoriker*, weil sie gelernt hätten, ihren Standpunkt und den des Gesetzes zu vertreten und argumentativ zu verteidigen ·· *neutral*, weil sie keiner Instanz unterworfen und nur der Freiheit des Einzelnen und dem Gesetz verpflichtet seien ·· *optimistisch*, weil sie wüssten, dass das Gesetz im Einzelfall immer Freiheit, Recht und Gleichheit schaffen könnte ·· *arrogant*, weil sie zwar die Besser- und Bescheidwisser seien, aber nur deshalb, weil sie nun einmal aufgrund ihrer Gesetzeskunde besser Bescheid und vieles tatsächlich besser wüssten.

Na, was Gutes dabei? – Gefällt Ihnen das? – Wie man ein solcher Jurist wird? Das sehen wir uns in einem der nächsten »Briefe« an. Zuvor aber noch zu der DNA aller Juristen: Sie haben sämtlich Rechtswissenschaften studiert.

»Was bedeutet eigentlich ›Rechtswissenschaft‹?«

Unser »Jurastudium« ist die umgangssprachliche Bezeichnung für das klassische »Studium der Rechtswissenschaften«. Was ist das und warum Plural? Die Rechtswissenschaft sollten wir zunächst in das allgemeine Bild der *Wissenschaften* eintäfeln.

Prinzipiell ist Wissenschaft das Streben nach Erkenntnis über einen bestimmten Gegenstand dieser Welt. Diese Erkenntnis kann man auch als »Wahrheit« bezeichnen (ironisch: Wahrheit ist immer nur der vorläufig letzte gültige Irrtum). »*Jede Tätigkeit, die nach Inhalt und Form als ernsthafter planmäßiger Versuch zur Ermittlung der Wahrheit angesehen werden kann*«, ist laut Bundesverfassungsgericht Wissenschaft. Da niemand alles wissen kann, ergab sich schon früh der Zwang, Teilbereiche des Strebens nach Erkenntnis über die Welt abzugrenzen. Auf diese Weise wurden die Felder einzelner Wissenschaften abgesteckt. Die exakte Abgrenzung ist freilich oft schwer, da die Übergänge fließend sind.

Obwohl es keine allgemein anerkannte Systematik der Wissenschaft gibt, haben sich doch zwei verschiedene Einteilungen durchgesetzt:

Eine erste Unterteilung grenzt die Formalwissenschaften von den Realwissenschaften ab.

Gegenstand der *Formalwissenschaften* – Mathematik und Logik sind die wichtigsten Beispiele – ist die Bildung und Verknüpfung von theoretischen Aussagen und das Ziehen von Schlüssen. Sie beschäftigen sich als theoretische oder »reine« Wissenschaft mit abstrakten Aussagen ohne Bezug auf reale Erscheinungen.

Die *Realwissenschaften* (Biologie, Chemie, Physik, Psychologie, Soziologie) beschäftigen sich dagegen mit realen, also der Beobachtung prinzipiell zugänglichen, Erscheinungen als angewandte oder »praktische« Wissenschaft.

Es ist nicht schwer zu erkennen, dass die *Rechtswissenschaft*, die sich um das Streben nach Wahrheit über den beobachtbaren Gegenstand »Recht und Gesetz« bemüht, eher den Realwissenschaften zuzurechnen ist, wobei sie sich allerdings häufig der Formalwissenschaft »Logik« bedient.

Eine zweite Unterteilung grenzt die Naturwissenschaften von den Geisteswissenschaften ab.

Als *Naturwissenschaften* bezeichnet man alle Wissenschaften von der anorganischen und organischen Natur einschließlich der Naturbezogenheit von uns Menschen, also all das, was die »Natur« erschaffen hat.

Ihnen werden die *Geisteswissenschaften* gegenüber gestellt. Gegenstand dieser Wissenschaften sind die verschiedenen Bereiche geistigen und kulturellen Lebens, also all das, was der »Geist« erschaffen hat.

Zu den Geisteswissenschaften gehört auch die *Rechtswissenschaft*, da ihr Gegenstand, das Recht, nach moderner Auffassung vom Menschen gesetzt wird.

Bekommt man es nun, wie Sie vielleicht bald, mit der *Rechtswissenschaft* zu tun, können damit drei verschiedene Dinge gemeint sein:

1. *Rechtswissenschaft heißt zunächst das Resultat wissenschaftlichen juristischen Arbeitens.* Das Ergebnis dieser wissenschaftlichen Tätigkeit schlägt sich dann in schriftlicher Form, zB in juristischen Aufsätzen, Büchern, Zeitschriften und Urteilskritiken nieder. Bei uns heißt das Resultat »*Die juristische Literatur*« und findet sich seriös in den Bibliotheken der Unis und Gerichte wieder.
2. *Rechtswissenschaft bezeichnet aber auch die organisatorische Zusammenfassung von lehrenden Personen (Jura-Dozenten und Jura-Professoren), lernenden Personen (Jurastudenten) und Institutionen (juristische Fakultäten an Universitäten, Fachhochschulen, Institute).*

In der Alltagssprache findet man die Aussage: »Es ist Aufgabe der Rechtswissenschaft ...«. Diese Art der Rechtswissenschaft teilt sich in zwei Bereiche:

- Zum einen in das Sammeln, Vergleichen, Auswerten und Verwerfen von juristischem Wissen und seine rechtsdidaktisch geschulte Weitergabe an die Jurastudenten – also möglicherweise bald an Sie (*juristische Lehre*).
- Und zum anderen in das Erschließen neuen theoretischen oder empirischen juristischen Wissens, das Vergleichen mit altem und benachbartem juristischem Wissen und die kritische Auseinandersetzung mit der Rechtsprechung. Hier ist die Jurisprudenz auf Erkenntnissuche (*juristische Forschung*).

Beide Teilbereiche sollten von jeder rechtswissenschaftlichen Hochschule gleichermaßen (!) bedient werden. Werden sie aber nicht, da die Forschung zu stark die Lehre dominiert!

3. *Rechtswissenschaft* ist aber vor allem die Tätigkeit wissenschaftlich-juristischen Arbeitens. Darunter versteht man alle Bemühungen, um in organisierter, methodisch abgeleiteter Form systematisch Kenntnisse über »Gesetz und Recht« zu sammeln, zu erforschen und auszuwerten. Dazu gehört, wie bei jeder anderen Wissenschaft auch, das Erarbeiten eines vorgefundenen Stoffgebietes, bei uns das Recht und das Gesetz. Dazu gehört aber auch die kritische Auseinandersetzung mit den Aussagen und Ergebnissen dieser Disziplin – etwa denen der Rechtsprechung und juristischen Literatur – und schließlich die Weiterentwicklung

dieser Erkenntnisse auch und gerade durch Studenten in Klausuren, Hausarbeiten und Referaten.

Was macht diese juristische Wissenschaft, die Rechtswissenschaft, aus?

Angesichts der Unmöglichkeit, den scheinbar unumstößlichen, ewigen Naturgesetzen vergleichbare unumstößliche, ewige Rechtsgesetze entgegen zu setzen, will niemand (manche tun es doch) so vermessen sein, gleich der ganzen juristischen Disziplin, unserer Juristerei, den Wissenschaftscharakter abzusprechen. Obwohl – ein wenig entmutigen sie schon, die nicht immer einheitlichen Urteile der Gerichte quer durch die Republik und die sich schnell überholenden und manchmal auch sich widersprechenden Gesetze. Man blickt angesichts der Undenkbarkeit sicherer juristischer Urteile neidvoll auf die unvergänglichen, ewigen Gesetze der Naturwissenschaftler. Jeder, der einmal mit einem Naturwissenschaftler darüber gesprochen hat, weiß, wie schwer es ist, diesem zu erläutern, was juristische Wissenschaft beinhaltet. Die Diskussion um die Wissenschaftlichkeit der Rechtswissenschaft existiert seit langem und ist ebenso wenig neu wie die Streitfrage nach der Ausrichtung der rechtswissenschaftlichen Ausbildung hin zu mehr Wissenschaftlichkeit oder eher zu mehr praktischer Rechtsanwendung. Die Zeitgebundenheit und Relativität des Rechts sind allerdings von vornherein ein Problem der Rechtswissenschaft (*»Drei Worte des Gesetzgebers machen Bände von Rechtswissenschaft zur Makulatur«, v. Kirchheim*). Auch die Fülle an Entscheidungen und die rasante Geschwindigkeit der Gesetzesproduktion und der Gesetzesänderungen, die die Rechtswissenschaft manchmal an der systematischen Ordnung hindern, stellen ein Problem für die Rechtswissenschaft dar. Dennoch dürfen die gewaltige Dynamik des internationalen, europäischen und nationalen Gesetzesausstoßes sowie die Explosion der gerichtlichen Entscheidungen die Rechtswissenschaft nicht in die Knie zwingen.

Die Rechtswissenschaft als wissenschaftlich-juristisches Arbeiten gliedert sich nach ihren unterschiedlichen Gegenständen und Inhalten in folgende zwei Unterbereiche, weswegen man heute auch von Rechtswissenschaften im Plural spricht.

Erstens: Die Rechtswissenschaft im engeren Sinn:

Was deren Anforderungen anbelangt, lassen sich drei mögliche *Funktionen dieser Rechtswissenschaft im engeren Sinn* herausstellen:

- **Die normbeschreibende Funktion:** Hierbei geht es vor allem darum, die Gesetze des materiellen Rechts auszulegen, darzustellen, zu systematisieren, zu kommentieren und zu zeigen, dass die bisherigen Normen einen (nicht) logischen, sich (nicht) widersprechenden Zusammenhang bilden.
- **Die normvorschlagende Funktion** erfüllt eine soziale Steuerungsleistung, indem sie bei entstehenden gesellschaftlichen Fragestellungen dem Gesetzgeber Vorschläge für Regelungsmodelle durch Gesetze unterbreitet.
- **Die normkontrollierende Funktion der Rechtswissenschaft** besteht darin, Gesetzgebung und Rechtspraxis durch Schaffung objektiver Maßstäbe kritisch zu bewerten und somit auch Aussagen über die Güte und Beständigkeit von Gesetzen und Urteilen zu treffen.

Leider begnügt sich die Rechtswissenschaft in aller Regel damit, das zu beschreiben und zu kontrollieren, was der Gesetzgeber und die Gerichte produzieren. In dieser rein deskriptiven Interpretation der Rechtswissenschaft haben sich die juristischen Fakultäten in Forschung und Lehre gut eingerichtet. Auf die Gesetzgebung nimmt die Rechtswissenschaft (*normvorschlagende Funktion*) leider ebenso wenig Einfluss wie auf die Beobachtung der Entstehung der sozialen Konflikte, auf die die Gesetze dann wirken sollen. Sie sollte ihrem eigenen Anspruch folgend mehr im ständigen »Dialog« mit der Rechtsprechung, mit der Gesetzgebung und der gelebten sozialen Wirklichkeit stehen.

Zweitens: Die Rechtswissenschaft im weiteren Sinn:

Dieser Bereich fächert sich auf in:

Rechtsgeschichte, die die Ursprünge des Rechts und seine geschichtliche Entwicklung behandelt. Aufgabe der Rechtsgeschichte ist es, die geschriebenen und ungeschriebenen Gesetze, Rechte und normativen Sätze für die unterschiedlichen Geschichtsepochen zu erforschen, darzustellen und zu erklären. Im Gegensatz zur Rechtsvergleichung stellt sie nicht die horizontalen, sondern die vertikalen Vergleiche an.

Rechtsvergleichung, die unterschiedliche Rechtssysteme auf internationaler Ebene gegenüberstellt. Ohne eine grenzenüberschreitende Rechtsvergleichung besteht die Gefahr der nationalen Engstirnigkeit.

Rechtssoziologie, die feststellt, wie das Recht in der Realität ankommt und gelebt wird.

Rechtsphilosophie, die das Wesen des Rechts zu erforschen versucht. Ein noch zu weites Feld! Im Zentrum der Rechtsphilosophie stehen Versuche, die »menschlichen« Gesetze in einer übergeordneten Geltungssphäre zu verankern.

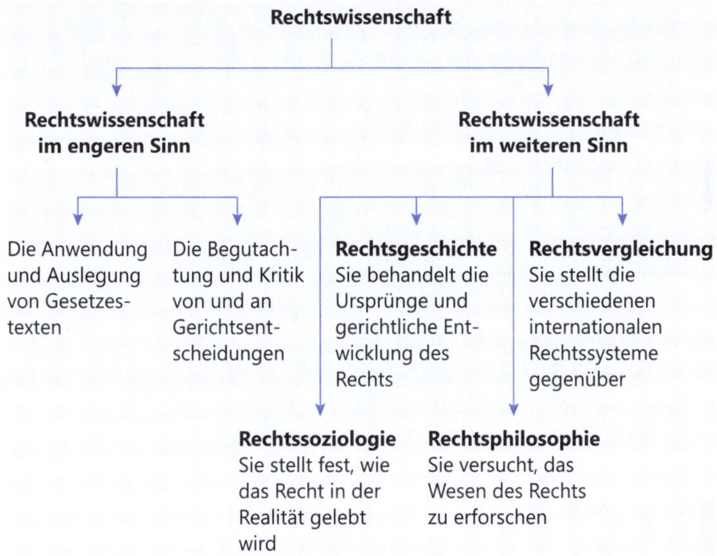

Sie werden es im Anfang Ihrer juristischen Ausbildung ganz überwiegend mit der »*Rechtswissenschaft im engeren Sinn*« zu tun haben, da Sie sich vom 1. Tag Ihres 1. Semesters an mit der Anwendung und Auslegung von Gesetzestexten für das Gebiet BGB, StGB und Staats- und Verfassungsrecht sowie den entsprechenden Urteilen und der einschlägigen Literatur beschäftigen.

Aber: Auch die Bereiche der »*Rechtswissenschaft im weiteren Sinn*«, die sogenannten Grundlagenfächer, sollten Sie interessieren, die Sie zwar nicht zur Lösung von Klausuren benötigen, die man aber zum tieferen Verständnis des deutschen und des europäischen Rechts braucht, um rechtliche Fragen und Antworten weiterzuentwickeln. Ohne die Wurzeln der Rechtsphilosophie, Rechtssoziologie und Rechtsgeschichte besteht die Gefahr, zum technokratischen Rechtsanwender degradiert zu werden. Das Stichwort dazu lautet: »Rechtsingenieur« und birgt das Risiko, dass sich keine gemeinsame Schnittmenge mehr über die Grundlagen und das Wesen des Rechts im gemeinsamen Bewusstsein aller das Recht Anwendenden findet.

Leider sieht die studentische Praxis aus meiner Erfahrung anders aus! Alle Studenten fokussieren ihren Blick sehr schnell ausschließlich auf die Rechtswissenschaft im engeren Sinn und die Lösung von Fällen. Von den durch Professoren und Altstudenten kommunizierten schweren Anforderungen der Semesterklausuren und des Examens geht eine erhebliche Sogwirkung auf ihr Lernverhalten aus. Die überragende Relevanz der Examensnote zwingt die Studenten dazu, solche Lehrveranstaltungen in Frage zu stellen, deren Inhalte mit dem Examen als nicht kompatibel wahrgenommen werden. Wichtig sind für die Studenten nahezu ausschließlich die *Grundlagen* für die Fallbearbeitungen der ersten Klausuren, nicht die *Grundlagen*fächer, deren Bezeichnung ohnehin verwirrend wirkt, da sie eben gerade nicht die notwendigen Grundlagen für die Rechtsanwendung legen und die man besser deshalb als *Quellenfächer* bezeichnen sollte.

Mein Rat: Auch Sie sollten, wenn Sie sich denn für Jura entscheiden, am Anfang Ihres Jurastudiums eine mehr geschlossene Orientierung an der juristischen Form der Fallbearbeitung und an der Rechtsdogmatik anstreben. Um den Rest der »Grundlagenfächer« können Sie sich später auf sicherer »Grundlage« der ersten Semester kümmern. Es muss nicht alles zugleich und sofort und an (noch) nicht dazu bereiter Stelle studiert werden.

Was war das gerade? – Rechtsdogmatik? – Häufig werden Sie dem Begriff der *Rechtsdogmatik* begegnen. Rechtsdogmatik ist die wissenschaftliche Behandlung und Darstellung des geltenden Rechts. (griech.: dógma, Meinung, Lehrsatz). Sie legt die geltenden Rechtsgrundsätze fest. Das geltende Recht umfasst dabei nicht nur die Gesetze mit Geltungsanspruch, also die Gesetzestexte, sondern auch deren Konkretisierung in der Anwendung durch Rechtsprechung und Rechtswissenschaft. Das *geltende Recht zu kennen und zu verstehen*, ist die Aufgabe der Rechtsdogmatik. *Kurz: Die Rechtsdogmatik ist die juristische Arbeit am vorgefundenen Gesetz. Sie hat zwei ganz wichtige Funktionen:*

- Sie hat eine *Stabilisierungsfunktion* für die Rechtsanwendung, da alle Gesetze mit gleichen Methoden und im gleichen Geist anzuwenden sind.

- Sie hat eine *Entlastungsfunktion*, damit man das juristische Rad nicht immer wieder neu erfinden muss.

Die Rechtsdogmatik und die Falllösungstechnik haben die Monopolstellung im Jurastudium. Rechtswissenschaft ist für den Jurastudenten überwiegend eine Rechts-Anwendungswissenschaft.

PS: Und warum heißt es »Rechtswissenschaft-en«? – Wie gesagt, erstens wegen der zweierlei Arten von Rechtswissenschaft und zweitens wegen des Kirchenrechtes, das man früher mit dem weltlichen Recht nur gemeinsam studieren konnte. Jus (das weltliche Recht) + Jus (das kirchliche Recht) ergeben im Plural Jura (die Rechte), deshalb eben Jurastudium (in Österreich: Singular, Jusstudium).

Zweites Kapitel
Auf dem Weg zur Uni

»Was ändert sich auf meinem Weg vom Abiturienten zum Jurastudenten?«

Alles! Nichts bleibt, wie es ist! Vor allem Sie selber nicht. Sie werden ein neuer Mensch! Ein Jurastudent! Der gelungene Anfang ist nicht nur wichtig, er ist alles! Vor Ihnen eröffnen sich fortwährend neue Perspektiven, und eine ganze Welt wartet darauf, von Ihnen erobert zu werden.

Kurz noch etwas anderes, bevor wir mit der Metamorphose vom Schüler zum »Studenten der Rechte« richtig anfangen. Wir müssen erst noch vier Begriffe klären, von denen man immer wieder hört.

»Jura«! – Was ist das überhaupt? – Jura ist der lateinische Ausdruck für Rechtswissenschaften, eigentlich heißt »Jura« die »Rechte«. Im 17. Jahrhundert wurde »iura«, der Plural von lat. »ius«, das Recht, in der Wendung »Jura studieren« in deutsche Texte übernommen. Das hatten wir gerade.

Und was heißt »Jurisprudenz«? – Jurisprudenz ist der klassische Ausdruck für Jura. Wenn jemand sagt: »Ich studiere die ›Jurisprudenz‹«, sagt er etwas vornehm: »Ich studiere Jura«. Jurisprudenz leitet sich ab von prudentia, lat.: die Klugheit, und juris, lat.: des Rechts.

Und »Juristerei«? – Was ist das? – Juristerei ist herkömmlich die aus Jurist abgeleitete scherzhaft umgangssprachliche Bezeichnung für Rechtswissenschaft und Rechtsprechung. Für mich ist die Juristerei eher der Inbegriff all dessen, was von Recht und Gesetz in der Welt ist und all derer, die sich in dieser Welt mit Recht, Gesetz und Gericht beschäftigen.

Und »Jurastudent«? – Wer ist das? – Wir Dozenten sprechen häufig von »dem« Jurastudenten oder »den« Jurastudenten, vergessen dabei aber, dass es »den« Jurastudenten gar nicht gibt. Wie das Leben die sieben Lebensalter kennt – das Kind, den Jugendlichen, den Heranwachsenden, den Erwachsenen, den reifen Älteren, den alten und den ganz alten, senilen Menschen –, so durchläuft auch jeder Jurastudent ganz verschiedene Entwicklungsphasen: vom ersten pubertären Verliebtsein, meist noch ohne Gegenliebe, vom »kindlichen« staunenden Anfang in der Studieneingangsphase, über die juristisches Wissen speichernde »Jugend«, über die Studentenfigur des erfahreneren gutachtlich arbeitenden »Heranwachsenden« bis hin zum mündigen, klausurenerprobten »Erwachsenen« und schließlich zum jura-studentisch »hochbetagten« juristischen Examenskandidaten.

Das Studium ist nun kein bloßes Anstückeln dieser Phasen, sondern ein evolutionäres Werden, bei dem eine jede Phase aus der vorherigen wächst und positiv oder negativ auf das Ende des Studiums hin wirksam ist. Die Unbedenklichkeit, mit der Dozenten in Bezug auf ihre Studenten von »den« Studenten reden, unterschlägt die Stadien dieser »Entwicklung«. Auch übersieht man leicht die zwischen diesen studentischen Entwicklungsphasen liegenden typischen Krisen. Wie zwischen Kind und Jugendlichem die Krise der Pubertät, zwischen Jugend und Erwachsensein die Krisen der Erfahrung, der Grenzerlebnisse und der Loslösung liegen, so gibt es auch in den Studiengestalten der Studenten tiefgreifende Problemsituationen. Sie reichen vom Zweifel am richtigen Studium mit Ausstiegstendenzen bis zur Verzweiflung vor der Klausur oder der Angst vor dem Examen, von der guten und schlechten Erfahrung mit Dozenten, Kommilitonen und Lehrstoff, über die Krise der akademischen und praktischen Desillusionierung, des Leidens an Stoffdruck und Arbeitsüberlastung bis hin zur Lebensfigur des reifen Studenten, der erfährt, was Erfolg und Misserfolg heißen. Er erfährt die Eingeschränktheiten und Unzulänglichkeiten des einstigen akademischen Himmelsstürmers.

Nun aber zurück zu Ihrer Frage! Sie verlassen bald die Phase des Abiturienten oder haben sie schon verlassen und wechseln in die Lebensphase des Jurastudenten. Sie charakterisieren sich mit dem Beginn Ihrer juristischen Ausbildung völlig neu. Ihr seelischer und geistiger Zustand wechselt von Schule zu Hochschule, von sozialer Geborgenheit in der Familie zu studentischer Freiheit. Wenn Sie das Jurastudium ergreifen, sollten Sie sich möglichst schnell in Ihrer neuen Lebensphase einrichten und sich zur Lebensgestalt des freien Studenten emanzipieren. Ihre neu beginnende jura-studentische Lebensphase muss als ein ganz wichtiger Teil in Ihr ganzes Dasein eingeordnet sein.

Ist Ihnen als Jurageneigter unser »Jurististan« noch nicht einmal in Umrissen bekannt, so schrumpfen die Geheimnisse dieser neuen Welt aber mit dem Fortschritt im Auffinden und Entdecken der unbekannten Juristerei bald auf ein Minimum zusammen. Mit der Bezwingung der juristischen Inhalte, dem Erkunden der richtigen Studienwege und der Etablierung der gesetzesüberspannenden Rechtsanwendungs-Methodik werden Sie die Voraussetzungen dafür schaffen, die »Decke« der Nichtkenntnis mit bleibendem Erfolg aufzuheben – Jura eben zu »ent-decken«! Es ist eine »schöne neue Welt«, die Sie entdecken werden. Sie werden bald dahinter kommen, dass hinter der Vielzahl der Paragrafen eine Einheit steht, die viel einfacher ist als ihre Vielheit. Mit dem Wissen über das Jurastudium wächst allerdings auch der Zweifel. Sicher wissen nur die, die wenig wissen.

Hier einige Gedanken zu Ihrem Übergang vom Schüler zum Jurastudenten

- Sie kommen mit bestimmten Erwartungen in die Hochschule: Sie hoffen auf gute Lehre, optimale Examensvorbereitung, didaktische Konzepte, bestmögliche Betreuung und Beratung, Mitsprache und eine gute Berufsorientierung. Sie müssen aber zunächst selbst ganz schnell lernen, was es bedeutet, Jura zu studieren. Sie kommen mit Ihrer schulischen Lernerfahrung, mit Ihrer bisherigen Lernbiographie und ... mit keinerlei gegenwärtigem Vorverständnis des neuen Studienfaches in die juristische Hochschule. Dort werden Sie in Ihrem Bildungs- und Ausbildungsgang auf eine fremde Lernumgebung treffen, die von der ersten Minute an charakterisiert ist durch unbekannte »vorlesende« Groß-Lehrveranstaltungen und nicht vertraute Lehrmethoden, auf eine Art zu denken und zu arbeiten, die Sie so nicht kennen. Im ungünstigsten Fall treffen Sie auf ein rein dozentenzentriertes, rechtsdidaktisch schlechtbestelltes Lernumfeld, im günstigsten Fall auf ein solches, in dem Dozenten lehren, die rechtsdidaktisch gebildet sind und zu aktivem juristischem Lernen einladen. Keiner bereitet Sie auf diese »Großen Vorlesungen« vor, wenn Sie es nicht von Anfang an selber tun.
- Der Übergang vom Schüler zum Jurastudenten ist nicht einfach ein bloßes Hinübergleiten von Schule zu Hochschule. Es handelt sich um etwas ganz Großes an der Schnittstelle zweier Lebensphasen: das zuversichtliche Hineingehen ins eigene Studium. Der Zustrom neuen Wissens im ersten Semester ist gewaltig. Sie müssen sich darauf vorbereiten. Sie haben die Lebensphase des Schülers verlassen

und sind in die Lebensphase des Jurastudenten gewechselt. Ihr seelischer und geistiger Zustand wechselt in dieser »Bildungspassage«. Sie werden zu einer neuen Person!

- In der neuen Lebensphase soll alles besser laufen als in der grauen Vorzeit: Neue Freunde, studentische Freiheit, viel Party, interessanter Lehrstoff und Autonomie stehen ganz oben auf Ihrer Wunschliste. Und am besten: Weit, weit weg von Zuhause. Aber Vorsicht! Alles Bisherige wird in einem solchen Rundumschlag für diese Illusion gekappt: Der soziale Rückhalt durch den langjährigen Freundeskreis, die direkte Beziehung zu den Eltern und meist auch Großeltern, natürlich auch die gewohnte Umgebung. Ich möchte Sie vor einer jedenfalls unkontrollierten Flucht von zu Hause direkt nach dem Abitur warnen. Beim Wechsel auf die Hochschule auf den Heimvorteil zu verzichten, ist eine riskante Strategie und nicht immer die beste Wahl. Die wertvolle Anfangseuphorie vieler Erstsemestler verpufft schon beim Versuch, sich ein neues soziales Netzwerk aufzubauen, Orientierung in einer fremden Stadt zu finden und mit der »großen Freiheit« zurechtzukommen. Die Energie der ortstreuen Studenten kann dagegen ohne Nebenkriegsschauplätze auf sicherer Alltagsbasis direkt in die schwierigen Anfangsgründe des Jurastudiums eingesetzt werden. Eine heimatnahe Ortswahl ist keine verspielte Chance auf die große weite Welt: Haben Sie sich in Stoff und Studium eingelebt, können Sie immer noch »ausziehen«.
- Die neue jura-studentische Lebensphase wird als ein ganz wichtiger Teil in Ihr ganzes Dasein eingeordnet sein. Die Zeit an der Uni kann eine der schönsten im Leben eines Menschen sein und man bekommt sie nie mehr zurück. Das Jurastudium wird aber seinen vollen Sinn in Ihrem Leben nur dann gewinnen, wenn es sich auch wirklich auf Ihr Leben hin erfolgreich auswirkt. Wahrscheinlich wird es der Mittelpunkt Ihres ganzen Lebens. Alles Bisherige ist darauf zugelaufen, alles Folgende findet hier sein Fundament. Gleichzeitig erwächst aber aus der Einmaligkeit des studentischen Erlebens auch die Schwere der Erkenntnis, dass Versäumtes nicht nachgeholt, Vergangenes nicht eingeholt werden kann und dass man im Falle des Scheiterns für immer an der Not des Verloren-Habens leiden wird.
- Wenn Sie sich bewusst machen, mit welchen juristischen Mängeln ein Abiturient als hilfloser Anfänger in die neue Welt seiner juristischen Ausbildung hineingeboren wird, dann wird die ungeheure Bedeutung des juristischen Anfangs erst richtig deutlich. Welches Wissen und welche Erfahrungen sind erforderlich, um einer ersten juristi-

schen Klausur erfolgreich zu trotzen? Noch fehlen Ihnen die meisten derjenigen Kenntnisse, Fähigkeiten und Fertigkeiten, die Kompetenzen also, die man für den juristischen Lernerfolg einer »großen Vorlesung« zur Verfügung haben muss. Gleichsam als Ersatz hierfür besitzen Sie aber als »homo sapiens« die unschätzbare menschliche Fähigkeit, lernen zu können. Sie können Ihr Verhalten jeweils den neuen Erfordernissen und Herausforderungen der Umwelt, das heißt jetzt konkret Ihrer juristischen Ausbildung, anpassen, um ein guter Jurastudent zu werden. Und das müssen Sie von Beginn an tun.

- Ihr juristischer Wissens- und Problemzuwachs aus Vorlesungen und Literatur wird schnell anwachsen. Er darf aber niemals schneller steigen als Ihre juristischen Problem- und Wissensverarbeitungskapazitäten. Es geht deshalb vor allen Dingen darum, möglichst unverzüglich methodischen und materiellen juristischen Sachverstand in Ihren Anfänger-Lern-Prozess einzubringen, um das notwendige juristische Denk-, Speicherungs- und Fassungsvermögen schnell aufzubauen. Dies ist notwendig, um den Problem- und Wissenszuwachs sicher zu verarbeiten. Ihr Professor wartet nicht auf Sie, Sie müssen selbst versuchen mitzukommen, vom ersten Betreten des Hörsaals an.
- Und lassen Sie sich nichts von einem Jura-Gen erzählen, das man habe oder eben nicht habe! Wir sprachen schon darüber. Eine angeborene Anlage für juristische »Klugheit« und »Kreativität« gibt es ganz selten. Ungewöhnlich kluge Studenten haben einfach besser, disziplinierter, systematischer und fleißiger gelernt als die anderen und hatten von der ersten Minute an das notwendige Vorwissen für die Frage: *»Ist Jura das Richtige für mich?«* Sie verfügen schlicht über mehr erarbeitetes Wissen, Methodik, haben Falltraining und Systemkenntnis und den Mut, diese auch einzusetzen. Der Mythos vom »Jura-Gen« ist eine irrige Vorstellung. Jeder der beginnenden Abiturienten hat das Zeug, ein guter Jurist zu werden. Es fallen weit mehr Studenten einem schleichenden Niedergang der Sekundärtugenden von Fleiß und Disziplin zum Opfer als einer Minderbegabung für Jura.
- Sie betreten mit dem Jurastudium den offenen Raum der Universität und müssen sich darin einquartieren. Sie müssen sich dabei in eine Ihnen noch weitgehend unbekannte studentische Existenz neu eingewöhnen. Sie müssen lernen, akademisch selbst zu gehen. Der Schutz der Lehrer und Eltern, der zwischen Ihnen und der äußeren Welt stand, fällt langsam weg. Auch akademische Freiheit muss man

lernen! Sie müssen dafür sorgen, *Ihr* Studentenleben nach *Ihren* Plänen entsprechend *Ihren* Lebensverhältnissen, *Ihren* Anforderungen an sich, *Ihren* Finanzen, *Ihren* Freizeitinteressen und *Ihren* Energieressourcen zu gestalten.

- Sie haben längst entdeckt, wie Sie sich als Individuum von den anderen unterscheiden. Die Verletzlichkeit Ihres jungen Selbstgefühls, die übersteigerte Selbstbetonung, das Misstrauen gegen das, was andere sagen, bloß weil es andere sind, haben Sie längst abgelegt. Noch nicht entdeckt haben Sie, als neue Person »Jurastudent« in studentischer Freiheit und Selbstverantwortung dazustehen und ein eigenes Urteil über Ihre neue studentische Welt und Ihren eigenen Stand in ihr zu gewinnen. Sie müssen diesen festen Stand sehr bald finden, indem Sie von der ersten Minute an beginnen, in Ihrer neuen Jurawelt Ihr erfolgreiches studentisches Werk zu tun.
- Sie dürfen nicht der Gefahr unterliegen zu meinen, für Sie sei die studentische Welt »unendlich« offen, Ihre junge Vitalität sei »unbegrenzt«. Es fehlt Ihnen noch die Kenntnis der Zusammenhänge, der Maßstab für das, was man selbst kann, aber auch der für das, was andere können. Es fehlt das Wissen von der ungeheuren Zähigkeit der Trägheit so mancher Studenten und vom Widerstand, den die Trägheit dem Willen zum Studium entgegensetzt. Sie werden bald entdeckt haben, wie man der Gefahr widersteht, sich in Fleiß und Disziplin zu überschätzen, sich zu täuschen, seinen Willen zum Studium mit der Kraft seiner Durchsetzung zu verwechseln. »*Ich will das*!« heißt noch lange nicht »*Ich kann das*!«
- Sie werden schnell begreifen, dass Ihre neue Lebensphase als Jurastudent von der ersten Minute an bestimmt sein wird durch eine ganz neue Wertmitte, eine alles beherrschende Dominante. Diese Dominante ist das disziplinierte, organisierte und planmäßige Lernen. Das Wort »Lernen« ist schnell gesagt, aber sehr reich an Inhalt. In gewisser Weise bedeutet es Ihre ganze studentische Betätigung. Das Problem des richtigen Übergangs in Ihre neue Jurawelt ist eigentlich zunächst ein Problem Ihrer dozentischen und literarischen Juravermittler. Jurastudium aber bedeutet, dass es von Beginn an zu Ihrem Problem werden muss. Niemand kann Ihnen das Studieren abnehmen. Sie werden Ihr juristisches Studium selbst in die Hand nehmen müssen. Da heißt es: Disco iura ergo studioiura, lat.: Ich lerne Jura, also studiere ich Jura!
- Eine der großen Schwierigkeiten des Übergangs vom Schüler zum Jurastudenten besteht in Ihrer inneren Unsicherheit, im Wissen und

Doch-noch-nicht-Wissen, im Können und Doch-noch-nicht-Können. Der Übergang wird dann vollzogen sein, wenn Sie die nötige Erfahrung gesammelt haben, um mit juristischen Inhalten und fachlichen Kompetenzen juristisch zu denken, zu arbeiten und emanzipiert zu studieren. Dieser Übergang kann gelingen, aber auch misslingen. Er wird gelingen, wenn Sie zu würdigen wissen, wie eine wirkliche effektive juristische Lernleistung in einer »Groß-Vorlesung« oder Ihrer Studierstube aussieht und nicht nur eine phantasierte.

- Zu Ihrem studentischen Wesensbild wird Ihr jugendlich-passionierter Elan des aufsteigenden Studiums gehören. Die psychologische Wirkung dieses Elans, dieser Vitalität, ist das Gefühl unendlicher Möglichkeiten, das Vertrauen in das, was Sie sein werden und leisten können. Dann aber wird die jura-studentische Wirklichkeit allmählich ins Bewusstsein treten, vor allem dadurch, dass sich auch Misserfolge einstellen. Sie entdecken die elementare, aber anfangs nicht wahrgenommene Tatsache, dass die anderen Studenten ebenfalls ihr Können und ihre Fähigkeiten haben, dass sie ebenfalls vorstoßen in neue Räume und nicht bereit sind, sich von Ihnen übertrumpfen zu lassen. Sie entdecken, wie kompliziert die neue Jurawelt ist, wie wenig Sie mit Ihrem Schulwissen durchkommen. Sie erfahren, was die Vorbedingung für alles ist, was Jurastudium heißt: Geduldiges Lernen und lernende Geduld von der ersten Minute nach Betreten des Hörsaals.

Ganz spannend, diese »Bildungspassage«, oder? Der erste Schritt zum erfolgreichen Wechsel hinüber zum Jurastudium fängt allerdings bei Ihnen selbst an: Sie sollten möglichst schnell den Entschluss fassen, von Anfang an etwas für Ihre juristisch-methodische Ausbildung zu tun. Dazu empfehle ich Ihnen, Ihren Gesichtskreis anfangs möglichst eng zu halten, innerhalb dessen sich jedoch die Grundstrukturen, Grundbegriffe und Grundmethoden der Juristerei deutlich und prägend beizubringen oder beibringen zu lassen. Sie müssen sich propädeutisch vorbereiten.

Lassen Sie sich auf Ihrem entdeckenden Übergang in Ihre neue juristische Welt von niemandem entmutigen. Jedem Anfänger präsentiert sich das Jurastudium mit seinen Gesetzen und Methoden als uneinnehmbare Wehrburg, deren Mauern scheinbar keinerlei Eindringen erlauben. Wenn Ihnen aber auf wundersame Weise mit den »Waffen«

der juristischen Denk- und Arbeitsweise, einer spezifischen juristischen Lernsystematik, einer Klausurentechnik, vor allem aber Ihrer Motivation und Beharrlichkeit der Zutritt gelungen ist, werden Sie die Erfahrung machen, dass die meisten Trakte der »Trutzburg Recht und Gesetz« zwar hervorragend gebaut, aber durchaus »einnehmbar« sind.

Ich weiß: Weit ist oft der Weg vom Hören oder Lesen zum Verstehen und noch weiter der zum veränderten Verhalten. Der Hoffnung, dass nicht allein dem Anfang, wie Hermann Hesse dichtete, »ein Zauber innewohne«, kann man optimistisch hinzufügen: Er wohnt, wenn Sie es klug anstellen, dem ganzen Jurastudium inne!

Drittes Kapitel Die Vermessung des Jurastudiums

»›Jurastudium‹? – Wie geht das genau? – Wie wird man ein Jurist?«

Wie man ein Jurist wird? – *Ganz einfach*! Als Jurastudent durch ein Jurastudium! Klingt so banal und ist doch leider komplizierter als manch einer es sich wünschen würde! Lesen Sie sich deshalb gerade diesen Teil unseres Dialogs gewissenhaft durch! Es lohnt!

Um Jurist zu werden, bedarf es eines langen Atems. Die meisten Abiturienten wissen zwar, warum sie die Juristerei wählen. Meist deshalb, weil die breit angelegte Juraausbildung zum »Einheitsjuristen« formal den Zugang zu allen volljuristischen Berufen in dem eben geschilderten weiten Berufsfeld eröffnet. Was sie aber noch nicht wissen, ist erstens, wie das Studium genau abläuft, und zweitens, dass für die meisten Absolventen die Examensurkunde mit ihrer Endnote eine Marke ohne Wert ist, wenn man nicht zu den Besten gehört. Deshalb ja dieser Tanz um das »goldene Kalb« der Examensnote. Ich hatte Sie schon auf den »Stressor« Examensnote hingewiesen. Zur Ehrlichkeit gehört der Anfangsschock: Von 100 Examinierten fallen im Durchschnitt 30 durch! Von den restlichen 70 geht einer nur zur Justiz als Richter oder Staatsanwalt, sechs zur staatlichen Verwaltung, elf in die Wirtschaft. Zweiundfünfzig werden Anwalt. Für 75 % der Absolventen bleibt der Weg in die Rechtsanwaltschaft als einzige Chance zum Aufbau einer beruflichen Existenz. Hier ist die schon erwähnte dramatische Steigerung festzustellen. (Böse Zungen sprechen hier von »Anwaltsschwemme«).

Studiert wird Jura ausschließlich an einer Universität. Moderne Gesellschaften brauchen generell Institutionen, die als Teil eines komplexen Ausbildungssystems amtliche Bescheinigungen, also Zertifikate, über die Qualifikation klassischer Professionen ausstellen, die den Berufszugang an akademische Fähigkeiten und Fertigkeiten anknüpfen. Das sind die Universitäten. Die Universitäten gibt es seit dem 13. Jahrhundert, aber erst seit ungefähr 200 Jahren sind sie für die Berufskompetenz wichtiger Träger der gesellschaftlich notwendigen Funktionssysteme zuständig. Sie bilden traditionell für Lehre und Forschung Wissenschaftler aus, unterrichten Lehrpersonal für das Bildungssystem, Ärzte und Apotheker für das Gesundheitssystem, Natur- und Geisteswissenschaftler, Betriebs- und Volkswirte für die Wirtschaft, Theologen für die Kirchen und eben an den *juristischen Fakultäten* die Juristen für das Rechtswesen.

An diesen juristischen Fakultäten soll zum einen neues theoretisches und empirisches juristisches Wissen erschlossen, dieses mit altem und benachbartem juristischen Wissen verglichen und sich kritisch mit der Rechtsprechung und Literatur auseinandergesetzt werden. *Das alles nennt man in alter Tradition: juristische Forschung.*

An diesen juristischen Fakultäten sollen zum anderen für den Prozess ihrer eigenen Reproduktion und zum Erhalt der gesellschaftlichen Funktionssysteme, wie zB des Rechts-, Verwaltungs-, Wirtschafts- und Gerichtssystems, Menschen ausgebildet werden, um den personalen Bedarf zu decken. Hier soll juristisches Wissen gesammelt, verglichen, ausgewertet und verworfen werden, um es in didaktisch verantwortlicher Weise an die kommenden Funktionsträger, also an die Jurastudenten, weiterzugeben. Es gilt, den Studenten das juristische Wissen und die zentralen juristischen Kompetenzen zu vermitteln! *Das nennt man in alter Tradition: juristische Lehre.*

An welchen Unis kann man nun Jura studieren? Ich stelle Ihnen einmal eine Auswahl der 36 deutschen Universitäten mit juristischen Fakultäten zusammen und gebe die Prozentsätze derer an, die das Examen mindestens mit der Note »vollbefriedigend« abgeschlossen haben (1. Wert), die durchgefallen sind (2. Wert) und nenne Ihnen den NC (3. Wert), der sich allerdings jedes Jahr neu bestimmt; hier für das Jahr 2016/2017. Nun ein kleiner juristischer Fakultätenkompass:

Augsburg 38/31/3,4 ▪▪ Berlin (FU) 19/23/1,6 ▪▪ Berlin (HU) 19/23/1,7 ▪▪ Bochum 15/32/2,3 ▪▪ Bonn 15/32/1,9 ▪▪ Düsseldorf 24/38/1,9 ▪▪ Frankfurt/Main 16/27/2,3 ▪▪ Frankfurt/Oder 16/27/frei ▪▪ Gießen 17/28/frei ▪▪ Greifswald 15/31/frei ▪▪ Halle 11/24/frei ▪▪ Hamburg 17/31/2,3 ▪▪ Jena 12/28/frei ▪▪ Köln 17/29/1,9 ▪▪ Leipzig 11/24/frei ▪▪ München 39/34/2,3 ▪▪ Münster 28/34/1,6 ▪▪

Passau 46/23/frei ▪▪ Regensburg 40/31/frei ▪▪ Saarland 17/31/frei ▪▪ Trier 10/25/frei ▪▪ Würzburg 34/36/frei

An manchen Universitäten können Sie auch bi-nationale juristische Studiengänge belegen, wie deutsch/türkisch, deutsch/englisch oder deutsch/französisch. Führend sind diesbezüglich die Unis in Passau, Köln, Trier, Mainz und Saarbrücken.

Antworten auf Ihre Frage »*Wie wird man ein Jurist?*« finden Sie in bundesrechtlichen, landesrechtlichen und hochschuleigenen Normen. Generell regelt das Bundesrecht die Juraausbildung mit seinem sehr allgemein gehaltenen Deutschen Richtergesetz (DRiG). Spezieller sind die Landesgesetzgeber mit ihren Ausführungsgesetzen zum DRiG in Form von Juristenausbildungsgesetzen oder Juristenausbildungsordnungen. Ganz speziell regeln die Satzungen der Universitäten das Studium von der Zulassung bis hin zu den Prüfungen im Detail. Diese Satzungen nennt man: Studienordnungen, Zwischenprüfungsordnungen, Prüfungsordnungen. Aufgrund der Vorgaben des DRiG ähnelt sich das alles in allen Bundesländern irgendwie. – Wer »klassischer« Jurist werden möchte, muss danach die »*Befähigung zum Richteramt*« erwerben. Das auch dann, wenn er für sich ausschließt, jemals Richter werden zu wollen, sondern vielleicht viel lieber Rechtsanwalt werden will. Erworben wird diese »*Befähigung zum Richteramt*« heute noch in einer komplizierten Studienarchitektur als zweistufige Juristenausbildung, die über Jahrhunderte tradiert ist und auffällig stabil und robust geblieben ist.

Ein realitätsnahes Studienbild vom Jurastudium zeigt ein stark reglementiertes und durchstrukturiertes Studium. Wie gesagt, den Rahmen steckt das Deutsche Richtergesetz ab, welches derzeit zwei Stufen für diese »*Befähigung zum Richteramt*« vorschreibt, nämlich ein (mindestens) vierjähriges Universitätsstudium sowie eine daran anschließende zweijährige Referendarzeit (§§ 5, 5a DRiG). Also:

1. Stufe: ein mindestens vierjähriges **Universitätsstudium** (theoretische Ausbildung)
2. Stufe: ein zweijähriger **Referendarvorbereitungsdienst, sogenanntes Referendariat** (praktische Ausbildung)

Zunächst zur 1. Stufe: Das Universitätsstudium

Lassen Sie mich wegen der Wichtigkeit seines Gehalts den Kerngedanken der juristischen Ausbildung wörtlich wiedergeben! So heißt es in allen juristischen Prüfungsordnungen der Länder wie folgt:

> »Die Bewerber sollen in der Prüfung (gemeint ist das Erste juristische Staatsexamen) zeigen, dass sie das Recht mit Verständnis erfassen und anwenden können und über die hierzu erforderlichen Kenntnisse in den Pflichtfächern verfügen.«

Muss man das verstehen? – Heißt das: das gesamte »*Recht*«? – Was heißt »*Verständnis*«? – Was bedeutet »*erfassen*«, *was* »*anwenden*«? – Was sind »*erforderliche Kenntnisse*«? – Und »*Pflichtfächer*«? Wo stehen sie? – Und was sind keine Pflichtfächer? – Ist das »*gesamte Recht*« überhaupt »studierbar«? Die juristischen Fakultäten mit ihren Professoren sehen das leider so! Sie sehen die Studierbarkeit der Rechtswissenschaften »real« ganz überwiegend ausschließlich durch das Medium ihrer schriftlich verfassten Curricula, diese wiederum verfasst aufgrund gesetzlicher Vorgaben, die in den Studien- und Prüfungsordnungen verzeichnet sind. Es gibt aber keine »reale« Studierbarkeit auf dem Papier, sondern nur eine solche bei den Studenten.

Wenn nun diese offizielle »reale« curriculare juristische Studierbarkeit mit der inoffiziellen »realen« jurastudentischen Studierbarkeit kollidiert, soll es diese studentische Wirklichkeit sein, die der curricularen Wirklichkeit nachgeben soll. Die studentische Realität fügt sich aber nicht, sondern driftet nahezu geschlossen ab zum privaten Repetitor (zu diesem Phänomen sage ich gleich noch etwas), weil die Jurastudentenschaft die Täuschung über die Studierbarkeit erkannt hat. Diese Inhaltsvorgaben sind einfach nicht studierbar! Es gibt eben nicht zwei Wirklichkeiten über die Studierbarkeit der »Rechtswissenschaften«, sondern nur die eine, die des Privatlehrers »Repetitor«. Das ist die Realität!

Aber langsam! Um was geht es hier genau?

1. Zunächst geht es mir um die *Gegenstände Ihres eventuellen Universitätsstudiums*. Das sind essenziell:

- **die Pflichtfächer,** also die, die in der Staatsprüfung abverlangt werden, nämlich **Zivilrecht** (BGB), **Zivilprozessrecht** (ZPO), **Strafrecht** (StGB), **Strafprozessrecht** (StPO), **Öffentliches Recht** mit **Verwaltungsprozessrecht** (VwGO)

- **die Schwerpunktbereiche,** das sind die, die in der Universitätsprüfung verlangt werden.
- Daneben sollen dem Jurastudenten die **Kenntnisse der rechtsberatenden Berufe**, sprich Anwaltschaft, vermittelt werden, § 5a Abs. 1 S. 1 DRiG.
- Weiterhin soll er mit den **Schlüsselqualifikationen** vertraut gemacht werden, welche allen juristischen Professionen gemeinsam sind und die sämtlich etwas mit Kommunikationskompetenz zu tun haben.

§ 5a Abs. 3 Deutsches Richtergesetz lautet dazu: Die Inhalte des Studiums berücksichtigen die rechtsprechende, verwaltende und rechtsberatende Praxis einschließlich der hierfür erforderlichen Schlüsselqualifikationen wie Verhandlungsmanagement, Gesprächsführung, Rhetorik, Streitschlichtung, Mediation, Vernehmungslehre und Kommunikationsfähigkeit. Während der, vorlesungsfreien Zeit finden praktische Studienzeiten von insgesamt mindestens drei Monaten Dauer statt. Das Landesrecht kann bestimmen, dass die praktische Studienzeit bei einer Stelle und zusammenhängend stattfindet.

Aber was ist damit eigentlich genau gemeint? – Und wo soll das alles von wem, wann, wie vermittelt werden? Zu welcher Vorlesung und bei welcher Gelegenheit baut welcher Professor in welchem Fach solche Inhalte und Fähigkeiten ein und auf, von denen er selbst gar nicht so genau weiß, was damit gemeint ist? Leider typisch: Wenn es ernst wird, schweigt sowohl der Gesetzgeber als manchmal auch der Professor.

2. Darüber hinaus geht es um die Voraussetzungen für die Examenszulassung. An den juristischen Fakultäten der Universitäten werden die Voraussetzungen für die »*Zulassung zur Ersten Juristischen Prüfung*« unterschiedlich beschrieben. Fast jede Fakultät macht es anders, nur der »Pool« ist identisch: Er besteht aus Leistungsnachweisen in

- *Scheine* sind die Bestätigung der Teilnahme durch einen benoteten Leistungsnachweis für Klausuren, Hausarbeiten oder Referate. Es gibt *Scheine* aus den Übungen für Anfänger, manchmal ersetzt durch Vorlesungsabschlussklausuren – *Scheine* aus den Übungen für Fortgeschrittene – *Scheine* aus den Grundlagenfächern – *Seminar-*

scheine – *Scheine* aus den Lehrveranstaltungen zur Vermittlung der Schlüsselqualifikationen – *Scheine* aus fremdsprachlichen Veranstaltungen

- *Nachweise* sind lediglich Belege über die Teilnahme: *Nachweis* einer Zwischenprüfung – *Nachweis* praktischer Studienzeiten (zB 2 sechswöchige Praktika)

Die *Veranstaltungsformen* dafür sind überall die gleichen:

- **Vorlesungen:** Es handelt sich um systematische, meist monologische Darlegungen des Stoffes durch Professoren und Dozenten.
- **Arbeitsgemeinschaften:** Das sind im Idealfall gutachtliche Fallbearbeitungen, in denen das Theoretische aus der Vorlesung praktisch angewendet wird, so wie es in den Klausuren vorausgesetzt wird. Die Tutoren und AG-Leiter sind in den ersten Semestern die Ansprechpartner, die den Studenten am nächsten sind, auch vom Alter. Zudem nehmen sie sich häufig mehr Zeit als Professoren für die Fragen der Studenten, sei es per E-Mail oder im persönlichen Gespräch nach der AG Stunde.
- **Übungen:** Hier werden die für das Examen notwendigen Scheine im »Do-it-yourself-Verfahren« erworben. (Nicht an allen Unis mehr üblich)
- **Seminare** *(seminarium, lat.: Pflanzschule)*: Hier begegnet man der Wissenschaft im Schwerpunktstudium unter vertiefender selbstständiger Erörterung juristischer Problemstellungen meist in Form von Hausarbeiten (sogenannte Seminararbeiten) und Referaten.

3. Und schließlich geht es um die Gliederung und den Aufbau des Studiums. Zu Beginn des Studiums ist es für Sie äußerst schwer, einen entsprechenden Überblick darüber zu gewinnen, was man wann wofür an Stoff lernen muss. Fast alle Studis schwimmen! Ein Blick ins Gesetz, der ja manchmal klärend wirken soll, genügt leider auch hier nicht, da die Prüfungsfächer manchmal nur stichwortartig, manchmal zu detailverliebt, benannt werden und folglich keine Rückschlüsse auf Stoffumfang und Schwerpunkte für Sie zulassen Die Studierendensekretariate, vor allem aber Lehrstuhlmitarbeiter oder Prüfungsämter und Studienberatungen können hier häufig Hilfestellungen geben.

Das Universitätsstudium gliedert sich »offiziell«

- in erstens das ***Grundstudium*** mit Zwischenprüfung
- und zweitens das ***Hauptstudium***, bestehend aus zwei Bereichen
  - der Pflichtteilsbereichsprüfung und
  - der Schwerpunktbereichsprüfung

Beide sind jeweils (noch) auf vier Semester angelegt.

Vermessen wir dieses Universitätsstudium zunächst mit zwei Übersichten zu drei wichtigen Fragen. Dann wird es für Sie übersichtlicher!

Wie ist mein Studium aufgebaut?

Welche Leistungsnachweise sollen von mir zu welchem Zeitpunkt erbracht werden?

Und: Welchem Semester ordne ich welche Rechtsgebiete zu?

Die »Vermessung des Jurastudiums«

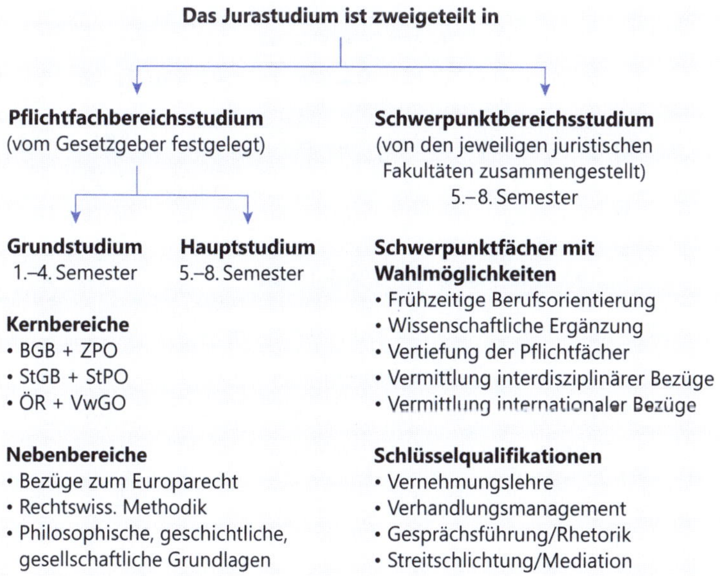

Das Abschlussexamen ist zweigeteilt in

Pflichtfachbereich in einer staatlichen Prüfung	**Schwerpunktbereich in einer Hochschulprüfung**
bestehend aus • Klausuren aus den Pflichtfächern • einer mündlichen Prüfung mit einem inkludierten Kurzvortrag über eine in einer 1-stündigen Isolation zu lösende Fallaufgabe	bestehend aus • Klausuren im Kern- und Wahlbereich • Seminararbeit • und dem Nachweis von Schlüsselqualifikationen
(70%) Studentenjargon: »Knochennoten«	**(30%)** Studentenjargon: »Kuschelnoten«

Als Beispiel das Relief des Jurastudiums an der juristischen Fakultät der Universität zu Köln, einer der größten juristischen Fakultäten im Land NRW

<table>
<tr><td>9.
Ziel</td><td colspan="5">Staatliche Pflichtfachprüfung</td></tr>
<tr><td></td><td colspan="5">FREISCHUSS</td></tr>
<tr><td>8.</td><td rowspan="5">II. Hauptstudium</td><td colspan="2" rowspan="2">Examensvorbereitung</td><td rowspan="5">Studienbegleitende Leistungskontrollen</td><td rowspan="6">7 Klausuren, Große Hausarbeit, Schwerpunktseminararbeit</td></tr>
<tr><td>7.</td></tr>
<tr><td rowspan="2">6.</td><td colspan="2">Schwerpunktbereichsprüfung</td></tr>
<tr><td>Schwerpunkt</td><td>Pflichtfach</td></tr>
<tr><td>5.</td><td>• 3 Klausuren
• Schwerpunktseminararbeit
• Schlüsselqualifikation</td><td>• 3 Klausuren (Öffentliches Recht, Strafrecht, Zivilrecht)
• Grundlagen des Rechts II (1 Klausur)
• Große Hausarbeit</td></tr>
<tr><td>4.</td><td></td><td colspan="2">Zwischenprüfung</td><td></td></tr>
<tr><td>3.</td><td rowspan="3">I. Grundstudium</td><td colspan="2" rowspan="3">Hauptgebiete des Bürgerlichen Rechts
Weitere Gebiete des Bürgerlichen Rechts
Öffentliches Recht
Verwaltungsrecht
Strafrecht
Grundlagen des Rechts I
AG-Teilnahme</td><td rowspan="3">Studienbegleitende Leistungskontrollen</td><td rowspan="3">12 Klausuren, Kleine Hausarbeit</td></tr>
<tr><td>2.</td></tr>
<tr><td>1.
Start</td></tr>
</table>

1. Das Grundstudium – 1. bis 4. Semester

Es führt Sie in die bis ins Examen tragenden Pflichtfächer Bürgerliches Recht (BGB), Zivilprozessrecht (ZPO), Verfassungs- und Verwaltungsrecht sowie Strafrecht (StGB) und Strafprozessrecht (StPO) ein, wobei auch die internationalen, wirtschaftlichen und politischen Bezüge des Rechts berücksichtigt werden sollten (sic!). Das *Grundstudium* umfasst normalerweise eine Dauer von 4 Semestern (Regelstudienzeit). In dieser Zeit sollen die Studierenden die für den *Nachweis der Zwischenprüfung* erforderlichen Studienleistungen erbringen. Dazu müssen Sie:

- eine Arbeitsgemeinschaft regelmäßig besuchen,
- 14 Klausuren schreiben und bestehen,
- zwei Hausarbeiten anfertigen und bestehen,

also alles mit mindestens 4 (ausreichend untere Grenze) Punkten bewältigen.

Ist das geschafft, dann haben die Studenten die Zwischenprüfung geschafft! Ihr Nachweis ist ausdrücklich Zulassungsvoraussetzung zum Examen.

Die folgende Tabelle gibt Ihnen eine Übersicht über die Fächer und die Anzahl der zu erbringenden Scheine für die Zwischenprüfung nach dem Grundstudium, wobei die Vorlesungen an den Unis in unterschiedlichen Semestern laufen.

Hauptgebiete des Bürgerlichen Rechts	BGB AT Schuldrecht AT Vertragliche Schuldverhältnisse Gesetzliche Schuldverhältnisse Sachenrecht Kreditsicherungsrecht	4 Scheine (9 Versuche)
Weitere Gebiete des Bürgerlichen Rechts	Arbeitsrecht Familien- und Erbrecht Internationales Privatrecht (IPR) Handels- und Gesellschaftsrecht (HGB) Zivilprozessrecht (ZPO)	2 Scheine (5 Versuche)
Öffentliches Recht	Staatsrecht I / Grundrechte Staatsrecht II / Staatsorganisationsrecht Verfassungsprozessrecht Staatsrecht III / Bezüge zum Völker- und Europarecht	2 Scheine (5 Versuche)

Verwaltungsrecht	Allgemeines Verwaltungsrecht Besonderes Verwaltungsrecht Verwaltungsprozessrecht	2 Scheine (5 Versuche)
Strafrecht	Strafrecht I / AT 1 und BT 1 Strafrecht II / AT 2 und BT 2 Strafrecht III / BT 3 Strafverfahrensrecht (StPO)	3 Scheine (7 Versuche)
Grundlagen des Rechts I	Römische Rechtsgeschichte Deutsche Rechtsgeschichte Allgemeine Staatslehre Einführung in das Kirchenrecht	1 Schein (3 Versuche)
zwei Hausarbeiten	Zivilrecht oder öffentliches Recht oder Strafrecht Kleine Hausarbeit á 10 Seiten Große Hausarbeit á 15–20 Seiten Beide müssen aus verschiedenen Rechtsgebieten stammen	1 Schein (unbeschränkt wiederholbar)
AG–Teilnahme	Besuch von mindestens einer Arbeitsgemeinschaft mit mindestens 10 Unterrichtseinheiten (à 90 Minuten)	

Die Klausuren sind nicht uneingeschränkt wiederholbar! Die Anzahl der Versuche berechnet sich wie folgt: »Anzahl der erforderlichen Klausuren in dem jeweiligen Bereich x 2 + 1«.

Dazu ein kleines Rechenbeispiel: Im »Bürgerlichen Recht« muss der Student insgesamt 4 Klausuren bestehen. 4 x 2 + 1 = 9, das heißt er hat in diesem Bereich 9 Versuche, um die erforderliche Anzahl an Abschlusstests zu bestehen. Sollte er die erforderliche Anzahl an bestandenen Klausuren nicht erreicht haben, wird er exmatrikuliert, das heißt er kann deutschlandweit keinen Abschluss mehr in Jura erwerben.

2. Das Hauptstudium – 5. bis 8. Semester

Das Hauptstudium beginnt, nachdem Sie die Zwischenprüfung bestanden haben. Es gliedert sich *erstens in das Pflichtfachbereichsstudium* und *zweitens in das Schwerpunktbereichsstudium.*

Erstens: Das Pflichtfachbereichsstudium

Übung oder Vorlesungsabschlussklausur	Zivilrecht ÖR Strafrecht	Je 1 Schein
Große Hausarbeit (Bearbeitungszeit: 4 Wochen)	Zivilrecht, Strafrecht oder öffentliches Recht, aber nicht aus dem gleichen Rechtsgebiet wie die Zwischenprüfungshausarbeit(en)	1 Schein
Grundlagen des Rechts II	Verfassungsgeschichte Historische und methodische Grundlagen des BGB Methoden des Rechts Rechtsphilosophie	1 Schein
Vorbereitungsseminar	Spätestens zu Beginn des Hauptstudiums zu absolvieren. Es ist Voraussetzung für die Bewerbung um einen Platz in einem Schwerpunktbereich.	
Veranstaltungen zur Ergänzung, Wiederholung und Vertiefung des Pflichtfachbereichs und zur Vorbereitung der staatlichen Pflichtfachprüfung.	Zum Beispiel im Großen Examens- und Klausurenkurs. Diese sind nicht verpflichtend, aber in Prüfungsordnungen empfohlen. (Hier setzt meist der Repetitor ein)	
Schlüsselqualifikation	§ 7 Abs. 2 JAG NRW	
Fremdsprachige rechtswissenschaftliche Veranstaltung	§ 7 Abs. 1 Nr. 3, Abs. 3 JAG NRW	1 Schein

Die *Wiederholbarkeit im Pflichtfachteil:* Die große Hausarbeit und die Übungen sind frei wiederholbar. Für die Klausuren in den Grundlagen des Rechts II haben Sie drei Versuche.

Zweitens: Das Schwerpunktbereichsstudium

Vorlesungen aus einem gewählten Schwerpunktbereich der Fakultät	Sie müssen Kern- und Wahlbereichsvorlesungen besuchen, in welche Ihr Schwerpunktbereich geteilt ist.	Nachweis von insgesamt 16 SWS (Semesterwochenstunden) im gesamten Schwerpunktstudium
Schwerpunktklausuren	Mindestens zwei Klausuren aus dem Kernbereich, eine weitere aus dem Wahlbereich	Mindestens 2 bestandene Klausuren
Schwerpunktseminararbeit	Teilnahme am Schwerpunktseminar	1 Schein

Die Wiederholbarkeit im Schwerpunktstudium: Die Schwerpunktseminararbeit muss mit mindestens 4 Punkten (»ausreichend untere Grenze«) bewertet worden sein; bei Nichtbestehen gibt es eine Wiederholungsmöglichkeit. Für die Schwerpunktklausuren hat man 6 Versuche, zwei müssen mit mindestens »ausreichend« bestanden sein, mindestens eine davon im Kernbereich.

Nach der Änderung des Deutschen Richtergesetzes aus dem Jahre 2002 hat dieser Ausbildungsabschnitt mit mindestens 16 Semesterwochenstunden im Jurastudium

- **das Ziel,** den Studenten möglichst früh die Möglichkeit zu geben, sich auf einem juristischen Gebiet zu spezialisieren,
- **den Sinn,** eine frühzeitige Berufsorientierung zu ermöglichen und die Fähigkeit zu wissenschaftlichem Arbeiten zu vertiefen, ist also eine berufsbezogene wissenschaftliche Ergänzung der Pflichtfächer,
- **und die Absicht,** den Universitäten verstärkte Verantwortung zu übertragen (30 % des Examens), ihnen die Möglichkeit der Profilierung in Spezialmaterien zu geben und ihre internationale Orientierung auch durch Einwerbung ausländischer Studenten zu stärken.

Es ist sicher von Vorteil, wenn der Student sich frühzeitig über seine juristischen Neigungen im Klaren ist und sich gezielt für bestimmte Fachgebiete qualifiziert. Hierzu bildet das *Schwerpunktstudium* die erste, aber keinesfalls die letzte Gelegenheit. Es erfolgt ab dem fünften Semester und wird mit dem universitären Teil (Universitätsprüfung) der Ersten Juristischen Prüfung (1. Examen) abgeschlossen. Mit 30 %

fließt es in die Gesamtnote ein und ist von Universität zu Universität unterschiedlich mit Klausuren, Hausarbeiten, Seminaren und/oder Referaten ausgeformt. Der inhaltliche Gestaltungsraum unterliegt der Autonomie der Fakultäten, die über unterschiedliche Profile verfügen. Diese Profile bilden sich meist aus den Forschungsinteressen der Professoren und geben den Studenten eine Vielzahl möglicher Fächerkombinationen an die Hand. Die dafür vorgesehenen Wahlfächer bieten die Möglichkeit, einen fachlich-thematischen Schwerpunkt nach eigenen Interessen zu setzen, etwa im *»Unternehmensrecht«, »Urheberrecht und Wettbewerbsrecht«, »Bankrecht«, »Arbeitsrecht«, in der »Rechtsgeschichte«, im »Völker- und Europarecht«, »Steuerrecht«, »Medienrecht«, in der »Kriminologie«* oder *im »Jugendkriminalrecht«*. Aber Vorsicht! Das mehr wissenschaftlich orientierte Schwerpunktbereichsstudium bietet dann eine große Gefahr, wenn man darüber den wichtigeren, mehr klausurenorientierten Pflichtfachbereich aus dem examensorientierten Auge verliert. Deshalb ist es wichtig zu wissen, dass man den Schwerpunktbereich auch noch nach der staatlichen Pflichtfachprüfung absolvieren kann oder die Schwerpunktbereichsprüfung zum Zwecke der Pflichtfachprüfung sogar unterbrechen kann. Man sollte sich aber in den jeweils gültigen Ausbildungsordnungen vorher umsehen.

Zusätzliche Voraussetzung zum erfolgreichen Abschluss des Studiums und für die Meldung zur staatlichen Pflichtfachprüfung ist noch der Nachweis einer praktischen Studienzeit in zwei sechswöchigen Praktika in der vorlesungsfreien Zeit, zum einen in der Rechtspflege und zum anderen bei einer Verwaltungsbehörde.

Ein *Auslandsstudium* ist dringend zu empfehlen! Wo, ist fast egal, Hauptsache machen! Es winkt ein nicht zu überschätzender Kompetenzzuwachs an Selbständigkeit, Sprache, Kommunikation. Man muss sich in einer fremden Kultur und Lebenswelt bewegen. Und: Die Auslandssemester werden nicht auf die für den Freischuss begrenzte Zeit von acht Semestern angerechnet.

Dagegen ist von einem inländischen *Studienortwechsel* eher abzuraten! Trotz denkbarer neuer Eindrücke, Impulse und Abwechslung ist er letztlich wegen zu vieler Reibungsverluste gut zu überdenken. Ganz anders verhält es sich eben mit einem Auslandsstudium.

»Wie baut sich der Studienverlauf auf?«

Die Verteilung dieses dargestellten, doch recht gewaltigen Examensstoffes auf das gesamte Studium ist von den juristischen Fakultäten jeweils in Studienplänen festgelegt. Sie sind aber selbst von einem genialen Studenten kaum, von einem normal begabten gar nicht durchzuhalten. Mein dringender Rat: Wenn sie denn anfangen, halten Sie sich nicht an den »offiziellen«, sondern machen Sie sich schnell, wie alle Studenten vor Ihnen auch, Ihren eigenen »inoffiziellen« Studienplan. Diesen »rechten« Studienverlauf teilt man sich am besten in ***vier Etappen*** auf. Sie sind sämtlich hart, kurvenreich und steil. Und bitte lassen Sie sich nichts Studienglorifizierendes von Altvorderen erzählen: Das süße Studentenleben von vor 30, 40 oder 50 Jahren hat mit der rauen, modernen Studentenwirklichkeit der Massenfakultäten »Jura« nichts zu tun. Alle vier Etappen unterliegen der Wirksamkeitsüberprüfung der auf das komplette Jurastudium ausgedehnten Examensvorbereitungsphase. Denn das ist die Wirklichkeit: Vom ersten Tag an sollte Ihr Studium in Gänze Examensvorbereitung sein (Stichwort: »Studieneingangsphase«).

Die 4 Etappen des Studienverlaufs

Die erste Etappe

Sie umfasst das wichtige erste Semester, die entscheidenden ersten 90 Tage, Ihre Studieneingangsphase. *Ein guter Jurist wird man vor allem im 1. Semester, hier wird unterkellert.* Sie haben noch nie eine Ruder- oder Segelregatta oder einen 100 Meter-Lauf gesehen, bei dem der gewonnen hat, der am Start hängen geblieben ist. Vergeuden Sie also niemals das 1. Semester. Es ist kein Schnupperkurs. Ich kann Sie nur warnen: Es besteht die große Gefahr, die alles entscheidenden Grundlagen während des Einstiegssemesters zu versäumen und dadurch lange Zeit – wenn nicht für immer – keinen Überblick und kein ausreichendes Grundwissen zu besitzen. Die Universitäten verweisen auf die Eigenverantwortung der Studenten in einem angeblich »bewusst« nicht verschulten Universitätssystem und entlassen sich so aus ihrer Mitverantwortung. Aber: Humboldt ist tot! Die »Zweckfreiheit« des Studiums ist eine Chimäre. Der Zweck Ihres Jurastudiums ist es, ein gut ausgebildeter Jurist zu werden. Punkt.

Auf dieser nachhaltigen 1. Etappe werden die Grundlagen für das gesamte Studium gelegt. Umso schlimmer, dass die meisten Abiturienten ohne Vorbereitung in sie hineinstolpern. Hier stehen der allgemeine Teil von BGB (in manchen Unis in völliger Verkennung studentischer Aufnahmekapazitäten auch der allgemeine Teil des Schuldrechts) und der allgemeine Teil des StGB im Zentrum des Interesses sowie die Grundrechte des Verfassungsrechts. Daneben sollten die drei kleinen Scheine in diesen Fächern angegangen werden. Denken Sie in dieser Phase noch an keine Schwerpunktbildung, die Chance zur Profilierung kommt noch. Das juristisch Kleingedruckte braucht man erst nach dem 1. Semester. Besuchen Sie auch keine »Bindestrichfächer« – im Studienplan fälschlich »Grundlagenfächer« genannt, fälschlich deshalb, weil sie gar keine Grundlagen vermitteln –, wie Rechtsgeschichte, Rechtsphilosophie, Rechtssoziologie, Kriminologie. Sie verstehen einfach nichts ohne Grundkenntnisse in der Dogmatik. Die Dissoziierung tut gerade den Studenten des Anfangs besonders weh. Auch Europarecht ohne Kenntnisse vom deutschen Recht ist ebenso vertane Zeit wie Wirtschaftsrecht ohne BGB.

Auf der 1. Etappe sind Sie gefordert, sich die Kenntnisse und Fähigkeiten anzueignen, die Sie in die Lage versetzen, juristisch zu denken und zu arbeiten, also: erfolgreich Klausuren zu schreiben. Dieses Denken und Arbeiten besteht in der kreativen Übertragung erworbener Rechtskenntnisse und zu lernender Methoden auf einen feststehenden Sachverhalt. Sollten Sie damit gar nicht zurechtkommen, ist ein früher souveräner Abbruch auf dieser Etappe nach »misslungenen« Scheinen besser als sich bis zum Examen zu schleppen.

Die Strategie für die außerordentlich wichtige 1. Etappe (noch einmal: sie ist das Fundament und kann nicht nachgeholt werden) zielt erstens auf die Festlegung von fachlichen *Lernzielen,* zweitens deren *Verknüpfung* mit den dafür erforderlichen *Methoden und* drittens auf die *Vorgehensweisen für deren Realisierung* in Klausuren. Konkret:

Was sind die fachlichen Lernziele des 1. Semesters?

Überblicke über das BGB, StGB und GG, gründliche Kenntnisse der Regelungskomplexe des allgemeinen Teils BGB, des allgemeinen Teils StGB und der Grundrechte sowie die Befähigung zur Lösung einfacher zivilrechtlicher und strafrechtlicher Fälle mit Hilfe des BGB und StGB sowie zur Bearbeitung einer kleineren Verfassungsbeschwerde.

Was heißt Verknüpfungen der Lernziele mit den Methoden?

Sie müssen immer den Anspruch an sich stellen, einen begründeten Zusammenhang von den fachlichen Lernzielen der juristischen Wissensinhalte BGB AT, StGB AT, GG mit den anzuwendenden handwerklichen Methoden des Gutachtenstils, der Subsumtionstechnik, der Auslegungs- und Definitionslehre, des Falltrainings und der Klausurentechnik herzustellen.

Welche Vorgehensweisen für deren Realisierung sind gefordert?

Ich wiederhole mich gerne: Rechtswissenschaft ist eine Rechtsanwendungswissenschaft. Alles Wissen nützt nichts, wenn man es nicht in Klausuren umsetzen kann. Ihre konkrete Strategie legt dafür dann die aktuelle Wochen- und Tagesplanung fest. »*Wie verteile ich die Lernziele auf meine individuelle Lernzeit?*« – »*Welche Vorlesungen und Übungen werden konkret wozu, wann, von wem angeboten?*« – »*Wann gehe ich ins Klausurentrainingslager?*« Für Ihre Planung sollten Sie schnell die Werkzeuge und Techniken für die Umsetzung Ihrer Lernziele und der Verknüpfungsvorgaben in Klausuren zusammenstellen.

Die zweite Etappe

Die besonderen Teile von StGB und BGB rücken im 2., 3. und 4. Semester in den Mittelpunkt des Studienverlaufs sowie das allgemeine und besondere Verwaltungsrecht. Daneben tauchen auch die Umsetzungsrechte von BGB und StGB, nämlich Zivilprozessrecht und Strafprozessrecht auf. Es müssen zwölf (!) Klausuren bewältigt werden. Eine recht schwere Etappe, da man neben der neuen Stoffbewältigung die Zusammenhänge mit dem alten Stoff aus der 1. Etappe wahren und deren ununterbrochene Fortdauer zeigen muss, um nicht immer wieder bei null anzufangen. Die allgemeinen Teile und die Methodik der Gesetzesanwendung, des Gutachtens und der Falltechnik müssen also ständig beibehalten und für die Klausuren gepflegt werden. Die 2. Etappe schließt ab mit der Zwischenprüfung.

Die dritte Etappe

Das Hauptstudium nimmt im 5. und 6. Semester seine Fahrt auf. Hier machen Sie die großen BGB-, StGB- und ÖR-Scheine. Aber Vorsicht! Die Scheine verführen zu Schwerpunktdenken und -arbeiten. Danach die große Pause, und dann ist plötzlich alles weg. Auch schreiben Sie auf dieser Etappe Ihre Große Hausarbeit, müssen einen Schein in »Grundlagen des Rechts II« machen und bestreiten Ihr selbst gewähltes Schwerpunktstudium, sofern Sie dieses nicht erst nach dem Examen absolvieren möchten. Dieser Schwerpunktbereich frisst sehr viel Ihres ohnehin knappen Zeitbudgets. Auf dieser Etappe steht oft auch ein Seminar an mit einem Seminarschein im Schwerpunktbereich. Hier schreiben nicht mehr alle ein- und dieselbe wissenschaftliche Arbeit, sondern nur Sie selbst! Und Sie referieren auch selbst darüber!

Die vierte Etappe

Das 7. und 8. Semester stehen ganz im Zeichen des Examens. Das Ziel dieser Königs-Etappe werden Sie nur erreichen mit eiserner Disziplin, viel Schwung und kompaktem Wissen aus den ersten drei Etappen und exzellenter Strategie, sonst verhungern Sie auf dieser Etappe. Nichts mehr nebenbei machen, alles abschalten, nur noch den Stoff »kneten«. Spätestens jetzt gehört ein Großteil dieser Etappe bei über 90 % der Studenten dem privaten Repetitor (zu ihm komme ich bei der nächsten Frage). Für die meisten ist er der erste und beste, nicht der »erstbeste«, juristische Instrukteur und Motivator. Es ist die Zeit der »*1000-Aha-und-Ach-so-Erlebnisse*« durch echte juradidaktische Profis. Einige Studenten verlassen sich hier auch auf universitäre Examensvorbereitungskurse, die an mancher Uni unentgeltlich angeboten werden.

Und dann ist es endlich da, das Examen.

Irgendwann kommt dann der Punkt, wo Sie das Gefühl haben, die Materie durchdrungen zu haben. Es ist Zeit, ins Examen zu gehen! »*Wie, die dürfen Gesetze benutzen bei der Prüfung. Das ist ja voll einfach!*« »*5 Stunden haben die Zeit für eine Klausur? Das kann ja jeder.*« Erkenntnisse eines Mediziners über das juristische Examen. Humor und Einfalt mal beiseite. Das Studium der Rechtswissenschaft wird mit der »*Ersten Juristischen Prüfung*« abgeschlossen. Sie besteht aus einer universitären, studienbegleitenden Schwerpunktbereichsprüfung durch die Fakultätsprüfungsämter und fällt mit 30 % in das Gewicht der Gesamtnote und einer staatlichen Pflichtfachprüfung, die vor den Justizprüfungsämtern der Oberlandesgerichte abgelegt wird und mit 70 % in die Examensnote eingeht. Die heiße Phase des 1. Examens ist diese staatliche Pflichtfachprüfung. Sie besteht aus einer je nach Bundesland unterschiedlichen Anzahl von – meist 7 bis 8 – Klausuren im Bürgerlichen Recht, Strafrecht und Öffentlichen Recht, als dessen Kulminationspunkt die mündliche Prüfung der staatlichen Pflichtfachprüfung empfunden wird. Sie ist der zweite Teil der Staatsprüfung. Sie macht, an nur einem Tag von 9 Uhr bis 16 Uhr durchgeführt, 40 % der Pflichtfachprüfung aus. In der mündlichen Prüfung ist in vielen Bundesländern der sogenannte Kurzvortrag eingeführt worden. Hierin sollten Sie sich früh üben durch das Halten von Referaten. Der Vortrag eröffnet das mündliche Examen. Hier müssen Sie einen kurzen Fall, dessen Lösung Sie in einem abgeschlossenen Raum ganz alleine erarbeitet haben, rhetorisch ansprechend, frei und natürlich rechtlich zutreffend in nur zwölf Minuten darstellen. Es ist Ihre Visitenkarte für den Rest des Prüfungstages.

Was noch folgt, ist die schwierige Frage nach dem »Freischuss«.

Alle Bundesländer haben in ihren Prüfungsordnungen die Freischussregelung eingeführt, um die Studiendauer zu verkürzen und die Angst vor dem Examen zu mildern. Der Freischuss ermöglicht es Ihnen, nach dem 8. Semester einmal versuchsweise am Examen teilzunehmen. Nehmen wir an, der Student wählt den »Freischuss«.

Jetzt bestehen zwei Möglichkeiten:

- *Der Schuss trifft, das heißt alles ist gut gegangen.* Der Versuch wird als Ernstfall gewertet, das Examen ist bestanden. Ist der Kandidat mit der Note unzufrieden (statt des erhofften »vollbefriedigend« nur »befriedigend«) kann er einen zweiten Versuch unternehmen mit der Möglichkeit zur Verbesserung der Note, nicht zur Verschlechterung.
- *Der Schuss ging daneben, das heißt es ist schlecht ausgegangen*, der Kandidat ist durchgefallen. Der Versuch wird nicht gewertet, der Student kann beim nächsten Mal normal antreten, bestehen oder durchfallen. Fällt er durch, bleibt der Wiederholungsversuch, man hat Erfahrungen gesammelt!
- *Wichtig*: Auslandsstudien und ärztlich bescheinigte längere Krankheiten sind übrigens »Freischuss-unschädlich«.
- *Achtung Frist*: Zum Freischuss muss man sich spätestens mit Abschluss des 8. Fachsemesters anmelden. Also müssen Sie sich frühzeitig auf ihn vorbereiten, am besten von Anfang an in die Studienplanung einbeziehen.

Aber Vorsicht beim Freischuss: Länger und gut ist für manchen besser als kurz und mittelmäßig.

Schockiert über den Studienverlauf? – Ja, ja, ein Studium der Rechtswissenschaft lässt nicht so viel Freiräume, wie auf den Schulbänken erträumt.

Die 2. Stufe der gesamten Juristenausbildung ist der juristische Vorbereitungsdienst, das sogenannte Referendariat (praktische Ausbildung). Das liegt für Sie noch in ganz weiter Ferne!

Es geht nach dem Studium ja noch weiter. Was folgt ist der juristische Vorbereitungsdienst. In den Vorbereitungsdienst wird man aufgenommen, wenn man diese »Erste Juristische Prüfung« bestanden hat. Sie ist nämlich ein klassischer Januskopf. Abschlussprüfung für das Jurastudium und gleichzeitig Eingangsprüfung in das Referendariat. Beendet man die juristische Ausbildung ohne den Vorbereitungsdienst als Referendar, ist man entweder *»Diplom-Jurist«* oder an manchen Unis mittlerweile *»Magister iuris«*.

Im Referendariat gewinnen Sie eine andere Perspektive auf die Juristerei. In der Uni hat man es immer nur mit unstreitigen Fällen zu tun. Es ist ein gutes Gefühl, als Referendar endlich echte Akten in den Händen zu haben und seine juristischen Kräfte an der Lebenswirklichkeit zu messen. Jetzt gilt es, zunächst den meist streitigen straf- oder zivilrechtlichen Sachverhalt, oft nach einer spannenden Beweisaufnahme, festzustellen, auf den dann das theoretisch erworbene Wissen über das Recht methodisch und praktisch sicher anzuwenden ist. Alles endet meistens in einem Urteil, einem Beschluss (Gerichtsstaion), einer Anklage (Staatsanwaltschaft), einer Klageschrift (Anwaltsstation), oder einer Verwaltungsvorlage (Verwaltungsbehörde). Diese Arbeit am Sachverhalt, die Bedeutung der Feststellung des Sachverhalts für eine entweder neutrale (Richter und Rechtspfleger) oder zielorientierte (Staatsanwalt, Rechtsanwalt, Wirtschafts- und Verwaltungsjurist) Rechtsanwendung soll im Praxisteil der Referendarausbildung vermittelt werden.

Beide Bildungsphasen – das Universitätsstudium und das Referendariat – werden jeweils durch eine Abschlussprüfung abgeschlossen:

- Das Abschlussexamen der gesamten Universitätsausbildung heißt ***Erste Juristische Prüfung*** und besteht zu 70 % aus einem staatlichen Prüfungsteil (Staatsprüfung) und zu 30 % aus einer Universitätsprüfung (universitäre Schwerpunktbereichsprüfung).
- Die Abschlussprüfung nach dem Referendariat bildet eine rein staatliche Prüfung, die sogenannte ***Zweite Juristische Staatsprüfung***.

Die staatlichen Teile der Examina (ich wiederhole: Das sind im Ersten Examen 70 %, im Zweiten Examen 100 %) liegen in der Kompetenz der 16 Bundesländer. Hier werden sie von sogenannten Landesjustizprüfungsämtern, das sind Teile der jeweiligen Justizministerien, organisiert, die die Durchführung ihrerseits zum Teil auf die »Justizprüfungsämter« der Oberlandesgerichte delegiert haben. – Die Universitätsprüfungen – Schwerpunktbereichsprüfungen – werden von eigenen Prüfungsämtern der jeweiligen Universitäten betreut.

Der Vorbereitungsdienst endet nach zwei Jahren Praxis mit der »*Großen Juristischen Staatsprüfung*«, *dem sogenannten Assessorexamen.* Wenn Sie dieses Assessorexamen bestanden haben, dann bescheinigt Ihnen der Staat per Gesetz die »*Befähigung zum Richteramt*«. Man darf sich jetzt »Assessor« nennen. Die so erworbene Befähigung zum Richteramt ist zugleich Zugangsvoraussetzung zum höheren Verwaltungsdienst, zur Rechtsanwaltschaft, zur Staatsanwaltschaft und zum Notariat und ist das Markenzeichen des »Volljuristen« schlechthin. Deshalb wird von der »*Ausbildung zum Einheitsjuristen*« gesprochen. Alle Juristen sind aufgrund einer *einheitlichen* Ausbildung im Umgang mit Gesetzen mit einem *einheitlichen* Rechtsbewusstsein und mit *einheitlichem* Methodenwissen aufgrund des Gebrauchs der gleichen, *einheitlichen* Fachsprache in allen volljuristischen Professionen auf jeder Stelle und auf jedem Rechtsgebiet einsetzbar.

Ob diese homogene Juristenkultur angesichts der Entwicklung der hochspezialisierten Gesellschaft noch ihre Existenzberechtigung hat, kann mit Fug und Recht bezweifelt werden. Die meisten der Studiengänge an den deutschen Universitäten und Fachhochschulen sind bereits auf »Bachelor« und »Master« umgestellt. Die Juristen »zieren« sich noch! Sie werden sich von dieser Entwicklung auf Dauer jedoch kaum abkoppeln können: Nach dem einheitlichen Bachelorabschluss würden dann spezifische, jeweils getrennte beruflich vorbereitende Spartenabschlüsse für Richter, Rechtsanwälte, Verwaltungsjuristen, Verbandsjuristen, etc. folgen.

»Sagen Sie doch mal, was ist eigentlich dieser ›berühmt-berüchtigte Repetitor‹?«

Der Repetitor ist der natürliche Feind der Juraprofessoren. Nehmen Sie mir meine folgende herbe Kritik an der Rechtsdidaktik so mancher juristischen Fakultät nicht allzu übel, aber darüber sollten Sie so früh wie möglich Bescheid wissen! So pünktlich wie vergeblich klagen die Professoren zu Beginn des Jurastudiums über die Masse der Studierenden, über die Überfüllung der Hörsäle, die fehlende Studierfähigkeit und Niveaulosigkeit (was das auch heißen mag!) der ankommenden Abiturienten und spätestens ab dem vierten Semester über die Auszehrung der Hörsäle in den Unis. Genauso pünktlich, aber erfolgreich, freut sich ein benachbarter Jura-»Lehrer« über das Engagement, den Lerneifer und den »Run« der Studenten auf die oft weniger stattlich ausgerüsteten, aber überfüllten Hörsäle seiner privaten Rechtsschule. Er heißt: Repetitor, Studentenjargon »Rep«. Der Repetitor, der »Wiederholer«, (lat.: repetere, wiederholen) ist ein hochbezahlter Privatdozent, der das hat, was doch viele Uniprofessoren nicht haben: den Finger am Puls der juristischen Didaktik, des relevanten Examensstoffes, der Herangehensweise an einen Fall, der Klausurentechnik und der modernen Studenten! Er verfügt über das hohe Maß an Lehr-, Ermutigungs- und Förderkompetenz, das den Professoren oft fehlt. Der Mahnruf vieler Studenten: »*Ich will wissen, wie ich die Klausur bestehe*« wird hier dankbar aufgegriffen. Er ist ein professioneller Rechtslehrer, der Jurastudenten in einem entgeltlichen privaten Repetitorium langsam aber sicher an das Examen heranführt. Er war früher gedacht als Hilfe zur Wiederholung und Festigung eines bereits in den Hochschulen erarbeiteten Jurastoffes. Heute soll es Studenten geben, die, bis auf die Übungen zur Erlangung der Scheine, die Universität nie von innen gesehen haben und ausschließlich beim Repetitor gelernt haben.

In der Juristerei gibt es sie längst flächendeckend in allen Universitätsstädten, die privaten Hochschulen. Der Wissensvermittlungsschwerpunkt hat sich leider aus den juristischen Hörsälen in die Säle der Repetitoren verlagert.

Repetitoren haben im Urteil der Studenten (und der »ehrlichen« Dozenten) die Nase eindeutig vorn im Wettbewerb um den Examenslehrstoff. Da nun der »Examenslehrstoff« der Ausbildungsordnungen sowohl den Professoren der juristischen Fakultäten als auch den Repetitoren vollumfänglich zur Verfügung steht, liegt das unter Wettbewerbsgesichtspunkten wohl daran, dass die Repetitoren rechtsdidaktisch besser damit umgehen. Würde man ketzerisch für »Examenslehrstoff« »Ware« einsetzen und für »Studenten« »Kunden«, sähe man auf einen Blick, dass da die juristischen Fakultäten mit ihrer Lehre längst pleite wären, würden sie nicht millionenschwer subventioniert.

Der sinnige Spruch meiner Großmutter »*Wer beim Wandern einem folgt, der sagt ›Ich kenne eine Abkürzung‹, der geht den längsten Weg*« trifft auf den Repetitor nicht zu. Er ist eine echte Abkürzung und der kürzeste und sicherste Weg zum Examen! Lernen braucht eine lebendige, greifbare, rechtsdidaktisch geschulte Bezugsperson. Das ist der Repetitor.

Was hat nun ein Repetitor, was so mancher Dozent nicht hat? ▪▪ Er kann erfolgreich und freudvoll Jura lehren. Viele halten Professoren in der Lehre für verzichtbar, das machten die Repetitoren besser: Erst dort habe man ▪▪ das examensträchtige Wissen (»*Nur darauf kommt es für Sie an*!«) ▪▪ verständliche und nachvollziehbare Querverweise zu benachbarten Gebieten (»*Sie müssen öfter über den Gartenzaun spinxen*!«) ▪▪ den Umgang mit den Gesetzen (»*Das A und O für uns Juristen*!«) ▪▪ den Mund aufzumachen (»*Ihr Fall, Herr Schmitz*!«) ▪▪ die Klausurentechnik (»*Für Ihr Können gibt es nur einen Beweis, das klausurenschreibende Tun*!«) ▪▪ den sauberen Gutachtenstil (»*Ihr juristischer Hexameter: Es könnte → dann müsste → es ist so oder nicht so → also*!«) ▪▪ das richtige Lesen der Paragrafen (»*Hier regiert der Paragraf*«) ▪▪ das Hangeln von Tatbestandsmerkmal zu Tatbestandsmerkmal (»*Nehmen Sie das Seziermesser zur Hand*!«) ▪▪ das Aufbereiten der gesetzlichen Voraussetzungen (»*Auslegen kommt im Alphabet vor Definieren und beides vor Subsumieren, ADS meine Damen und Herren*!«) ▪▪ die Bausteine einer Antwortnorm (»*Das Konditionalprogramm, bitte*!«) ▪▪ die bündige Subsumtionsarbeit (»*Ihr Auge muss ständig hin- und herwandern zwischen Ihrer Antwortnorm aus dem Gesetz und Ihrem Sachverhalt*!«) kurz: man habe erst hier die spezifischen juristischen Denk- und Arbeitsmethoden (»*Holen Sie Ihr methodisches Handwerkszeug aus Ihrem Handwerkskoffer*!«) von Grund auf gelernt und das notwendige Wissen beigebracht bekommen.

Repetitoren haben bestechende Vorteile: Sie (es folgt *meine insgeheime Wunschliste für Ihre Dozenten*) ▪▪ sind effektiv ▪▪ bieten individuelle Betreuung in Kleingruppen ▪▪ betreuen bis hin zum und meist auch im Examen ▪▪ lehren rund um das Jahr ohne Semesterferienunterbrechungen durch ▪▪ unterrichten linear im Fach und parallel in den Fachgebieten BGB, StGB, ÖR ▪▪ stimmen die Inhalte der Rechtsgebiete aufeinander ab ·· bringen den Lehrstoff aus einer Hand ·· setzen haltfeste Querverbindungen ·· erstellen gute Musterlösungen ·· korrigieren so, dass man mit Randvermerken etwas anfangen kann ·· holen den Studenten da ab, wo er steht, auch ohne viel Vorwissen ·· beschränken sich auf den examensrelevanten Stoff ·· sind (meist) humorvolle und hervorragend didaktisch geschulte Lehrmeister ·· und vor allem bringen sie allen Stoff klausurenkompatibel in Form!

Mit einem Satz: Sie sind eine echte Abkürzung zum Examen. Mein persönlicher Rat: Gehen Sie mal hin! Alle tun das!

»Wie kann ich mich für das Jurastudium motivieren?«

Indem Sie sich bevorzugt selbst motivieren und nicht vergeblich auf die Motivation von außen warten.

Der allererste Schritt zu Ihrem erfolgreichen Studium führt nämlich über Ihre Selbstmotivation für Jura, zu Ihrer Freude an Jura und damit auch zu Ihrer Freude am erfolgreichen Jurastudium. Die Selbstmotivation zu aktivieren, zeugt von einem hohen Maß an emotionaler Intelligenz. Wer weiß, *was* er *warum* tut, gewinnt Sicherheit. Denn die *»Warum-Was-Frage«* ist immer die eigentliche Frage nach dem Grund! Wer das »Warum« seines Jurawunsches kennt, braucht sich um das »Wie« nicht mehr so intensiv zu kümmern.

Beginnen Sie sich zu fragen:

- »Will ich überhaupt ernsthaft die juristische Ausbildung betreiben?«
- »Warum will ich das und wozu?«
- »Was treibt mich an?«
- »Was mag ich an dem Jurastudium?«
- »Was kann ich tun, um es noch mehr, noch intensiver zu mögen?«
- »Was macht ein Jurastudium besonders interessant für mich?«
- »Was stärkt mein Vertrauen, dass das Jurastudium für mich erfolgreich wird?«

Ihre Motivation ist als Treibstoff für Ihren Studienbeginn von besonderem Interesse für Sie. Gerade sie ist im Anfang Ihres Anfangs eine starke Verbündete zur Ankurbelung Ihrer Jura-Studierlust und zur Überwindung Ihrer Angst vor der unbekannten Juristerei. Ihre jurastudentische Motivation muss allerdings mehr sein als nur ein Strohfeuer. Sie muss Sie auch über mögliche Motivationslöcher im Aufbruch hinweg tragen:

> *»Mir sind jetzt doch viele Zweifel daran gekommen, ob ich zum Jurastudium wirklich tauge.«* ▪▪ *»Ich bin weder von meinen Fähigkeiten recht überzeugt noch von meiner Inspiration und Motivation genügend beseelt zum Jurastudium.«* ▪▪ *»Ich sehe bei meinen Mitschülern, die ebenfalls Jura studieren wollen, dass alle viel besser, klüger und fleißiger sind als ich.«* ▪▪ *»Eigentlich will ich ja etwas anderes studieren, Jura ist ja nur mein Zweite-Wahl-Studium.«* ▪▪ *»Ich weiß nicht?!«*

Nicht diese schwarzseherischen Gedanken! Der unmotivierte Träge hat immer eine Entschuldigung. Der motivierte Wache hat immer eine Lösung für seine Probleme.

Unglücklicherweise gibt es keine magische Formel, um Studenten zum Jurastudium zu motivieren. Hier käme der Förderung Ihrer Motivation durch Ihre Professoren in den Vorlesungen demnächst eine herausragende Bedeutung zu. Professoren aber, die Probleme mit ihrer Didaktik haben, selbst freudlos unterrichten und deren Lehrveranstaltungen deshalb immer mehr zu Leerveranstaltungen verkommen, können nicht motivieren. Sie neigen aber leider dazu, die mangelnde Motivation auf das Totschlagargument der fehlenden Studierfähigkeit ihrer Studenten zurückzuführen. Sie übersehen dabei, dass vielmehr ihr fehlender Enthusiasmus, der oft viel zu hohe Schwierigkeitsgrad ihrer Vorlesungen, ihr fehlendes Verständnis für die studentischen Lernschwierigkeiten, die fehlende Offenlegung der Klausurenkriterien und die fehlende Entschleierung der juristischen Notengebung wenig motivierend wirken auf ihre Studenten, wenn nicht sogar demotivierend. Sorry, aber wes Herz voll ist, des Mund geht über. Es gibt selbstverständlich auch sehr gute Dozenten.

Während Sie also auf die Motivation durch Ihre Dozenten nicht allzu sehr vertrauen sollten, sollten Sie umso mehr auf Ihre eigene bauen. Machen Sie sich also möglichst schnell auf die Suche nach Ihren eigenen Motiven, befragen Sie sich selbst nach dem *Warum, Wozu* und *Was* Ihres Studierens! Wie gesagt, dann folgt das *Wie* von ganz alleine.

Es gibt zwei unterschiedliche, grundlegende Motivbündel zum Jurastudium:

- Die Motive von innen her (*intrinsische*), sie sind selbstbelohnend: Das Studium wird aus eigenem Antrieb durch natürliches, echtes Interesse an der juristischen Sache, am aktiven Studieren selbst betrieben. Es wird hier aus Freude um seiner selbst willen ausgeführt und selbstbestimmt erlebt.
- Die von außen gesetzten (*extrinsische*) Motive, sie sind fremdbelohnend: Das Studium wird hier durchgeführt, um damit positive, belohnende Folgen herbeizuführen, zB gute Klausurenergebnisse oder die Anerkennung durch Dritte oder negative, bestrafende Folgen zu vermeiden, zB Nichtbestehen der Prüfung oder Geringschätzung durch Dritte.

Wozu neigen Sie? – Meist sind die Jurastudenten eher extrinsisch motiviert, auf das Erzielen von Prädikatsnoten und auf die Erfüllung sozialer Erwartungen (»*Ich muss das tun, weil* …«) ausgerichtet. Je mehr Sie sich mit dem Grund Ihres Jurastudiums identifizieren und je intrinsischer Sie motiviert sind, desto besser wird Ihr Studienbeginn ausfallen.

Ihre Motivation wird größer, wenn zu den intrinsischen im Laufe Ihres Studienbeginns verstärkend und absichernd extrinsische Motive hinzutreten. Die Belohnung in den vielen Gesprächen mit Freunden über Ihre Idee des Jurastudiums und seine interessanten Vorlesungsinhalte, bald schon ihre Anerkennung über Ihre juristischen Erklärungen, die Beachtung in Ihrer Familie durch Ihre rechtlichen Beiträge, die Bewunderung durch Ihre Bekannten, wenn Sie über ethisch-juristische Fragen in Notwehr- und Notstandsfällen philosophieren, Ihr Neuzugang zu Kriminal-Literatur und Film und nicht zuletzt ein gewisser Ehrgeiz nach einer guten Note in der Klausur, durch die Sie Ihren Mitstudenten, Ihren Eltern und Ihren Dozenten »gefallen« wollen. All das gehört zu einer Untergruppe der extrinsischen Motive, den sozialen Motiven. Versuchen wir Ihre Motivation für Jura anzufachen.

Nehmen wir fünf Beispiele:

Beispiel 1: Beim Strafrecht werden Sie von Anfang an starke Anreize von innen über Ihre Lernanstrengungen und Schwierigkeiten beim Lernen hinweg schieben, nämlich das durch diese spannende Materie selbst bedingte Interesse, das allgemeine Interesse an »Mord und Totschlag«, die Verbindung zu Ihrer Vorliebe für Krimis und zu Ihren eigenen Beobachtungen in Strafprozessen, die unmittelbare Umsetzung des Gelernten auf aktuelle Zeitungsberichte über laufende Strafverfahren und Straftaten, das Wiedererkennen der Lerninhalte in Kriminalreihen des Fernsehens, die Möglichkeit der Diskussion über Teilgebiete auch mit Nichtjuristen, die Freude an neuen Einsichten über »Schuld und Sühne«, »Sinn der Strafe«, »Aufbau des Verbrechens«, »Ethik und Strafe«.

Solche Motive von innen sind uns gerade in der Juristerei häufig gar nicht bewusst, wir bemerken nur, dass wir etwas »ganz von selbst tun«, dass uns das damit verbundene Lernen angenehm scheint und dass wir uns selbst belohnen durch das Verstehen von bisher unverstandenen Vorgängen. Sie werden sich selbst nicht nach dem »Warum« Ihrer Begeisterung für das Strafrecht fragen müssen. Sie ist einfach da! Der Nachteil dieser intrinsischen Motive ist allerdings, dass Sie nicht beschließen können: »Ab jetzt interessiert mich Zivilrecht/Bürgerliches Recht wahnsinnig!« Man kann sie nur sehr schwer beeinflussen. Sie sind auch unbeständig, flüchtig, man kann sich nicht langfristig auf sie verlassen. Das ist aber auch eine Chance für den Wechsel. Ein plötzliches Interesse oder Spaß von innen können Sie zwar nicht herbeizaubern, aber durch Willensanstrengung und Ideen anregen!

Beispiel 2: Kann man intrinsische Motive nicht auch auf das weniger geliebte BGB übertragen? Nur scheinbar nicht! Es scheint nun einmal »anerkanntermaßen« niemanden besonders zu interessieren, wie ein Vertrag zustande kommt, wie man eine Anfechtung durchführt, wie eine Aufrechnung klappt. Es scheint aber nur so! Schon nach wenigen Vorlesungsstunden werden Sie Ihrer staunenden Großmutter anlässlich eines Brötchenkaufs stolz das komplexe Abstraktionsprinzip und die Anzahl der vorzunehmenden drei Rechtsgeschäfte mit ihren sechs Willenserklärungen erklären können. Sie werden ihr erklären, dass Télos keine griechische Insel ist, sondern das Ziel eines Gesetzes. Sie werden die Diskussion auf die Frage bringen können: »Was passiert eigentlich mit eurem Vermögen bei der gesetzlichen Erbfolge, was bei der gewillkürten?«. Zugegeben: Das Eigentümer-Besitzer-Verhältnis und die Bereicherungsansprüche werden kaum jemanden hinter dem Ofen hervorlocken, aber eine arglistige Täuschung beim Autokauf, ein Irrtum über die Eigenschaften einer Einbauküche, die Konstruktion des »Leasings« eines PKW oder die Finanzierung eines Hauses oder einer Eigentumswohnung mittels eines Darlehns, das durch Grundpfandrechte gesichert ist? Grundbuch – in welcher Buchhandlung gibt's das? Eine Sicherungsübereignung – was ist das eigentlich? »Bürgen ist erwürgen?« – warum diese Volksweisheit? »Augen auf beim Kauf« – warum? Ein Vertrag ist auch ohne Form wirksam? Eheschließung ist der weitesttragende und gefährlichste Vertrag überhaupt – wieso? Warum dann keine notarielle Beurkundung, warum nur Standesamt? Scheidung und ihre rechtlichen Folgen? Warum wirken hier Richter mit und nicht auch nur das Standesamt? Ehevertrag: Aha! »Vertrag« kommt von »vertragen«? Testament ohne Notar, das geht? Überall wird geheiratet und geschieden, gekauft und gemietet, geleast, gebürgt, angefochten und erfüllt, geerbt, vererbt und verpfändet. Und das alles soll keinen interessieren?

Beispiel 3: Das alles gilt auch für das öffentliche Recht. Auch hier kann man eine rationale Motivation erzeugen. Flachen Sie von Anfang an die oft bei Anfängern zu beobachtende Unwilligkeit gegen das öffentliche Recht ab! Übertragen Sie mögliche negative Erfahrungen aus der Schule nicht zu Unrecht auf diese neue Studienrichtung. »*Grundgesetz, Staat, Stadtverwaltung, Politik überhaupt – interessieren mich nicht.*« Doch, tun sie! Sie sind schließlich ein Mitglied dieser staatlichen Gemeinschaft, die sich Bundesrepublik Deutschland nennt. Wollen Sie da nicht wissen, wie sie funktioniert? Tausende von Beamten wenden täglich Gesetze an. Sind Sie da gar nicht neugierig, wie sie entstehen? Verwaltungsrecht ist nicht das Recht der Verwaltung, sondern überwiegend das Recht des Bürgers gegen die Verwaltung? Polizeirecht, Sozialrecht, Ausbildungsförderung, Daseinsvorsorge in Form von Krankenhäusern, Kindergärten, Schulen, Unis, Friedhöfen – alles, alles ist öffentliches Recht. Das interessiert Sie bestimmt!

Beispiel 4: Motivieren wird Sie vielleicht auch ein kleiner Ausflug in den Humor unseres Gesetzgebers. Tatsächlich, die Gesetze zeigen an mancher Stelle eine unfreiwillige Heiterkeit. Googeln Sie die von mir zitierten Paragrafen einmal und Sie werden bestimmt durch das Stück »Jus et Jux« zum Gesetzesstudium animiert.

Lesen Sie § 919 BGB und Sie stellen fest, dass der Gesetzgeber den Grenzsteinen Geisteskrankheiten beimisst (… wenn ein Grenzzeichen verrückt … geworden ist …). Kennen Sie »Grenzverwirrungen« – diese psychischen »Normalabweichler« unserer Grenzen? Nein? Ich auch nicht. Aber der Gesetzgeber in § 920 BGB. § 5 Grundbuchordnung (GBO) behandelt die geschlechtliche Vereinigung von Grundstücken, was nach Auffassung des Gesetzgebers häufig zu beiderseitiger Verwirrung führt. »Der Begriff Tier im Sinne dieser Verordnung (gemeint ist die Wildschutzverordnung von 1985) umfasst lebende und tote Tiere … sowie ihre Eier, sonstige Entwicklungsformen und Nester.« Studentenspruch: Quäle nie ein Nest zum Scherz, denn es spürt wie du den Schmerz. Lesen Sie die »Bienenschwarmparagrafen« in §§ 961, 962, 963, 964 BGB und Sie wissen, was Lobby zu leisten imstande ist und wie stark die Imkerlobby offensichtlich im damaligen Reichstag vertreten war. (Für »Fischschwärme« googeln Sie mal den Begriff »Analogie« …!). Sie finden 10 000 EUR auf der Straße: Glück gehabt! Finderlohn gem. § 971 BGB. Sie finden als Referendarin 10 000 EUR im Gericht: Pech gehabt! Kein Finderlohn gem. § 978 Abs. 1 BGB, der § 971 BGB ausschließt (auch nicht über § 971 Abs. 2). Studieren Sie § 164 Abs. 2 BGB genau! Auch mehrfaches Lesen wird Ihnen nicht auf die Sprünge helfen. Verzweifeln Sie nicht! Es besteht bei allen die humorvolle Einigkeit über die völlige Unverständlichkeit dieser Norm. Ähnlich wird es Ihnen bei dem Studium des § 181 BGB ergehen. Alles lacht, weil's keiner versteht. Was sagt Ihr emanzipatorisches Herz zu § 959 BGB? Frauen verfügen offensichtlich über kein Eigentum, denn sie können ihre beweglichen Sachen nicht »frauenlos« werden lassen. Warum schreibt man hier nicht ganz einfach statt »herrenlos« »eigentumslos«? Übrigens gibt § 118 BGB dem »Scherz« selbst die gesetzgeberische Weihe. Was halten Sie von »falschen Tatsachen«? Nichts? Gibt es nicht, sonst wären es ja keine »Tatsachen«? Richtig! Anders aber das (unlogische) Gesetz in § 263 Abs. 1 StGB. Na, haben Sie Spaß am Humor des Gesetzgebers?

Beispiel 5: An der Aufklärung so mancher typischer volkstümlicher Rechtsirrtümer könnten Sie alsbald erhellend mitwirken und im Familien- und Freundeskreis hohes Ansehen finden. Überschrift: »Recht kurios«.

Verträge müssen schriftlich geschlossen werden. Falsch! Grundsätzlich können Verträge formlos geschlossen werden. Die Form, welche auch immer, ist die Ausnahme. ·· Man kann gekaufte Ware innerhalb von 14 Tagen zurückgeben. Falsch! Juristischer Grundsatz: Gekauft ist gekauft. ·· Das Durchblättern der Illustrierten im Kiosk verpflichtet zum Kauf. Falsch! Das Durchblättern stellt kein Kaufangebot dar. ·· Die Jacke im Schaufenster, die fälschlich mit 10,90 EUR ausgezeichnet ist statt mit 109,00 EUR, muss für 10,90 EUR verkauft werden. Falsch! Die Jacke mit dem Preisschild stellt lediglich eine sogenannte Einladung zur Abgabe eines Angebots dar und ist noch kein konkretes Angebot. Ein solches erfolgt erst im Laden von Käufer oder Verkäufer. ▪▪ »Eltern haften für ihre Kinder!« Falsch! Die Eltern haften nie für ihre Kinder, sie haften nur für eigenes Verschulden, wenn sie ihre Aufsichtspflicht verletzen. Übrigens: Kinder haften ab dem 7. Lebensjahr für Schäden, die sie anrichten, selbst. ▪▪ Ein Tierhalter haftet nur bei Verschulden. Falsch! Ein Tierhalter haftet immer, weil ein Tier (wie ein Auto auch) per se gefährlich ist. Nennt man »Gefährdungshaftung«. ▪▪ Beamtenbeleidigung ist besonders strafbar. Falsch! Ein Beamter ist beleidigungsfähig wie jeder andere Mensch auch. ▪▪ Mord ist vorsätzlicher Totschlag. Falsch! Mörder ist ein Täter immer nur dann, wenn er aus besonders verwerflichen Motiven, durch besonders verwerfliche Ausführungsarten oder zur Verdeckung oder Ermöglichung einer anderen Straftat tötet, alle anderen Tötungen – ohne diese qualifizierenden Merkmale – sind Totschlag. In beiden Fällen – Mord und Totschlag – ist Vorsatz erforderlich, anderenfalls handelt es sich um fahrlässige Tötung. ▪▪ Restaurantreservierungen braucht man nicht zu stornieren. Falsch! Man kann sich dem Wirt gegenüber schadenersatzpflichtig machen, wenn man nicht absagt.

Na, welchem Rechtsirrtum waren Sie aufgesessen?

Ihre gesamte Motivation zum Jurastudium können Sie also selbst entscheidend steuern, indem Sie *Ihre bestehenden positiven Motive verstärken* (welche bringen Sie mit?), *Ihren alten Motiven neue Motive hinzufügen* (welche gewinnen Sie zB durch unseren Dialog hinzu?) *und Ihre entgegengesetzt wirkenden negativen Motive abbauen* (welche sind das bei Ihnen überhaupt?).

Wie das geht? – Machen wir uns gemeinsam auf die Suche! Hier ein paar Motivationstipps für Sie, die Sie im Laufe des Anfangs immer mal wieder zurückholen müssen:

- **Warum lohnt es sich eigentlich, Jura zu studieren?** Machen Sie sich öfter als bisher klar, warum Sie eigentlich ein Jurastudium betreiben: »Ich will einen guten, sicheren Beruf haben, Sozialprestige und Unabhängigkeit im weiteren Leben erlangen.« »Ich will mit meinem Studium ein großartiges Bildungsabenteuer erleben mit einem prestigeträchtigen Abschluss.« »Ich will meine Persönlichkeit zumindest bereichern, wenn nicht formen.« – »Ich suche eine intellektuelle Herausforderung« – »Ich will mich für den Kampf um Gerechtigkeit vorbereiten.« – »Ich suche die sozialen Konflikte im wahren Leben zu lösen«. Verstärken Sie diese Motive! Beim Berufswunsch spielen rationale, ebenso wie moralische, soziale und emotionale Beweggründe eine Rolle. Manche tragen durchs ganze Leben, manche zerplatzen wie Seifenblasen schon im ersten Semester. Wichtig ist, dass Sie Ihre Motive öfter überdenken, nachjustieren oder sich auch eingestehen müssen, dass Sie einem Irrtum aufgesessen sind. Denn: Viele wählen Jura auch mangels besserer Alternativen.

- **Suchen Sie nach neuen Motiven!** Häufig ist das unmittelbare Erleben eine gute Chance, um kleinere Erfolge und Belohnungen für sich zu schaffen. Diskutieren Sie schon einmal auch über privatrechtliche, strafrechtliche oder öffentlich-rechtliche Themen mit Freunden, lesen Sie eine überregionale Tageszeitung, sehen Sie die Tagesschau und politische Sendungen mehr und mehr unter juristischen Blickwinkeln.
- **Wozu man vom Erlebnis her keinen Zugang hat, dazu hat man meist auch keine Lust.** Schaffen Sie sich bald solche vergnüglichen Erlebnisse! Gehen Sie einmal in eine strafrechtliche und zivilrechtliche Hauptverhandlung an Ihrem örtlichen Gericht. Die sind öffentlich, und es ist nicht »peinlich«, einfach »hinein« zu gehen. Ich werde Sie am Ende unseres Gesprächs dahin begleiten.
- **Bauen Sie die Abneigungen gegen das ab, was Sie unter »Privatrecht« verstehen!** Diese Abneigung hat wahrscheinlich eine lange Vorgeschichte. Analysieren Sie ihre Entstehung! Ihre Eltern waren vielleicht auch schon immer gegen den »Papierkrieg«, den »Geschäftskram«, das verdammte »Kleingedruckte«? Forschen Sie nach, ob Sie nicht deren Vorurteile einfach nur übernommen haben, die für Sie heute aber nicht mehr gelten. Alles, was Sie an Aversionen abbauen können, verstärkt automatisch Ihre Studienmotivation.
- **Auch die Neugier auf das, was alles Recht und Gesetz ist und die immer wiederkehrende Spannungssuche im »System Jura«,** das Aufspüren der Gerechtigkeit und der Moral in »Recht und Gesetz«, die detektivische Erkundungsfreude im Lösen von Fällen, das Spielerische im Gutachtenstil und das Logische in der Subsumtionstechnik, der sportliche Wettkampfcharakter in Klausuren können Sie motivieren.
- **Der Triumph des ersten Verstehens** der oft schwierigen, zu einem komplexen Gesetzestext zusammengesetzten Wortzeichen bringt ebenso Motivation wie die erste erfolgreiche Klausur. Verstehen und Erfolg bereiten ein unerhörtes Vergnügen und sind eine starke Motivation.

- **Die Angst vor der Langeweile**, vor dem Gefühl des Nichtausgefülltseins jetzt und im ganzen Leben – ohne das vorgenommene Jurastudium – erzwingt ebenfalls starke Lernmotive. Mit Begeisterung Jura zu studieren, heißt, sich nie wieder zu langweilen.
- **Machen Sie aus Ihrer Suche nach der rechten Motivation zum Jurastudium eine Denksportaufgabe!** Auch bei ihr ist sowohl die Erkenntnis das Vergnügen (Das Ziel ist das Ziel), als auch der Weg des Erkennens (Der Weg ist das Ziel). Legen Sie beide Ziele frei!
- **Ein idealistisches Motiv:** Die jungen Jurastudenten können sich zwar die Traditionen der Juristen, die noch nie die Speerspitze einer Revolution waren, nicht aussuchen, aber sie könnten als die neue Generation von Jurastudenten wissen, dass es an ihnen liegt, ob und wie sie sie fortsetzen.
- **Das Motiv der Motive ist und bleibt aber:** Vergessen Sie nie, dass Sie etwas Besonderes werden wollen! Dass das Jurastudium die Basis für Ihr weiteres Leben in Staat und Gesellschaft ist, es Ihnen eine große Lebenschance eröffnet und ein Geschenk der Gesellschaft an Sie ist. Nehmen Sie es an!

Ich weiß: Diese Motivationstipps werden nicht immer genügen für die tägliche Überwindung jenes gesunden Selbstmechanismus, den man in gutem altem Soldatendeutsch den »inneren Schweinehund« nennt. Aber eines hilft Ihnen schon mal: Stecken Sie sich einen Zettel hinter Ihren Badezimmer-Spiegel mit dem Satz: »*Vergiss nie, dass du Jurist werden willst*!« – dann werden Sie sich vielleicht die täglich dringlichere Überlegung nach dem richtigen Studium in Zukunft weniger als »Gewaltakt« abringen müssen. Eine solche Materialisierung einer Idee hat einen Vorzug: Die Zugkraft von Zielen wächst, wenn man sie aufschreibt und sichtbar macht. Das weckt Optimismus, der das zieldienliche Hinübergleiten vom Abiturienten zum Jurastudenten erleichtert und die Motivation stärkt.

Es wird sich allerdings nie ganz verhindern lassen, dass bei Ihnen im Laufe des Studiums immer mal wieder leichte *Aversionen* gegen die Erkenntnismethoden der juristischen Wissenschaft, ihre manchmal motivationshemmende Rationalität und Abstraktion, ihren Reduktionismus und gestelzten Stil, ihre Methodik, ihre Pedanterie und ihre aufgeblähten wissenschaftlichen Vertreter auftauchen. Auch wird sich nicht verhindern lassen, dass sich irgendwann *stumme Ängste* einstellen. Ängste vor unverstandenen Vorlesungen und verquasten Lehrbüchern. Ängste vor einer manchmal als unüberschaubar erscheinenden Flut von gesagten und gelesenen juristischen Dingen. Ängste vor allem davor, was es im Anfang der juristischen Ausbildung da alles Neues, Plötzliches, scheinbar Ordnungsloses und undurchschaubar Komplexes gibt. Ängste vor jenem großen und unaufhörlichen Rauschen der Paragrafen. Gegen diese *Aversionen, Demotivationsschübe* und stummen *Ängste* werden Sie Ihre Antriebe, Ihren Willen, Ihre Motive und nach unserem »Dialog« auch Ihr Wissen um das juristische Studium setzen! Ihre alten und neuen Motive werden Sie schon bald beflügeln.

Wie schön, wenn man mit Mut, Schwung, Vorprägung und hoher Motivation ein Jurastudium anpackt. Und wie schade wäre es, schon am Anfang des Studiums im »Legehennenbatteriedasein« der Lehr- und Hörsäle motivationslos und ängstlich stecken zu bleiben, nur weil man allein ist und keiner einem gesagt hat, wie die Studieneingangsphase geht, wie man juristisches Verstehen erzeugt und wie man die Feuertaufe der ersten Juraklausur übersteht.

Viertes Kapitel
Die Rechtsordnung

»Was muss denn da geordnet werden?«

Das Recht! Was das ist– das Recht? – Das ist die schwierigste Frage, die Sie mir stellen können. Aber für Ihre Motivation eine der wichtigsten. Denn Sie wollen ja schließlich die »Wissenschaft dieses Rechts« studieren!

Zunächst! So fremd ist Ihnen das Wort »Recht« ja nicht. Sie kennen: waagerecht, senkrecht, Rechteck, aufrecht, rechter Winkel, rechte Hand, die rechte Seite von Stoffen, rechtschaffen und Rechtschreibung. Sämtliche Wörter leiten sich ab vom lateinischen »rectus« (gerade, richtig) und von dessen Infinitiv »regere« (gerade richten). Die heute geläufige Verwendung »rechts« als Gegenwort zu »links« entwickelte sich an der Vorstellung des Gebrauchs der rechten Hand als geeignet, als richtig – auf der »rechten« Seite. Recht ist also sprachlich die Substantivierung dieses Adjektivs und beschreibt damit auch seine Funktion als »Geraderichtendes«, als »Richtigmachendes« – den Richter (»richten«) als denjenigen, der etwas Krummes gerade macht, in eine waagerechte Stellung bringt – also Recht spricht. Deshalb wohl auch die Waage als Symbol des Rechts.

Was ist »Recht«? – fragt auch so mancher Jurist zweifelnd, so wie mancher Philosoph skeptisch fragt, was ist der »Sinn« des Lebens, der Ästhet, was ist »Schönheit«, der Ethiker, was ist »Moral«, der Theologe, was ist »Glaube« und der Arzt, was ist »Krankheit«? Ihre Frage »*Was ist Recht*?« ruft selbst bei Examenskandidaten das blanke Entsetzen auf die Gesichter. Diese scheinbar so einfache Frage nach dem Begriff des Rechts, die nicht nur am Anfang und Ende der »rechts«-wissenschaftlichen Ausbildung stehen, sondern auch im Bewusstsein der Bürger einen hohen Rang einnehmen müsste, erfährt sowohl hier wie da eine stiefmütterliche Unterbewertung. Offensichtlich sind die Juristen selbst immer noch auf der Suche nach dem Begriff »Recht«. Das ist ein rechtsphilosophisches Schlachtfeld für die Rechtswissenschaft. Zwischen Prüfern und Kandidaten besteht denn auch die augenzwinkernde Absprache, dass man die Frage wie die Antwort nach dem Recht nicht ganz ernst nimmt. »*Ich wollte nur einmal testen, wie Sie mit dieser schwarzen Katze im Sack der Juristen umgehen.*« So augenzwinkernd wollen wir es auch halten mit der abstrakten Begrifflichkeit.

Kennen Sie die Geschichte von der »schwarzen Katze im schwarzen Sack«? – Nein?

Ein Theologe und ein Philosoph streiten sich über den Inhalt ihrer Wissenschaft. Der Theologe zum Philosophen: »Ihr kommt mir vor, wie jemand, der in einem dunklen Raum versucht, eine schwarze Katze, die aber gar nicht da ist, in einen schwarzen Sack zu stecken.« Darauf der Philosoph zum Theologen: »Ihr kommt mir vor, wie jemand, der in einem dunklen Raum versucht, eine schwarze Katze, die aber gar nicht da ist, in einen schwarzen Sack zu stecken, raus kommt und ruft: ›Ich habe sie!!‹«

Das Recht – die schwarze Katze im Sack der Juristen? – Schade, wenn es so wäre! Denn: Bliebe nicht das »Studium der Rechte« bloß aufgerafftes Wissen ohne einen metaphysischen Hintergrund über das Recht, seine Geschichte? Ohne bestimmte Fragen zumindest aufzuwerfen? – Haben Sie sich jemals gefragt:

- Ob es ein »*Göttliches Recht*« oder ein »*Naturrecht*« gibt?
- Ob das »*positive, statuarische Recht*«, das aus dem Willen des Gesetzgebers hervorgeht, mit dem »*Vernunftrecht*« übereinstimmen muss?
- Ob es ein »*Recht a priori*«, also ein von der Erfahrung und der Wahrnehmung unabhängiges, durch jedes Menschen Vernunft erkennbares Vernunftrecht überhaupt gibt?
- Ob das Recht nur aktuelles Konsensrecht der Parlamentsmehrheiten ist oder ob es einem alle Menschen verbindenden ewigen Rechtsgefühl entspringt?

- Ob es ein in »Recht« gegossenes »Unrecht« gibt – oder ob das widersinnig ist?
- Wo es historisch herkommt?
- Wie es in der Gesellschaft ankommt, wie es von den Bürgern er- und gelebt wird?

Recht und Gesetz haben für unser Leben und Wirtschaften einen enormen Rang – das Wissen um Recht und Gesetz hat leider nicht annähernd den gleichen Rang.

Bei der Beantwortung der Frage »*Was ist Recht*?« geht es vielen so, wie einem lieben Kollegen: »*Wenn mich keiner fragt, weiß ich es; wenn ich es einem Fragenden erklären soll, weiß ich's nicht*.« Das Schlimme daran ist: Keiner kann die Frage so richtig beantworten. Schon der Versuch einer Definition fällt schwer.

Vor rund 3,8 Milliarden Jahren begannen auf einem Planeten namens Erde bestimmte Moleküle, sich zu komplexen Strukturen zu verbinden, die wir als Organismen bezeichnen. Die Geschichte dieser Organismen und ihr Wirken nennen wir Biologie. Der bisherige Endpunkt dieser Entwicklung ist der Mensch.

Vor rund 70 000 Jahren begannen Organismen der Art homo sapiens mit dem Aufbau komplexer Strukturen namens Kulturen. Die Entwicklung dieser Strukturen nennen wir Geschichte.

Vor rund 10 000 Jahren gelang diesen Kulturen einer der größten Fortschritte der Menschheit und des menschlichen Zusammenlebens. Sie ersetzten ganz langsam die Selbstjustiz durch die Einführung von Regeln, nannten sie »Recht« und »Gesetz« und institutionalisierten zu ihrer Einhaltung und Durchsetzung Instanzen, die sie »Gerichte« nannten. Damit gewinnt nicht mehr der Stärkere (Faustrecht) oder Schnellere (Wilder Westen), sondern – im Regelfall – der, der »Recht« hatte.

Das Zusammenwirken von »Recht« und »Gesetz« in den gerichtlichen »Instanzen« und der darin handelnden »Personen« nennen wir etwas salopp »Juristerei«.

Der Gattungsgenosse Mensch wird als »strafrechtlicher Feind« oder »zivilrechtlicher Anspruchssteller« in den Anfängen seiner Geschichte keine besonders wichtige Rolle gespielt haben, denn die Zahl dieser Gattungsgenossen war klein, und schwerer als die persönliche Feindschaft wog die gegenseitige Abhängigkeit. Ein soziales Gefälle und die für unsere Zeit so wichtigen Fragen nach dem »*Wem gehört was*?« und

»*Was darf man*?« und »*Was darf man nicht*?« gab es noch nicht. Jedem »gehörte« die ganze unendliche Welt, die ganze Quelle, der ganze Wald, das ganze Feld, der ganze Fluss, jeweils mit allen Früchten und Schätzen. Sogar der Kampf um den Besitz einer Frau spielte noch keine Rolle. Denn es gab keine Ehe, sondern es bestand stattdessen die wechselnde Geschlechtsgemeinschaft aller Mitglieder einer Gruppe, Sippe, Rotte oder eines Stammes untereinander. Jede Frau war die Liebespartnerin jeden Mannes und umgekehrt. Niemand kannte seinen Vater. Familienrechtliche, erb-, sachen-, schuld- oder gar gesellschaftsrechtliche Fragen stellten sich nicht. – Doch dann, eines schönen Tages, ereignete sich der »Big Bang« des Rechts: Einer oder eine unserer Vorfahren stellte seine Frau oder ihren Mann nicht mehr zur allgemeinen Verfügung. Jemand beanspruchte das erlegte Wild für sich allein. Irgendjemand kam auf die Idee, seine Höhle, seine Quelle als »Eigentum« für sich zu deklarieren und sie mit Gewalt zu verteidigen. Ein anderer nahm sie sich mit Gewalt. Das war die Geburtsstunde des Rechts, sein Urknall.

Es gab also irgendwann in grauer Vorzeit zwei Ahnen, die um irgendetwas – eine Frau, eine Höhle, ein erlegtes Wild – gestritten haben. Nachdem der Zweikampf als ein für den körperlich Unterlegenen untaugliches Mittel verworfen worden war und man den Gottesurteilen wegen ihrer Zufälligkeiten immer skeptischer gegenüberstand, entschied sich der archaische »Gesetzgeber« nach Häufung unterschiedlicher Streitfälle auf unterschiedlichen Gebieten zur Schaffung von generalisierenden, vom Einzelfall losgelösten – abstrakten – Regeln und für die Anwendung dieser Regeln auf sämtliche gleich gelagerten Fälle. Das war die Niederkunft von Recht und Gesetz! Waren die damaligen Streitfälle und Konflikte im Vergleich zu unseren heutigen noch primitiv, so ändert das nichts am Grundsätzlichen: Die streitigen Lebenssituationen, wir nennen sie Sachverhalte, und das in ihnen enthaltene Tatsachenmaterial waren und sind immer noch die faktischen Grundlagen für das Programm einer Recht »setzenden« Rechtsordnung, damals wie heute. Und sie sind, damals wie heute, Anlass für die Anwendung und Bewährung des Rechts. Irgendein Konflikt zwischen zwei Menschen über irgendwas war also irgendwann irgendwo auf der Welt der Ausgangspunkt für die Erschaffung des Rechts.

Das menschliche Zusammenleben wird erst ermöglicht, wenn sich eine Mehrheit findet, die stärker ist als jeder Einzelne und die gegen jeden Einzelnen zusammenhält. Anderenfalls würde immer der physisch Stärkere die Beziehungen im Sinne seiner Lüste, Interessen und

Nutzen entscheiden. Wäre das Recht nicht, hätte der am meisten, der sich das Meiste nimmt. Die Macht dieser Gemeinschaft stellt sich nun als »Recht« gegen die Macht des Einzelnen, die als »rohe Gewalt« verurteilt wird. Die Ersetzung der Macht des Einzelnen durch die ordnende, Recht setzende Macht der Gemeinschaft und der dieses Recht kontrollierenden Institutionen ist wohl der entscheidende kulturelle Schritt für das Zusammenleben in der Menschheitsgeschichte gewesen. Am Anfang herrschte das Chaos – dann herrschten Recht und Gerichte!

Recht umfasst, und das macht den Begriff so wenig griffig, mehrere Bedeutungen:

Erstens: Der Begriff *Recht* umfasst die Gesamtheit des *Rechts* mit allen Nebenschauplätzen, also das ganze positive (von lat.: ponere, setzen) Recht, aber auch die Justiz und die Rechtswissenschaft, also das, was wir eben als »Juristerei« beschrieben haben (»*Alles, was an Gesetzen in der Welt ist und alle Institutionen, die sich damit beschäftigen*«).

Zweitens: Der Begriff *Recht* beinhaltet nur die geltende Rechtsordnung, also nur das gesetzte, positive Recht (»*Die Summe aller Gesetze*«).

Drittens: Der Begriff *Recht* beschränkt sich auf den maßgebenden normativen Grundgehalt, also die Rechtsprinzipien und seine Werte, die eine Rechtsordnung ausmachen (»*Das Rechtsstaatsprinzip und seinen Wertekanon*«).

Viertens: Der Begriff *Recht* meint nur objektiv die einzelne Norm (»*Das Recht auf Eigentum*«).

Fünftens: Der Begriff *Recht* umfasst nur subjektiv den einzelnen Anspruch (»*Ich habe ein Recht aus einem Kaufvertrag auf Übereignung der Sache.*«)

Sagen Sie nicht, ist mir alles zu sperrig. Zu kompliziert. Brauch ich nicht. Doch! Brauchen Sie! Nicht nur als potenzieller Jurastudent. Eigentlich bräuchte das jeder Mensch, denn jeder Mensch ist von der Wiege bis zur Bahre vom Recht umzingelt.

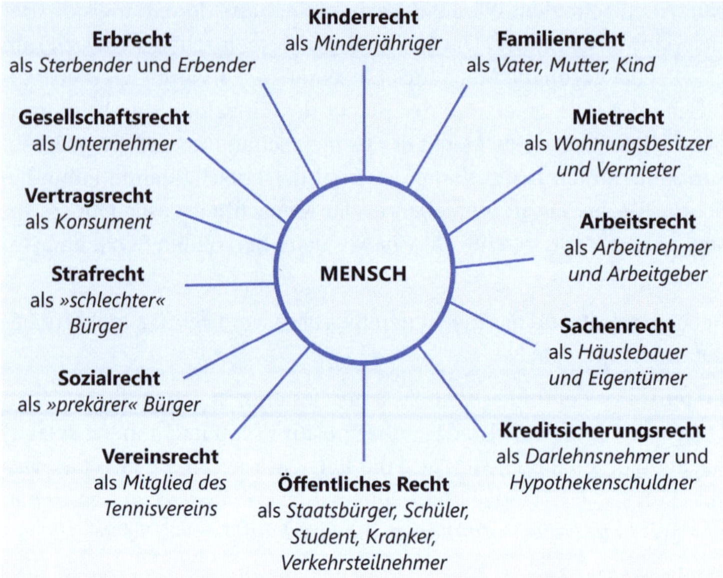

Aber was ist das Wesen dieses uns tausendfach und nahezu überall umschlingenden »Rechts«? Darauf gibt es zwei mögliche Antworten:

- **Entweder** könnte das Wesen des Rechts das sein, was sich Menschen zu einer bestimmten Zeit an einem bestimmten Ort als mögliche durchsetzbare, jederzeit abänderbare Regeln selbst schaffen. Ein mehr oder weniger geordnetes Netzwerk von Ge- und Verboten, inspiriert von dem Wunsch nach Sicherheit und Ordnung und davon bestimmt, welche Gruppe oder Einzelperson gerade die größere Macht hat, ihre Interessen durchzusetzen. *Recht wäre damit im zeitlichen Nacheinander beliebig. Recht wäre der in Gesetzen fixierte Zeitgeist.*
- **Oder** das Wesen des Rechts könnte auch in einem unabänderlichen von der »Natur«, von »Gott« oder der menschlichen »Vernunft« vorgegebenen System von Richtig oder Falsch, Gut oder Böse liegen, das zu erkennen und in seinen Gesetzen abzubilden, von den Menschen immer nur versucht werden kann. *Recht wäre somit nicht zeitlich begrenzt und gesetzlich beliebig fixierbar, sondern entweder als Natur-, Gottes- oder aber als Vernunftrecht ewig.*

Die Frage »*Was ist Recht?*« schnell und einfach zu beantworten mit dem Entweder »*Recht ist, was Gesetz ist!*« oder mit dem Oder »*Recht ist ein der Menschheit von Gott, der Natur oder der menschlichen Vernunft vorgegebenes System*«, werden Sie bald als tiefer am Recht Interessierter nicht mehr akzeptieren. Die Frage lässt sich überhaupt nicht schnell und einfach und so im Vorübergehen beantworten. Als eine Kreuzung aus allen möglichen philosophischen, religiösen, sozialen, freiheitlichen, gesellschaftlichen und einfach auch praktischen Kriterien kann Recht *das* alles sein:

- Das, was an einem bestimmten Ort zu einer bestimmten Zeit Gesetz ist
- Die Idee der Gerechtigkeit schlechthin
- Ein von der Natur in der Vernunft des Menschen vorgegebenes Verhaltensmuster
- Der Spiegel des göttlichen Willens im Menschen
- Ein Mittel zur staatlichen Machterhaltung
- Ein garantiertes Verfahren zur Verwirklichung persönlicher Freiheit
- Ein allgemeiner Wille zu gesellschaftlicher Gleichheit
- Verwirklichte Freiheit
- Das Machtinstrument ökonomischer Verhältnisse
- Die Struktur sozialer Systeme als Ausfluss eines Sozialstaatsprinzips
- Ganz praktisch das Verkehrsrecht einer Gesellschaft, analog dem Straßenverkehr
- Die Spielregeln im Spiel einer Gesellschaft mit den Gerichten als Schiedsrichter

Für den Normalmenschen, sprich Bürger, ist es weniger wichtig, das Wesen des Rechts und seinen Ursprung irgendwo im metaphysischen Nebel von Gott, Natur oder Vernunft zu suchen, als vielmehr die Funktion, das heißt die Aufgabe des positiven Rechts zu erkennen. Recht hat die Aufgabe, das gedeihliche Zusammenleben zwischen den Menschen in der Gesellschaft, in den Familien, der Ehe und im Beruf zu ordnen, Konflikte zu vermeiden, zu schlichten und notfalls im Streitfall Konflikte zu entscheiden und die Entscheidungen zwangsweise durchzusetzen. Recht ist quasi die Verkehrsordnung, die Gesetze sind die Verkehrsregeln und die Beschilderungen für die Gesellschaft! Wie man den Verkehr regelt, ist letztlich egal (Links- oder Rechts-Verkehr). Nur, *dass* man ihn regelt, ist wichtig. Mittel für die Lösung dieser Aufgabe sind in einem Rechtsstaat ausschließlich die an der Verfassung orientierten Gesetze mit der Anordnung von Rechtsfolgen. Das ist sein Trick! Rechte sind in ihm Geschöpfe der Gesetze, nicht der Natur. Unsere Bundesrepublik ist ein solcher Rechtsstaat. Das ist keine Selbstverständlichkeit. Der Rechtsstaat muss sich täglich neu beweisen. Nicht immer gelingt das, wie Sie wissen.

Neben dieser »*Zusammenlebenoptimierungsfunktion*« kommen unserem Recht weitere wichtige Funktionen zu, die letztlich alle an der Idee der Gerechtigkeit, der Freiheit und der Ordnung ausgerichtet und auf Vernunft gegründet sein müssen. Gerechtigkeit, Ordnung, Freiheit, Sicherheit und Vernunft müssen im Recht des Staates Gestalt gewinnen.

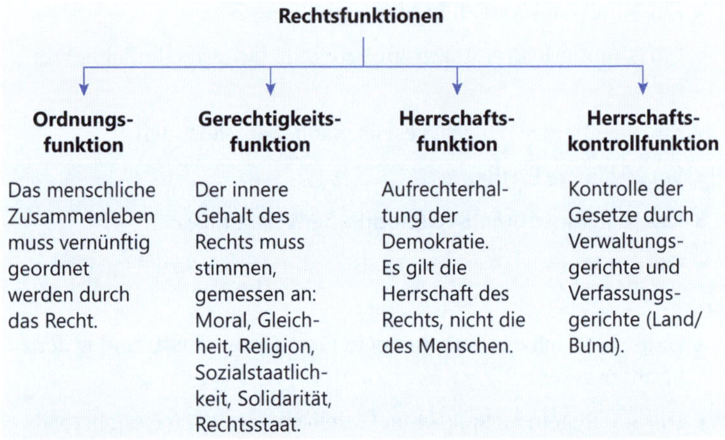

Diese recht mannigfaltige Vielfalt möglicher Antworten auf Ihre Frage nach dem Recht konnte ich Ihnen leider nicht ersparen. Denn sie folgt aus einem Grundproblem, mit dem es das Recht spätestens seit der Aufklärung zu tun hat. Dass nämlich der Freiheit des Einzelnen zwei wesentliche Elemente gegenüberstehen: Die Freiheit des Anderen und die Aufrechterhaltung der ordnenden Gemeinschaft, in der sich der »Einzelne« und der »Andere« bewegen und die die Grundlage der Freiheit des »Einen« und des »Anderen« ist. Die Garantie der Freiheit des »Einzelnen« bei gleichzeitiger Garantie der Freiheit des »Anderen« unter Bewahrung des Friedens in der Gemeinschaft zu erreichen, das ist die Kunst des Rechts.

»Und was hat es mit Moral, Gerechtigkeit und Co. auf sich?«

Neben dem Begriff des Rechts tauchen nun noch einige weitere Begriffe schemenhaft im Nebel unseres juristischen Horizontes auf: *Moral, Sitte, Gewissen, Glaube, Religion, Gerechtigkeit.* In der grauen Vorzeit gab es sicherlich eine Einheit von Recht, Religion, Moral und Sitte – alles war eins. Im Laufe der Weltgeschichte hin zu den »elitären Gesellschaften« mit ihren Häuptlingen und Königen, Kurfürsten und Kirchenfürsten und später hin zu unseren »egalitären Gesellschaften« gingen diese Begriffe aber getrennte Wege, entfalteten und änderten ihren Charakter. Als Jurist hat man mit den Fragen des »Glaubens«, der »Religion« und des »Gewissens« allerdings nur insofern etwas zu tun, als unser Grundgesetz diese Kategorien unter seinen Schutz stellt.

Das Gewissen ist das individuelle Norm- und Wertesystem jedes Einzelnen und steht in engem Einklang mit dem Individualismus. Es ist das Vermögen des Menschen, sein Verhalten sittlich einzuschätzen und umfasst die Regeln, die der Einzelne sich aufgrund seiner individuellen Prägung durch Gesetze, Religion, Familie und seiner gesamten Lebensumstände selbst gibt. So etwas wie das Freud'sche Über-Ich, eine der Kontrolle dienende, durch die Erziehung entwickelte Richtschnur der Persönlichkeit. Der Begriff des Gewissens entsteht im antiken Griechenland aus der Vorstellung, dass es für alle Handlungen und Verhaltensweisen gegenüber Göttern und Menschen einen inneren »Mitwisser« gibt. Eine Gewissensentscheidung kann im Einklang mit dem Recht stehen, aber auch mit diesem kollidieren. Folgen Sie Ihrem Gewissen entgegen dem Recht, müssen Sie die vorgesehenen Sanktionen des Rechts tragen. *Die Gewissensfreiheit* schützt Ihr Gewissen als Ihre moralische Identität (lat.: identitas, Wesenseinheit), also Ihr »Selbst«, Ihr »Ichbewusstsein« und Ihre Integrität (lat.: integritas, Unversehrtheit), also die »Makellosigkeit«, die »Unbescholtenheit« des Einzelnen. Als Gewissensentscheidung ist jede ernsthafte an den Kategorien von »Gut und Böse« orientierte Entscheidung anzusehen, die der Einzelne in einer bestimmten Lage als für sich bindend und unbedingt verpflichtend empfindet, sodass er gegen die Option nicht ohne ernste innere Not handeln könnte. Ob die Gewissensentscheidung als objektiv falsch oder richtig zu beurteilen ist, ob als beachtlich oder unbeachtlich, ist nicht entscheidend. Maßgeblich ist allein ihre individuelle moralische Betrachtung.

Die Religion (lat.: religio, heilige Verpflichtung oder Rückbindung) als den Glauben an als existent vorausgesetzte überirdische, heilige, göttliche Mächte, ihre Lehren (Dogmen) und ihre Ausübungsrituale lassen wir aus dem Spiel und überlassen sie getrost den Theologen, Pfarrern und Priestern, obwohl die ursprüngliche Identität von Priestern und Richtern in unseren schwarzen, samtenen Richterroben wohl noch immer nachklingt.

Wichtig für uns Juristen ist dagegen die **Glaubensfreiheit** des Art. 4 GG. *Die Glaubensfreiheit* beinhaltet zum einen die innere Freiheit, einen Glauben oder eine Weltanschauung zu haben, und zum anderen die nach außen gerichtete Freiheit, dies zu äußern, sich dazu zu bekennen, ihn zu verbreiten und dem Glauben und der Weltanschauung entsprechend zu handeln. Besonders wichtig ist der Schutz auch für die ungestörte Religionsausübung zu Hause sowie in Kirchen, Moscheen und Synagogen. Gleichzeitig ist die Freiheit geschützt, nicht zu glauben. So darf der Einzelne nicht gegen seinen Willen von staatlicher Seite dem Einfluss einer bestimmten religiösen Überzeugung ausgesetzt werden. Der Staat muss hier den religiösen Frieden in der Gesellschaft wahren, er darf nicht einer bestimmten Glaubensgemeinschaft, selbst wenn diese die Mehrheitsgesellschaft darstellt, den Vorzug geben bzw. sich mit dieser Religionsgemeinschaft identifizieren.

Die Sitte ist die Summe der gesellschaftlichen Umgangs- und Anstandsregeln. Sie verkörpert die Erfahrungen früherer Menschen über das vermeintlich Nützliche oder Schädliche und wirkt als Tradition oder Gewohnheit nicht selten der Entstehung neuer und besserer Erfahrungen entgegen.

Schwieriger wird es mit der **Moral** oder wie man auch sagen kann: der Sittlichkeit und ihrer Abgrenzung zum Recht. Also: Alle Gesetze – ob staatliche oder moralische – stammen aus dem Bereich der sogenannten normativen Gesetze. Bei den normativen (lat.: norma, Richtlinie; frei übersetzt: als Richtschnur dienend) Gesetzen unterscheidet man zwischen: *juristischen Gesetzen* und *moralischen Gesetzen*. (Gegensatz: Naturgesetze, die die Regelmäßigkeit von Vorgängen in der Natur beschreiben).

In beiden Arten wird eine »Richtschnur« für menschliches Verhalten formuliert, zu deren Einhaltung die Menschen verpflichtet sind. Während bei »*juristischen Gesetzen*« nur das äußere Verhalten vorgeschrieben wird, beziehen sich »*moralische Gesetze*« auf die innere Haltung gegenüber den Handlungskategorien von »gut« und »böse«. Verstöße gegen juristische Gesetze werden von staatlichen Instanzen geahndet.

Die Einhaltung moralischer Gesetze ist staatlich nicht erzwingbar. Die juristischen Gesetze gehören zu dem großen Bereich des Rechts, moralische Gesetze zu dem der Sitte und Ethik, die man auch gerne als Sittenlehre bezeichnet. Moral ist im modernen Sprachgebrauch die Summe der von einer Gesellschaft als verbindlich akzeptierten und eingehaltenen ethisch-sittlichen Normen. Das Recht stellt den Rahmen auf und kann Moral grundsätzlich nicht erzwingen, es sei denn, sie wird ausnahmsweise auch von Gesetzen in sogenannten Generalklauseln gefordert. Der Rechtsstaat hat nämlich ein Problem: So wenig wie er Anstand, Höflichkeit, Sitten und Tugenden erzwingen kann, so wenig vermag er jene innere Bereitschaft zum moralischen Handeln erzwingen, auf die er dringend angewiesen ist. Der Rechtsstaat darf nicht in die Eigenwelt des Moralischen seiner Bürger eingreifen und ihnen bestimmte Gesinnungen vorschreiben. Sonst wäre er kein freiheitlicher Staat mehr, sondern ein sich auf Moralprinzipien oder Tugendwerte stützender Gesinnungsstaat. Im Sitten- und Moralstaat herrscht nicht Freiheit, sondern »Tugendterror«.

Neben den Begriffen von Recht, Vernunft, Religion, Moral, Sitte und Gewissen kommt noch die **Gerechtigkeit** als siebter »Player« ins gesellschaftliche juristische Kräfte-Spiel. Mit der Gerechtigkeit ist es wie beim Fußball. Alle reden mit, jeder ist Experte, weil er schon einmal Ungerechtigkeit am eigenen Leibe gespürt hat. Alle mahnen sie an! Alle klagen Gerechtigkeit ein! Verteilungsgerechtigkeit, Generationen-, Geschlechter-, Leistungs-, Lohn- und Chancengerechtigkeit. Es gibt die ausgleichende, die politische, die subjektive, die objektive, die himmlische, die göttliche, die juristische und die soziale Gerechtigkeit. Gerechtigkeit, ein Begriff in Dauerverwendung. Kluger Spruch eines richterlichen Kollegen zum Angeklagten: »Ach, wissen Sie, von mir bekommen Sie ein Urteil, im Himmel Gnade, in der Hölle Gerechtigkeit.« Bei uns geht es um die juristische Gerechtigkeit. Sie sollte Ziel aller Rechtsanwendung durch die Gerichte und Voraussetzung aller Rechtsetzung durch die Gesetzgeber sein. Gerechtigkeit ist die vollkommene Realisierung des Rechts. In ihr verkörpern sich Freiheit, Gleichheit, Solidarität, Frieden, Tugend, Würde, Vernunft, Menschenrechte und Demokratie. Die Gerechtigkeit ist im Gegensatz zum Recht als äußerer Form, also der äußeren »Richtigkeit«, mehr der innere, moralische und soziale Gehalt des Rechts, also mehr die innere »Richtigkeit«, die Seele des Rechts. Eine Schlüsselaufgabe der zivilisierten Staaten liegt darin, an Stelle von Selbstgerechtigkeit, Selbstjustiz und Ungerechtigkeit *Gerechtigkeit* zu üben.

Wie es ein objektives und subjektives Recht gibt, so gibt es auch eine *objektive und subjektive Gerechtigkeit:*

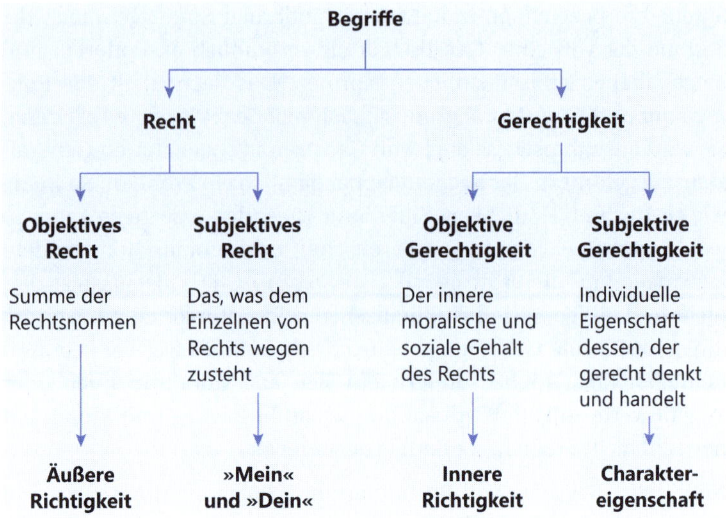

Recht und Gerechtigkeit gehen nicht immer parallele Wege. Unsere Sozialgesetzgebung ist Recht, ob sie auch gerecht ist – darüber wird in Politik und Gesellschaft heftig gestritten. Gegen Atomkraftwerke, Energiekonzerne, Unterdrückung oder Kriege zu protestieren durch Straßensperren, Hausbesetzungen oder Sitzblockaden ist Unrecht, aber vielleicht moralisch gerechtfertigt? In vielen Staaten ist die Todesstrafe Recht, aber auch gerecht? Gibt es also doch in Recht gegossenes Unrecht? Aristoteles ist der Vordenker der Gerechtigkeit. Vorgedacht hat er in seiner Nikomachischen Ethik, geschrieben um 320 v. Chr.: *»Gerechtigkeit ist Gleichheit. Das weiß jeder, und es braucht nicht bewiesen zu werden.«* Das heißt so ungefähr:

> Der gerechte Mensch achtet das Prinzip der Gleichheit, und das »Gerechte« besteht eben in dieser Achtung.
>
> Der ungerechte Mensch verstößt gegen das Prinzip der Gleichheit, und das »Ungerechte« besteht eben in diesem Verstoß.

Dabei geht Aristoteles von zwei Arten der Gerechtigkeit aus, und viel mehr ist auch seinen philosophischen und juristischen Nachkommen dazu nicht eingefallen.

Gerechtigkeit

Austeilende Gerechtigkeit
(mehr Sache der Legislative)

Hier liegt der Hase im Pfeffer: Wie viel und wem soll der Staat im Verhältnis zum Bürger aus seinem Steuerfüllhorn austeilen?

Ausgleichende Gerechtigkeit
(mehr Sache der Judikative)

Freiwillig eingegangene Beziehungen werden ausgeglichen
- Verträge werden erfüllt. (Kauf, Tausch, Miete)
- Letztwillige Verfügungen werden ausgeführt.

Aufgezwungene Beziehungen werden ausgeglichen
- Recht der Strafe (Sühne für Schuld)
- Schadenersatz
- Vertragsverletzungen

Was ist für Sie persönlich bei der austeilenden Gerechtigkeit nun »gerecht«, was »gleich«? Es stellt sich wahrscheinlich auch bei Ihnen das bis heute nicht gelöste Problem: Soll man allen das Gleiche geben oder nur Gleichen Gleiches und Ungleichen Ungleiches? Und wenn ja, nach welchen Kriterien? Jedem das Gleiche oder jedem das Seine? – Das Ideal der Gleichheit ist auch deshalb so schwer erreichbar, weil die Menschen Gleichheit nur mit denen wollen, die über ihnen stehen. Das macht es schwierig!

Nehmen wir ein Beispiel: Sie haben einen Kuchen und die Personen A und B. A wiegt 120 kg und hat seit 2 Tagen nichts gegessen, aber viel gearbeitet; B wiegt 75 kg, hat immer gut gegessen und nichts geleistet. Beide wollen an den Kuchen.

Lösung 1: A und B bekommen jeder die Hälfte des Kuchens. Gerecht, weil gleich?

Lösung 2: Durch Aufstellung von Kriterien und Bildung von Relationen soll eine »gerechtere« Verteilung bezweckt werden.

Kriterien könnten sein: Gewicht, Hunger, Leistung; Relationen könnten sein: Gewicht des A zu Gewicht des B wie Portion 1 zu Portion 2 – Hunger des A zu Hunger des B wie Portion 1 zu Portion 2 – Leistung des A zu Leistung des B wie Portion 1 zu Portion 2.

In unserer Gesellschaft geht man regelmäßig von *Lösung 2* aus mit den Kriterien der »Bedürftigkeit« und »Leistung«; aber eben nicht immer. So wird das Kindergeld nach *Lösung 1* etwa an Arme wie Reiche gleich gezahlt (!). Finden Sie das »gerecht«? Eine – wie ich finde – geniale Theorie zur »Ermittlung« der Gerechtigkeit für den Gesetzgeber hat der amerikanische Philosoph Rawls mit seinem berühmt gewordenen Bild des »*Schleiers des Nichtwissens*« entwickelt. Er fragt, welchen Gerechtigkeitsprinzipien würden wir als fiktiver Gesetzgeber unsere Zustimmung geben, wenn wir noch keine Kenntnis davon hätten, wer wir sind. Ob wir als Sohn oder Tochter arbeitsloser Eltern oder in reichem Unternehmerhaus geboren worden wären. Wenn wir keine Ahnung hätten, ob wir einmal streng als gläubige Menschen oder als säkulare Kosmopoliten leben wollen, ob wir dumm oder intelligent, krank, behindert oder gesund zur Welt kommen. Rawls ist überzeugt, dass wir uns in solch einem fiktiven Urzustand des Nichtwissens als Gesetzgeber vernunftgetragen auf Prinzipien einigen würden, welche die Interessen und denkbaren Lebensentwürfe aller Personen, sowie sämtliche Möglichkeiten von sozialen, psychischen oder physischen Benachteiligungen gleichermaßen – also »gerecht« – berücksichtigten.

Wir fassen mal zusammen und verdichten:

Ausgerichtet an der Idee der Gerechtigkeit, an Richtig und Falsch, an Gut und Böse	Ausgerichtet an der Idee von Gut und Böse	Ausgerichtet an der Idee des Schönen und Nützlichen, an der Idee des Anstandes und des Brauchtums	Ausgerichtet an der Idee der Göttlichkeit und des Gewissens
Repräsentiert durch	Repräsentiert durch		Repräsentiert durch
Richter Rechtspfleger Polizei StA	Eltern Schule Familie Verein	Umwelt Medien Freunde Clique	Priester Pfarrer Schule Kirche

Als Jurastudent werden Sie es jedenfalls konkret mehr mit der rechten Anwendung der Gesetze zu tun haben, als mit der ihnen immanenten Richtigkeit. Wir hoffen alle, dass unser demokratisch legitimierter Gesetzgeber seine »*austeilende Gerechtigkeit*« als moralische, soziale und gerechte Instanz schon wahrnehmen wird, unsere Richter die »*ausgleichende Gerechtigkeit*« herstellen werden und die Bürger sich an ihrem *Gewissen* und der Idee der *Sitte* und des *Anstandes* ausrichten.

»Wie kann ich mir die Ordnung des Rechts vorstellen?«

Als einen Sternenhimmel voller Gesetze! Unser Rechtsstaat umfasst eine Unmenge von Gesetzen! Schaut man sie an, geht es einem fast so wie es einem des Nachts auf Mallorca ergeht, wenn man in den sternenübersäten Himmel blickt, um zu träumen oder nach Sternschnuppen Ausschau zu halten. Eine Unmenge von Sternen! Würde man jemandem am nächsten Morgen die Frage stellen, was er am Abend zuvor oder in der Nacht bei seinem Blick in den Nachthimmel gesehen hat, würde er den Frager entrüstet anschauen: »*Kein Mensch kann dir diesen Himmel beschreiben*!«

Und doch! Kluge Griechen haben schon vor 2500 Jahren versucht, diesen Himmel zu ordnen, indem sie zunächst Einzelsterne zu Sterngruppen und dann Sterngruppen zu Sternbildern zusammengefasst, sie nach ihren Göttern oder Tieren benannt und so ganz allmählich den gestirnten Himmel in Reih und Glied gebracht und geordnet haben (lat.: ordinare, das heißt in Reih und Glied bringen; ordnen). Auch Juristen mussten versuchen, den »gestirnten« Gesetzeshimmel in Reih und Glied zu bringen, indem sie Einzelparagrafen und Einzelgesetze zu Gesetzesbildern und Gesetzesgruppen schufen und sie benannten. Die Rechtsordnung bündelte das System, in dem das Recht »geordnet« ist.

Der Sternenhimmel der Gesetze

StVO ·· HGB ·· StGB ·· ZPO ·· VwGO ·· StPO ·· ScheckG ·· AktG ·· GmbHG ·· WehrstrafG ·· BauGB ·· UStG ·· EStG ·· AO ·· LandesBauO ·· GG ·· GenossenschaftsG ·· InsO ·· DepotG ·· BeurkG ·· MiethöheG ·· GVG ·· EGBGB ·· FamFG ·· RabattG ·· ProdukthaftungsG ·· GWG ·· BNotO ·· Rechtsanwaltsvergütung G ·· ZwangsversteigerungsG ·· UrheberrechtsG ·· GrundstücksverkehrsG ·· BGB ·· GBO ·· GewerbeO ·· SparkassenG-NW ·· BilanzrichtlinienG ·· KreditwesenG ·· WohnungseigentumsG ·· BundesbankG ·· VersicherungsvertragsG ·· PflichtversicherungsG ·· ArbeitsgerichtsG StVGO ·· WiG ·· StrafvollzugsG ·· WechselG ·· HypothekenbankG ·· UmwelthaftungsG ·· StVZO ·· UmwG ·· DRiG ·· BundeswahlO ·· WirtschaftsstrafG ·· SGB

Sie werden sich mit dem Beginn Ihres etwaigen Studiums auf diesen Sternenhimmel der Gesetze einlassen und werden beunruhigt feststellen: »*Verwirrend: Welche unendliche Vielzahl!*« Seien Sie beruhigt: Hinter der Vielheit von »Recht und Gesetz« steht eine Einheit, die einfacher ist als ihre Vielheit. Diese systematische Einheit, in der das Recht geordnet ist, möchte ich für Sie sichten und sichtbar machen, um Ihnen noch ein bisschen mehr motivierenden Appetit auf Ihr mögliches Jurastudium zu machen.

Wir nennen diese Ordnung: die Rechtsordnung. Ihre Entstehung ist evolutionär. Menschliche Konflikte sind und waren immer Dreh- und Angelpunkt der gesamten Juristerei. Ohne solche Konflikte gäbe es keine abstrakten Rechtsnormen, keine konkrete Anwendung derselben durch die Gerichte und natürlich auch kein Jurastudium, die Frage nach einer Ordnung des Rechtsstoffes – einer »Rechts-Ordnung« – und ihrer Einhaltung stellte sich nicht. Um irgendein erstes »Ur-Konflikt-Sandkorn« sammelte sich im »Rechts-Strom« der Jahrtausende innerhalb der Gemeinschaften eine riesige Sandbank.

- aus Riten, Regeln, Traditionen, Gewohnheiten, Sitten, Religionen und Moral, Gesetzen und Paragrafen,
- die zuerst von Priestern, Medizinmännern, Vogelschauern, Orakeln und Druiden, später von Dorfältesten und Schamanen, dann von Richtern und Rechtspflegern
- zunächst in Zweikämpfen, dann in Gottesbeweisen und Landfrieden, später in Urteilen und Beschlüssen angewendet wurden.

Die Fülle dieser entstandenen Gesetzesregeln musste überschaubar gemacht werden! Und sie wurde überschaubar gemacht! Wissenschaftliche Gesichtspunkte sind im Laufe der Rechtsgeschichte entwickelt worden, um den Stoff »Recht« in »Reih und Glied« zu bringen, ihn zu »ordnen«. Das Ergebnis dieser geistigen Arbeit steht vielleicht bald vor Ihnen: unser Recht in unserem Rechtssystem.

Bevor wir dieser Rechtsordnung nun etwas näher zu Leibe rücken, nehmen wir ein praktisches Beispiel zu Hilfe:

Der angetrunkene Max stößt mit seinem Wagen unter Missachtung der Lichtsignalanlage (»Juristen« sagen so; »Menschen« sagen: Ampel) mit dem Auto des Moritz auf der Kreuzung zusammen. Moritz ist schwer verletzt und muss ins Krankenhaus.

1. Welche aus dem Konflikt resultierenden Fragen stellen sich für beide an eine *Rechtsordnung*? – Wie wird in einer *Rechtsordnung* ihr Konflikt konkret gelöst?
2. Welche Antworten muss eine *Rechtsordnung* für die Fragen der beiden anbieten?

Das Faustrecht ist, gottlob, abgeschafft. Ein moderner Staat muss deshalb ersatzweise Rechtsregeln zur Verfügung stellen, um Streitfälle im menschlichen Zusammenleben auf andere Weise als durch die Fäuste zu lösen. Solche Rechtsregeln sind in der Rechtsordnung als Summe von Gesetzen und Paragrafen niedergelegt. Paragrafen sind die kleinsten Einheiten der Rechtsordnung für die Herangehensweise an Streitfälle.

1. Mögliche Fragen an die Rechtsordnung:

Versuchen wir also einmal, einige »alltägliche« Fragen aus der Unsumme möglicher »rechtlicher« Fragen an die Rechtsordnung herauszuarbeiten, die mit diesem doch »täglich« vorkommenden Fall zusammenhängen können:

·· Muss Max Krankenhauskosten zahlen? ·· Muss Max Schmerzensgeld leisten? ·· Wie steht es mit Verdienstausfall? ·· Wer zahlt die Reparaturkosten für das Fahrzeug? ·· Muss Max sich entschuldigen? ·· Muss Max Moritz im Krankenhaus besuchen? ·· Hat Max sich strafbar gemacht? ·· Verliert Max seine Fahrerlaubnis? ·· Wer muss den Unfall aufnehmen? ·· Warum gibt es überhaupt Verkehrsregeln? ·· Wer erlässt sie? ·· Vor welchen Gerichten muss Moritz seine Schäden einklagen? ·· Was sind seine Anspruchsgrundlagen? ·· Wie führt man einen Zivilprozess? ·· Wie funktioniert die Vollstreckung? ·· Wer setzt eine mögliche Strafe fest? ·· Wer führt den Strafprozess und nach welchen Regeln? ·· Wer erbt, wenn Moritz versterben sollte?

Dies ist nur ein kleiner Ausschnitt aus der Gesamtheit der rechtlichen Beziehungen, die sich aus dem Zusammenleben aller Menschen in Gesellschaft, Staat, Ehe, Familie und Beruf ergeben – *ein ganz normaler Autounfall*! Dieses Füllhorn voller Fragen, die sich im Zusammenleben der Menschen auftun, dieser unermessliche Reichtum des Rechtsstoffes muss für Bürger und Juristen beherrschbar werden. Hinter der Vielzahl der Fragen steht eine Rechtsordnung, die irgendwann, irgendwo auf der Welt in einem »Ur-Konflikt« unserer Vorfahren ihren Ausgangspunkt nahm und Antworten geben muss. Seit Menschen von anderen Menschen erwarten, dass sie sich menschlich-vernünftig verhalten, seitdem hat man sich um eine solche Rechtsordnung bemüht. Erst zaghaft und etwas unbeholfen, in der antiken Welt in mächtige mesopotamische Stelen gemeißelt und auf tonerdene Tafeln gebrannt, dann in der Spätantike handgeschrieben auf ägyptische Papierrollen niedergelegt, bis die Rechtsordnung heute in gedruckten Gesetzbüchern, sogenannte Kodifikationen, keine partikulare, sondern eine umfassende Unternehmung geworden ist. Sie ist ein unsere bürgerliche, staatliche und wirtschaftliche Welt zusammenhaltendes und ordnendes systematisches Ganzes, eine große kulturelle Errungenschaft sowie ein ganz wesentlicher Standortfaktor für unser Land.

2. Mögliche Antworten der Rechtsordnung:

Die eben gestellten »*Fragen an die Rechtsordnung*« könnten folgende Antworten finden:

Kann Moritz Ersatz für die Krankenhauskosten und die zerrissene Kleidung verlangen? – Ja, siehe im BGB nach (materieller Schaden)! ▪▪ Wie steht es um Reparaturkosten, Verdienstausfall, Schmerzensgeld? – Ja, auch das ist im BGB geregelt (materieller und immaterieller Schaden)! ▪▪ Kann Max bestraft werden? – Ja, dafür steht das StGB! ▪▪ Droht ihm ein Führerscheinentzug? – Ja, auch das findet sich im StGB! ▪▪ Droht ihm ein Fahrverbot? – Ja, siehe StGB und StVG! ▪▪ Wo ist bestimmt, dass die Polizei kommen und den Unfall aufnehmen muss? – In speziellen Polizeigesetzen der Bundesländer! ▪▪ Wer entscheidet, ob die zivilrechtlichen Ansprüche bestehen? –Zivilgerichte als Amts- oder Landgerichte je nach der Höhe des Streitwertes! ▪▪ Wer entscheidet, ob sich Max strafbar gemacht hat? –Strafgerichte mit den Eingangs-Instanzgerichten Amts- und Landgericht je nach der Höhe der Straferwartung! ▪▪ Wie läuft die gerichtliche Feststellung des Schadenersatzes? – Nach dem Erkenntnisverfahren der ZPO, die am Ende stehende »Erkenntnis« ist das Urteil: Klageabweisung oder Klagezuspruch! ▪▪ Wie läuft die gerichtliche Feststellung der Strafe? – Nach dem Erkenntnisverfahren der StPO mit dem Urteilstenor: Freispruch oder Verurteilung zu Geld- oder Freiheitsstrafe! ▪▪ Wie kommen die Gesetze überhaupt zustande? – Nach Artikeln des Grundgesetzes.

Die Juristerei wirkt auf Sie jetzt wahrscheinlich fast wie das komplexeste Ding im gesamten Universum? Gleich nach der Relativitätstheorie? Nein! Hoffentlich nicht! Sie erkennen vielleicht hinter diesem juristischen Grauschleier von »*Fragen* und *Antworten*« schon schemenhaft eine gewisse Aufstellung von »Ordnungen« und »Gesetzen«:

- *Gesetze,* die Ansprüche regeln: Zivilrecht, BGB
- *Gesetze,* die allgemeine Verhaltensregeln festsetzen, die also verhindern sollen, dass es überhaupt zu solchen Störungen kommt: Strafrecht und Straßenverkehrsrecht
- *Gesetze,* die die Strafbarkeit eines Tuns festlegen: Strafrecht

- *Gesetze*, die die Kompetenzen und Aufgaben der Polizei feststellen: Polizeigesetze, Strafprozessrecht
- *Gesetze*, die die Organisation und Zuständigkeit der Gerichte regeln: Gerichtsverfassungsrecht
- *Gesetze*, die bestimmen, in welchem »Prozedere« (lat.: »das Zu-Werke-Gehen«) die Gerichte ihre Entscheidungen treffen und diese durchsetzen: Strafprozessordnung und Zivilprozessordnung
- *Gesetze*, die »Nebenfolgen« regeln: StGB und StVG
- *Gesetze*, die regeln, wie Gesetze überhaupt zustande kommen: Grundgesetz

Schaut man sich nun die zu »Gesetzesbündeln« verdichteten Fragen an die Rechtsordnung und ihre Antworten genauer an, so stellt man Erstaunliches fest. Zwischen allen Gesetzen gibt es nur eine große abstrakte Unterscheidung:

Entweder die Gesetze betreffen das Verhältnis zwischen »Bürger Max« und »Bürger Moritz«.

Oder aber sie betreffen das Verhältnis des »Staates« gegen »Bürger Max und Bürger Moritz« bzw. umgekehrt »Bürger Max und Bürger Moritz« gegen den »Staat«.

Die Rechtsordnung als die Einheit aller aufeinander abgestimmten Rechtssätze eines Staates zur Schaffung von Recht und Gerechtigkeit zerfällt in zwei Hälften. Davon nennt man traditionell

die eine Hälfte: Privatrecht. Privatrecht ist der Teil der Rechtsordnung, der die rechtlichen Beziehungen der einzelnen Bürger auf der Stufe der Gleichordnung untereinander in Ehe, Familie, Beruf und Gesellschaft regelt.

Die andere Hälfte nennt man öffentliches Recht. Öffentliches Recht ist der Teil der Rechtsordnung, der die Organisation des Staates, die Befugnisse und Aufgaben der Organe des Staates und das Verhältnis des Staates gegen seine Bürger und seiner Bürger gegen ihren Staat regelt.

Daneben gibt es noch den gesetzlich nicht fixierten außerrechtlichen Bereich von Sitte, Moral, Anstand und Höflichkeit. Dass Max sich bei

Moritz entschuldigen oder ihn im Krankenhaus besuchen sollte, ist rechtlich nicht erzwingbar, sondern kann allenfalls als ein Akt des Anstandes und der Höflichkeit verlangt werden. Ob Max »Gewissensbisse« hat und sich schlecht fühlt oder ob es ihn innerlich nicht berührt, »kalt« lässt, ist eine Frage nach seiner Moral.

Die gewaltige Rechtsgalaxie, die sich aus dem »Urknall« des ersten Streitfalles unserer zwei Steinzeitmenschen entwickelt hat, hat also zwei große Sonnensysteme. Sie drehen sich entweder um die Zentralachse *Bürger gegen Bürger* oder um die Achse *Staat gegen Bürger* bzw. *Bürger gegen Staat*.

Betrachten wir das alles einmal in drei Diagrammen:

Diagramm 1: Fragen und Antworten an die Rechtsordnung

Ausgangsfall Max ./. Moritz	→	Ein Autounfall! Zu dem haben wir
↓		
Fragen gestellt	→	, die sich rechtlich aus diesem »Fall« ergaben.
↓		
Diese Fragen haben wir verdichtet ...	→	zu »Gesetzesbündeln«.
↓		
Der Zusammenlauf der Fragen erfolgte in der Rechtsordnung.	→	**Die Rechtsordnung** ist die Einheit der aufeinander abgestimmten Regeln eines Staates zur Schaffung von Recht
↓		
Die Rechtsordnung zerfällt in:	→	**Öffentliches Recht und Privatrecht**
↓		
Die Rechtsordnung schafft Ordnung durch Recht und Recht durch Ordnung	→	**Recht ist** die Summe der Normen, die ein gedeihliches menschliches Zusammenleben in Gesellschaft, Ehe, Familie, Beruf und im Staat ermöglichen sollen.
↓		

Die ordnende Aufgabe des Rechts in der Rechtsordnung ist es:

- Konflikte zu vermeiden mit Hilfe der »Verkehrsregeln«, z. B. des BGB und StGB
- Konflikte zu schlichten mit Hilfe von Vergleichen
- Konflikte zu entscheiden, z. B. mit Hilfe der ZPO und StPO
- Entscheidungen der Konflikte durchzusetzen mit Hilfe der Vollstreckungsorgane

Diagramm 2: Aufgabe und Einteilung der Rechtsordnung

Gesellschaftliches Zusammenleben
ist geregelt in zwei Bereichen

Rechtlicher Bereich
Rechtsordnung

Sie ist die Einheit der aufeinander abgestimmten Rechtssätze zur Schaffung von Recht

Außerrechtlicher Bereich

Sitte, Moral, Anstand

Aufgabe der Rechtsordnung

Sie soll ein gedeihliches menschliches Zusammenleben in Staat, Gesellschaft, Familie, Ehe und Beruf ermöglichen zur

- Vermeidung von Konflikten
- Schlichtung von Konflikten
- und (notfalls) Entscheidung von Konflikten.

Einteilung der Rechtsordnung

Öffentliches Recht

ist der Teil, der die Organisation des Staates, die Befugnisse und Aufgaben der Organe des Staates und das Verhältnis von Staat/Bürger und Bürger/Staat regelt.

Privatrecht

ist der Teil, der die rechtlichen Beziehungen der einzelnen Bürger auf der Stufe der Gleichordnung untereinander in Ehe, Familie, Gesellschaft und Beruf regelt.

Die Frage, die sich Ihnen jetzt vielleicht aufdrängt, ist die, nach welchen Kriterien denn die Differenzierung von *Privatrecht* und *Öffentlichem Recht* erfolgt.

Üblicherweise wird die Unterscheidung zwischen Privatrecht und öffentlichem Recht anhand folgender drei Fragen vorgenommen (*siehe Diagramm 3*):

1. Frage: Sind die betroffenen Gesetze im Allgemeininteresse (öffentliches Recht) oder im Individualinteresse des einzelnen Bürgers erlassen (Privatrecht)? (*Interessentheorie*)

2. Frage: An welches Subjekt (Adressat) wendet sich das Gesetz: an die staatlichen Hoheitsträger (öffentliches Recht) oder an den einzelnen Bürger (Privatrecht)? (*Adressaten-Subjektstheorie*)

3. Frage: Gestalten sich die Rechtsbeziehungen zwischen den Beteiligten nach dem Verhältnis von Über- und Unterordnung (öffentliches Recht) oder auf der Stufe der Gleichordnung (Privatrecht)? (*Subordinationstheorie*)

Diagramm 3: Die Rechtsordnung

Rechtsordnung

Öffentliches Recht	**Privates Recht**
1. Frage: In wessen Interesse ist das Gesetz geschaffen? (Interessentheorie)	
• Im Allgemeininteresse	• Im Individualinteresse
2. Frage: Sind die Beteiligten gleich- oder über- bzw. untergeordnet? (Subordinationstheorie)	
• Über- und Unterordnungsverhältnis (Subordination), Machtbefugnisse, Hoheitsträger, Gebote, Verbote	• Gleichordnung, Waffengleichheit, Gleichberechtigung
3. Frage: An wen wendet sich das Gesetz? (Subjektstheorie)	
• Sein Adressat ist der Staat:	• Sein Adressat ist der Bürger:
Staats-/Verfassungsrecht	**Bürgerliches Recht**: Schuldrecht, Sachenrecht, Familienrecht, Erbrecht, Allgemeiner Teil
Verwaltungsrecht: Polizeirecht, Steuerrecht, Beamtenrecht, Sozialrecht, Verkehrsrecht, Baurecht, Wasserrecht, Straßenrecht	**Handelsrecht**: Wechsel-,Scheckrecht, Aktienrecht, Gesellschaftsrecht, GmbH-Recht, Kaufmannsrecht
Prozessrecht **Strafrecht**	**Arbeitsrecht**

Der Strom unseres Rechts fließt in der Rechtsordnung aus den Quellgebieten des Privatrechts, des Strafrechts und des Öffentlichen Rechts zusammen.

Kernbereiche der Rechtsordnung

Öffentliches Recht	Privatrecht	Strafrecht
• Staatsrecht	• Arbeitsrecht	• Jugendstrafrecht
• Verwaltungsrecht	• Handelsrecht	• Erwachsenenstrafrecht
• Sozialrecht	• Gesellschaftsrecht	• Betäubungsmittelstrafrecht
• Steuerrecht	• Versicherungsrecht	• Strafvollzug
• Grundrechte	• Bürgerliches Recht	

Diese Trichotomie (Dreiteilung) der Rechtsordnung bestimmt im Wesentlichen die Ausbildung der Jurastudenten und das Denken und Arbeiten aller Berufsjuristen.

Historisch ist das Privatrecht, auch bürgerliches Recht genannt, das älteste kodifizierte Recht; es ist so alt wie das alte Rom, 2000 Jahre. Am Ende des Mittelalters kam das Strafrecht hinzu mit dem Strafgesetzbuch des alten deutschen Reiches aus dem Jahre 1532 (CCC = lat.: Constitutio Carolina Criminalis). Mitte des 17. Jahrhunderts folgte als Produkt des absolutistischen Staates das Staatsrecht, Mitte des 19. Jahrhunderts das öffentliche Recht als Produkt der aufkommenden bürgerlichen Gesellschaft, die sich nicht mehr als unmündige Masse vom Staat hin- und herschieben ließ, sondern ihre Rechte als Bürger gegen den Staat in Verfassungen und im Verwaltungsrecht einforderte.

Die scharfe Trennung zwischen öffentlichem Recht und Privatrecht ist nicht nur eine wissenschaftliche Marotte und professorale Spielwiese, sondern sie ist von erheblicher praktischer Brisanz: Die beiden Teilgebiete unserer Rechtsordnung werden garantiert und kontrolliert durch fünf Gerichtsbarkeiten. Sie werden herkömmlich in ordentliche und außerordentliche Gerichtsbarkeit geschieden. Für die öffentlich-rechtlichen Streitigkeiten sind die Verwaltungsgerichte (allgemeine Verwaltungsgerichte und die besonderen Finanzgerichte und Sozialgerichte) zuständig. Für die privatrechtlichen Fehden entscheidet die ordentliche Gerichtsbarkeit. Für die bürgerlich-rechtlichen Verfahren auf dem Spezialgebiet des Arbeitsrechts ist die Arbeitsgerichtsbarkeit als selbständiger Rechtszweig eingerichtet worden. Das Strafrecht wiederum ist als Teil des öffentlichen Rechts aus rein historischen Gründen ebenfalls der ordentlichen Gerichtsbarkeit zugewiesen. Sollten Sie diese Gerichtszweige einmal vergessen, dann schauen Sie in Art. 95 GG nach.

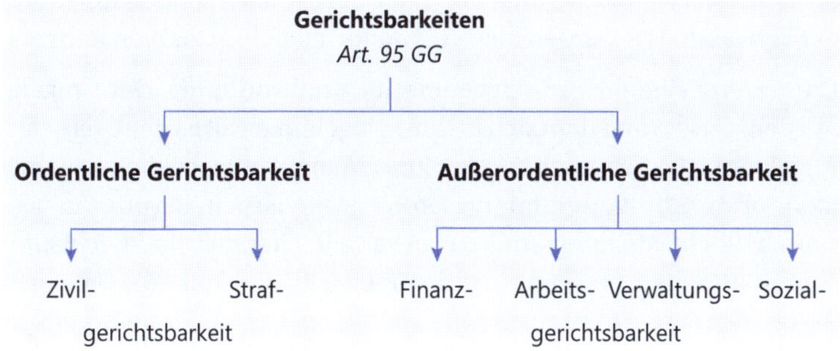

Alles wird »überwölkt« von der Verfassungsgerichtsbarkeit des Art. 94 GG.

Na, haben wir den Sternenhimmel des »Rechts« etwas »geordnet« bekommen? Ist es nicht wahr, dass hinter der Vielheit der Gesetze eine Einheit steht, die einfacher ist als ihre Vielheit?

Falls Sie das Jurastudium ergreifen, bleiben Sie dran an diesen spannenden Fragen! Reflektieren Sie sie immer aufs Neue! Bleiben Sie neugierig! Bleiben Sie interessiert am »Recht« und an unserer »Rechtsordnung«! Das gibt Ihrem Studium einen Sinn und andauernde Motivation.

»Was sind Gesetze und wie gehe ich mit ihnen um?«

Nachdem Sie nun wissen, was es mit dem Recht, der Rechtsordnung und den Rechtswissenschaften so auf sich hat, möchte ich Sie jetzt mit dem Medium, in dem das Recht – immer als Zeitgeist – fixiert ist, dem Gesetz, noch weiter in die Juristerei hereinladen. Die drei wichtigsten Gegenstände zum Jurastudium sind nun einmal: Gesetze, Gesetze, Gesetze. Das Gesetz ist der Souverän in unserem Staat. Es hat nach Jahrtausenden der Willkürherrschaft durch von »Gott« eingesetzte Monarchen und selbst ernannte Diktatoren die demokratische Macht übernommen. Was es mit dem Gesetz auf sich hat, muss wissen, wer es als Jurastudent mit ihm aufnehmen will. Während Moses noch mit 10 Gesetzen auskam, benötigt der Jurastudent das Zigfache, allein im BGB 2385 Paragrafen! Aber seien Sie beruhigt: Auch hier gilt unsere erkannte Wahrheit: Hinter der Vielheit der Gesetze steht eine Ordnung, die einfacher ist als ihre Vielheit. Alle Gesetze sind nämlich miteinander verwandt. Wir werden diese Verwandtschaft jetzt kennen lernen.

Die Gesetze sind die Einzelteile unserer Rechtsordnung. Der Umgang mit dem Gesetz und dem sich in ihm spiegelnden Fall ist der Dreh- und Angelpunkt der Juristerei. Wer mit Jura anfängt, sollte möglichst schnell mehr und mehr an und mit diesen Gesetzen lernen, bevor er in wissenschaftliche Meinungsstreitereien verfällt, Literatur- und Rechtsprechungsansichten »gesetzlos« gegenüberstellt und mit vorgegebenen Argumentationssammlungen abgleicht. Das Gesetz ist kein leidiger Zusatztext zu juristischen Streitereien zwischen Wissenschaft und Rechtsprechung in ellenlangen Bücherregalen. Das Gesetz ist immer (!) der Ausgangstext, es ist das A und O der Juristerei. Seine gewissenhafte Lektüre mag aufwendig sein, stets ist sie unverzichtbar.

Versuchen Sie es immer erst einmal selbst mit dem Gesetzestext, ehe Sie zu Kommentaren greifen. Sie müssen dabei gerade in Ihrem ersten Semester ganz im Gegensatz zu Ihren professoralen »Vorlesern« ein uneingeschränktes Vertrauen in die prinzipielle Erkennbarkeit der Anliegen der Gesetze entwickeln. Sie müssen sich den Gesetzgeber als »vernünftig« denken, womit dieselbe Vernunft logischerweise auch in seinen gesetzgeberischen Schöpfungen allgegenwärtig sein muss – eben in seinen Gesetzen. Im Gebrauch Ihrer eigenen Vernunft werden Sie folglich am gesetzgeberischen Willen teilnehmen, an einer grundsätzlich der Vernunft zugänglichen Welt. Sie werden im Studium gewisse juristische Auslegungsmethoden entwickeln, um diese Welt zu entschlüsseln, sozusagen der Vernunft etwas auf die Sprünge zu helfen. Die Gesetze sind keine tote Materie. Sie müssen die Gesetze eben zum Leben bringen. Setzen Sie auf die gesetzgeberische und Ihre eigene Vernunft! Später, wenn Ihr Fundament fest steht, können Sie das Zutrauen einschränken und die Juristen mit ihren Gesetzen kritischer hinterfragen, dabei aber niemals Ihr Vertrauen verlieren.

Wurden im Anfang diese »Gesetze« noch kraft Gewohnheitsrechts von Generation zu Generation mündlich »tradiert«, so änderte sich das mit der Erfindung der Buchdruckkunst gewaltig. Das »Gesetzbuch« war bald das Buch, das alle bisherigen Gewohnheitsrechte ersetzte. Die »Rechte« schrumpften zusammen auf papierene Paragrafen zwischen zwei Buchdeckeln. Buch und Gesetz waren eins! – Was im Buch stand, war Gesetz! –Aber in unserer modernen Zeit leider nur für einen Moment. Buch und Gesetz leben nämlich nur jeweils eine juristische Sekunde untrennbar zusammen. Danach driften sie wieder auseinander. Das Gesetz bleibt im Buch, seine Bedeutung zieht weiter. Immer wenn ein Gesetz eine Diskussion beenden soll, schafft sie gerade durch diese Operation eine neue Diskussion. Das Gesetz lässt sich eben durch ein Gesetzbuch nicht stillstellen! Schon am Tag des Inkrafttretens treten nämlich Deuter, Urteiler, Ausleger, Erklärer in Gestalt von Richtern, Rechtspflegern, Anwälten und Professoren auf den Plan und fügen dem jeweiligen Gesetz-»Buch« Aufsätze, Urteile, Beschlüsse, Kommentare hinzu, die sich zu neuen »Büchern« auswachsen, die man dann die »Juristische Literatur« und die »Rechtsprechung« nennt und aus denen irgendwann wieder neue Gesetze werden.

Man sieht sich im Bannkreis dieses Themas »Gesetze« oft gezwungen, gerade für Neugierige auf Offenkundiges hinzuweisen. Seien Sie gewarnt!

- Der Umgang mit der *Hauptliteratur* im Jurastudium, das sind nämlich die Gesetze, wird am Anfang zu wenig mit Ihnen geübt!
- Die *Hilfsliteratur*, die Lehrbücher und Kommentare, haben schon zu Beginn der juristischen Ausbildung viel zu schnell die Lufthoheit über den juristischen Lehr- und Lernstühlen erobert.
- Die Folge ist: Der Student lernt sein *Ur-Handwerkszeug, das Gesetz,* nicht richtig kennen und verliert sich in den Weiten des Schrifttums! Die Arbeit am Gesetz und mit dem Gesetz wird in der Ausbildung vernachlässigt! Nicht von der Literatur zum Gesetz, sondern vom Gesetz zur Literatur muss der Ausbildungsweg fortschreiten. Auch die schönste »Meinung« Ihres künftigen Professors muss es nun mal ertragen, dass das Gesetz existiert. Nur das Gesetz verfügt über die Authentizität, die Echtheit – alles andere ist Beiwerk. Die Lehrmeinung muss sich an die Wirklichkeit des Gesetzes anpassen, nicht das Gesetz an die juristische Lehrmeinung. *Lex est rex in terra iuris: Das Gesetz ist der König in Jurististan!*

Ganz wichtig ist es für Sie, früh zu erkennen, dass jedes Gesetz einen doppelten Körper hat: einen sichtbaren und einen unsichtbaren. Den sichtbaren repräsentiert der Wortlaut und erschließt sich durch die Auslegung, der unsichtbare weist auf sein Ziel hin, das Télos, (griech.: Ziel, Zweck) den Interessenkonflikt, den es lösen will. Sie müssen sich zunächst immer für die Seiten der Gesetze interessieren, die sie Ihnen Wort für Wort zuwenden, aber sehr bald auch für die, die sie Ihnen hinter den Wörtern verbergen.

Die Grundlagen für den Umgang mit der Gesetzesarbeit müssen Sie im ersten Semester legen, da Sie von der Schule her mit einem solchen Umgang nicht vertraut sind. Nur Mut! Es sind im Anfang nicht viele Paragrafen. Es ist kein Kampf gegen Windmühlenflügel, Sie müssen den »Kampf mit dem Gesetz am Gesetz« gewinnen. Malen Sie sich immer aus, welcher Fall hinter der gesetzlichen Regelung steht, welcher »Normalfall« für den Gesetzgeber Pate gestanden hat. Was will das Gesetz regeln? – Und was nicht? Es muss immer Ihr erster Ansprechpartner werden bei der Beantwortung sämtlicher Rechtsfragen. Die Gesetzeskenntnis, ihr folgend das Gesetzesverständnis, und die ständige Neugier, neue Gesetze in ihren Details zu ergründen, werden für Sie mehr wert sein als alles juristische Lehrbuch-Wissen.

Diese Gesetze fallen nun alle nicht vom Himmel! Sie sind von Menschen gemacht in einem komplizierten, verfassungsmäßig vorgeschriebenen Verfahren. Ihr Geburtsakt ist im Grundgesetz genauestens festgelegt und das »Kind« Gesetz hat viele »Väter und Mütter«, die jedes Wort wohlüberlegt »gesetzt« haben. Das wird Ihnen Ihr Verfassungsrechtsprofessor bald erklären.

Tauchen wir nunmehr mal zusammen ins Innere der Gesetze ein. Sie müssen zu Ihren zukünftigen »Freunden« werden! Gesetze sind die Führer im gesellschaftlichen, wirtschaftlichen und politischen Leben. Sie sind der Mittelpunkt unseres rechtsstaatlich-gesellschaftlichen Koordinatensystems, und sie sind hochkomplizierte und komprimierte sprachliche Konstrukte. Sie sind Denk- und Sprachkunstwerke!

Von Anfang an müssen Sie sich darum bemühen, Gesetze aufregend und mit Entdeckerfreude zu erleben. Sie sollten sich bald in einen einfühlsamen Übersetzer der Gesetze, in einen Dolmetscher des Gesetzgebers verwandeln. – Dies mit dem alleinigen Ziel, die Gesetze zu verstehen und die Spannungen zwischen Ihnen, Ihren Fällen und dem Gesetz zu entschärfen, wenn nicht gänzlich aufzulösen. Das geht tatsächlich! Wenn Sie das juristische Arbeiten mit dem Gesetz und immer hart am Gesetz erst einmal durch »begreifenden« Erfolg infiziert hat, sind Sie geimpft gegen die angebliche Trockenheit und Langweiligkeit der Rechtswissenschaft und die oft angeprangerte Unverstehbarkeit ihrer Gesetze.

Das wichtigste Verwandtschaftsmerkmal der Gesetze ist das ihnen eingeborene *Konditionalprogramm*, einfacher ausgedrückt: ihr »Wenn-Dann-Grundsatz«. Wer es verstanden hat, hat schon viel verstanden!

- *Wenn* der Voraussetzungsteil des Gesetzes vorliegt,
- *dann* tritt der Rechtsfolgenteil des Gesetzes in Kraft.

Das Wort *Konditionalprogramm* setzt sich zusammen aus den Wörtern »*konditional*« (lat.: bedingend) und »*Programm*« (griech.: vorgesehener Ablauf, Konzeption). Aus der Funktion des Gesetzes, Regeln zu »setzen«, um Konflikte zu vermeiden oder zu beheben, die im Zusammenleben der Menschen eintreten können, folgt zwingend diese »*bedingende Konzeption*« des Gesetzes, sein Wenn-Dann-Programm. Deshalb müssen sie genau so sein, wie sie sind, denn Gesetze zielen als die Instrumente zur Steuerung und Führung der Gesellschaft immer auf die Begründung von Rechtsfolgen ab.

Diese fundamentale Erkenntnis des *Konditionalprogramms* gilt für alle Gesetze, lässt sich für uns aber gut an dem einprägsamen Gebiet des Strafrechts verdeutlichen. Die rechtlichen Voraussetzungen für eine Bestrafung ergeben sich aus den Tatbeständen des besonderen Teils des Strafgesetzbuches. Die Grundstruktur sämtlicher dieser Paragrafen lautet immer gleich: »Wenn du *das und das tust* oder *unterlässt*, dann wirst du mit *dem und dem* bestraft.« Um dieses »*Das und Das*« geht es in der Lehre vom Tatbestand, in der Lehre der Rechtswidrigkeit und in der Lehre der Schuld, um das »*Dem und Dem*« bei den Rechtsfolgen der Freiheitsstrafe oder Geldstrafe. Und genauso spielt sich dieses Programm im BGB ab: »*Wenn Du das und das tust oder unterlässt, dann kannst Du das und das verlangen*« oder »*dann bist Du zu dem und dem verpflichtet*«.

Einige Beispiele zur Verdeutlichung:

- Moni klaut ihrer Freundin Steffi die Brieftasche aus der Handtasche.
- Max missachtet mit seinem Auto die Vorfahrt und verletzt Moritz schwer.
- Susanne kauft bei Bäcker Kraus Brötchen und bezahlt nicht.

Ein solcher Konflikt wird nun in der Weise behoben, dass in einem anzuwendenden Rechtssatz ein Konditionalprogramm enthalten ist, das für den Fall des Eintritts eines bestimmten Tatbestandes (*1. Teil: Voraussetzungsteil oder Wenn-Teil*) eine ausgleichende Rechtsfolge als

Konsequenz »setzt« (*2. Teil: Rechtsfolgeteil oder Dann-Teil*). »Rechtsfolge« ist das, was aus dem »Recht«, konkret aus dem Einzelgesetz, »folgt«, was also die Rechtsordnung ihren rechtsunterworfenen Bürgern zu be-»folgen« aufgibt.

Jeder »Fall« – bald vielleicht Ihre Klausuren? – wird am Ende immer eine Fragestellung bereit halten, die auf Bestehen oder Nichtbestehen einer solchen Rechtsfolge gerichtet ist (sonst wäre es eben kein »Fall« geworden).

- Die Fragestellung für Moni könnte lauten: »*Habe ich mich strafbar gemacht*?«
- Die Fragestellung für Moritz lautete: »*Kann ich von Max Schadenersatz und Schmerzensgeld verlangen*?«
- Die Fragestellung für Bäcker Kraus könnte lauten: »*Wie kann ich von Susanne den Kaufpreis verlangen*?«

Für jeden Bundesbürger und für Sie als vielleicht bald rechtsanwendenden Studenten ist »Recht« immer dann gegeben, wenn die Rechtsfolgen für die Fragen: »*Hat sich T strafbar gemacht?*« – »*Kann A von B eine Leistung verlangen?*« – »*Kann sich X mit einer Verfassungsbeschwerde gegen das staatliche Handeln wehren?*« aus den Voraussetzungen eines Gesetzes des StGB, des BGB oder der Verfassung abgeleitet werden können. Das ist dann der Fall, wenn die Voraussetzungen eines Straftatbestands des StGB, einer Anspruchsgrundlage des BGB oder einer Rechtsverletzung des Grundgesetzes erfüllt sind.

Wir haben ja schon festgestellt, dass es Aufgabe und Zweck der Rechtsordnung ist, das menschliche Zusammenleben zu regeln. Das konkrete Mittel zu diesem Zweck der Regelung ist die einzelne Rechtsnorm, das Gesetz. Es stellt die Voraussetzungen auf und enthält eine Rechtsfolge, die sich auf das Verhalten von Personen bezieht, wobei insbesondere Gebote und Verbote normiert werden. Ein Teil dieser Rechtsordnung ist das StGB, ein anderer das BGB.

Das schauen wir uns einmal in einer Übersicht an.

Konditionalprogramm abstrakt

Die Rechtsordnung ist die Summe der Normen, die ein gedeihliches menschliches Zusammenleben in der Gesellschaft regeln.

Ein Teil dieser Rechtsordnung ist das StGB.

Es ist die Summe der Normen, die sich mit den Voraussetzungen (X) und Rechtsfolgen (Y) strafbaren Verhaltens beschäftigen.

↓

StGB

Wenn X vorliegt (Voraussetzungen)

Dann kann man mit **Y** bestraft werden (Rechtsfolge)

Wenn-Dann-Relation

Ein Teil dieser Rechtsordnung ist das BGB.

Es ist die Summe der Normen, die sich mit den Voraussetzungen (X) und Rechtsfolgen (Y) in den Beziehungen zwischen Privatpersonen beschäftigen.

↓

BGB

Wenn X vorliegt (Voraussetzungen)

Dann kann man **Y** verlangen (Rechtsfolge)

Wenn-Dann-Relation

Konditionalprogramm konkret

- Wenn Moni den Tatbestand des Diebstahls rechtswidrig und schuldhaft erfüllt hat (Deliktsaufbau: Tatbestand, Rechtswidrigkeit, Schuld) – dann wird sie bestraft. Antwortnorm ist § 242 StGB.
- Wenn Max den Moritz rechtswidrig und schuldhaft am Körper verletzt hat (Tatbestandsvoraussetzungen) – dann muss er die entstandenen Kosten bezahlen. Antwortnorm ist § 823 Abs. 1 BGB.
- Wenn Susanne mit Bäcker Kraus einen wirksamen Kaufvertrag abgeschlossen hat – dann muss sie den vereinbarten Kaufpreis zahlen. Antwortnorm ist § 433 Abs. 2 BGB.

Wenn als erste Voraussetzung für das Vorliegen eines Straftatbestandes die haargenaue Erfüllung sämtlicher Tatbestandsmerkmale des besonderen Teils des Strafgesetzbuches und für das Vorliegen einer Anspruchsgrundlage im BGB die hundertprozentige Erfüllung sämtlicher Anspruchsvoraussetzungen erforderlich ist, so kann das selbstverständlich nicht heißen, dass der Tatbestand im Einzelnen die konkrete Straftat der konkreten Täterin »Moni« beschreiben muss oder die Anspruchsgrundlage genau den zu entscheidenden zivilrechtlichen Fall für »Moritz« oder »Bäcker Kraus« festlegt. Kein Gesetzgeber könnte sämtliche Fälle, die das Leben schreibt, vorausdenken – immer wieder müsste er sich durch die Wirklichkeit korrigieren lassen. Deshalb wählte man für die Gesetze sowohl auf der Voraussetzungs- als auch auf der Rechtsfolgenseite abstrakte und generalisierende Begriffe. Es gibt kein Gesetz, das gerade und genau für den konkreten Fall »Moni«, »Moritz« oder »Bäcker Kraus« geschaffen ist. Allerdings gibt es verschiedene Grade von Abstraktheit. Unsere modernen Gesetze zeichnen sich durch eine starke Abstraktion aus. Aus dieser notwendigen abstrakt-generalisierenden Begrifflichkeit der Normen folgt »not«-wendig, dass die Voraussetzungen des Gesetzes zur Anwendung auf den konkreten »Fall« ausgelegt, entfaltet und definiert werden müssen. Diese Arbeit ist eine der Hauptaufgaben des Juristen. Der Preis für die Abstraktheit ist eben, dass kein Gesetz so genau formuliert werden kann, dass sich damit jeder Fall, der irgendwann auftaucht, ohne Weiteres lösen lässt. Das konkrete Leben bricht immer wieder mit »Monis«, »Susannes« und »Mäxen« in die abstrakten Gesetze ein. Das Recht hat ständig und ausschließlich mit einbrechendem Leben zu tun – mit Fällen. Sie, ausschließlich sie, füttern den täglichen Entscheidungsapparat für die Rechtsprechung in den Gerichten. Dabei sind Recht und Gesetz Gefangene der jeweiligen Zeit. Der Schwerpunkt der Rechtsentwicklung liegt weder in der Gesetzgebung, noch in der Rechtswissenschaft, noch in der Rechtsprechung, sondern in der pulsierenden Gesellschaft selbst. Und unsere Gesetze reagieren und regieren immer mit dem gleichen Programm: Wenn – dann! Wenn – dann! Wenn – dann; ihrem Konditionalprogramm. Ist doch interessant, oder? Das war schon immer so und wird immer so sein!

Also, wir halten mal fest: Den Gesetzen des BGB und des StGB liegt die Normstruktur des konditionalen Wenn-dann-Programms zugrunde. Das heißt:

- Gesetze abstrahieren von den konkreten Umständen des Einzelfalles, sie sind abstrakt,
- Gesetze lösen sich von den Personen, sie generalisieren,
- Gesetze implementieren in jede Norm einen (Wenn)Voraussetzungs- und (Dann)Rechtsfolgeteil, sie sind konditional konstruiert.

Neben dem Hauptwesensmerkmal »Konditionalprogramm« enthalten die Gesetze noch ein paar weitere interessante Wesensmerkmale:

Gesetze regeln immer einen Interessenkonflikt. Also liegt ihr Wesen im Lösen solcher Konflikte: Interessen der Eigentümer gegen Interessen der Besitzer; Interessen der Gläubiger gegen Interessen der Schuldner; Interessen der Vermieter gegen die der Mieter; die der Käufer gegen die der Verkäufer; Interessen der Arbeitgeber gegen die der Arbeitnehmer; Interessen der Verbraucher gegen die der Unternehmer.

Gesetze enthalten immer eine allgemeinverbindliche Regelung. Sie regeln eine unbestimmte Vielzahl von Fällen für jeden gleich, damit gleiche Interessenkonflikte auch gleich entschieden werden. Deshalb sind sie auch so abstrakt! Aber gerecht!

Gesetze sind immer sanktionsbewehrt, anderenfalls wären sie »zahnlose Tiger«. Sie müssen dafür Sorge tragen, dass sie zwangsweise durchgesetzt werden können. Recht ohne Durchsetzungsapparat führt zur Anarchie. Wichtigste Sanktionen sind Strafen (StGB), Bußen (OWiG) und die Vollstreckungsmöglichkeiten in der StPO und der ZPO bei Zuwiderhandlungen oder Nichthandlungen. Allerdings: Wichtiger als die Zwangsanwendung ist die freiwillige Gesetzesbefolgung durch die Bürger. Weit mehr Strafgesetze werden beachtet als verletzt; weit mehr Verträge werden gehalten als gebrochen; weit mehr Schuldner leisten auch ohne Gerichtsvollzieher; weit mehr Verwaltungsakte werden befolgt als missachtet. Die Rechtsnormen entfalten nämlich häufig allein durch ihre Existenz ihre Wirkung.

Gesetze gelten nur, wenn sie rechtmäßig sind (legal). Auf die Akzeptanz der Rechtsunterworfenen kommt es letztlich nicht an. Eine Rechtsnorm muss, um ihre Rechtsfolgen auslösen zu können, wirksam sein, das heißt es müssen bestimmte Wirksamkeitsvoraussetzungen vorliegen und es dürfen keine Unwirksamkeitsgründe entgegenstehen. Solche können sich aus höherrangigem Recht ergeben. Für diesen sogenannten Geltungsvorrang kommt es auf die hierarchische Rangordnung der Rechtsnormen an, ihr Ranking. Dieses Ranking der Rechtsquellen ist keineswegs unwichtig. Denn das jeweils höherrangige Recht entscheidet über die Geltungsbedingungen des niederrangigen Rechts. Verstößt die niederrangige Norm gegen die Wirksamkeitsbedingungen der höherrangigen Norm, so ist sie nichtig. Im Verhältnis zur Verfassung gilt allerdings, dass ein Richter, der eine Norm auf einen bestimmten Lebenssachverhalt anwenden muss, zwar überprüfen darf, ob dieses Gesetz gegen die Verfassung verstößt, diese Frage bejahendenfalls aber dem Bundesverfassungsgericht zur Entscheidung darüber vorlegen muss. Dieses stellt dann generell für alle die Verfassungsmäßigkeit oder Verfassungswidrigkeit fest. Kurz gesagt: Der Richter hat zwar die Prüfungskompetenz, nicht aber die Verwerfungskompetenz.

Übrigens: Gesetze sind manchmal genialer und sprachlich schöner als Sie anfangs glauben mögen. Ein Beispiel für die Genialität des Gesetzgebers ist Artikel 20 Abs. 1 GG, den Sie aus der Schule kennen:

»Die Bundesrepublik Deutschland ist ein demokratischer und sozialer Bundesstaat.«

Neun Wörter von faszinierender Wucht und Bedeutung, gemeißelt fast für die Ewigkeit:

- »Die Bundesrepublik Deutschland«: der Name unseres Staates
- »...republik ...«: unsere republikanische Staatsform (Staatsoberhaupt Bundespräsident wird gewählt)
- »Bundesstaat«: der bundesstaatliche, föderalistische Aufbau unseres Staates in Bund und Länder
- »... demokratischer ...«: das Demokratiegebot, bestehend aus:
  - Rechtsstaatsprinzip (keine Demokratie ohne Rechtsstaat)
  - Volkssouveränität (bei einer Demokratie geht die Staatsgewalt vom Volk aus)
  - Gewaltenteilung, das Wesensmerkmal der Demokratie: Judikative, Exekutive, Legislative
- »... sozialer ...«: das Sozialstaatsprinzip

Auch Gesetze können eine Ästhetik haben und manchmal richtig schön sein. Funkelnde Gestirne am Sternenhimmel der Rechtsordnung. Neun Wörter – fünf elementare, fundamentale, leuchtende Prinzipien. Neun Wörter umschreiben den gesamten Charakter unseres Staates. Prägnanter, kürzer und schöner kann man es kaum formulieren.

Hätten Sie Spaß daran? – Das Lernen von Jura besteht insgesamt in der Erarbeitung einer juristischen Kunstfertigkeit zur Auslegung, Deutung, Übersetzung und Erklärung dieser Gesetze, um dann Lebenssachverhalte diesen Gesetzen sicher, präzise und klar zuordnen zu können (was die Juristen »subsumieren« nennen). Dieses auslegende Verfahren ist nicht nur die Methode der historischen und philosophischen Geisteswissenschaftler und der schriftgelehrten theologischen Wissenschaftler, sondern auch die richtige Methode für uns »Gesetzeswissenschaftler«. Gesetz ist eben nicht nur Sprache, sondern immer ein Stück Interpretation und Auslegung, um den zu entscheidenden Lebensabschnitt sicher darunter subsumieren zu können. Ja, die Subsumtion! Das ist das Kraftwerk im Maschinenraum der Juristerei. Sie bringt Gesetz und Lebensausschnitt zur Deckung. Klappt die Deckung, tritt die Rechtsfolge ein oder sie klappt nicht, dann tritt sie eben nicht ein.

Ich sehe Ihre Frage gewissermaßen jetzt noch vorwurfsvoll vor mir stehen: Warum gibt es eigentlich so viele Gesetze, so viel an Rechtswissenschaft und ein solch verwirrendes, von allen beklagtes »Durcheinander« in der Juristerei?

Machen wir uns möglichst schnell mit den vier charakteristischen Gründen für die Unübersichtlichkeit der juristischen Welt vertraut:

Der erste Grund liegt darin, dass sich die Gesetze im Plural ausbreiten. Überall, bis in den letzten Winkel unserer Gesellschaft, unserer Familie, unseres Berufes und Staates regeln Gesetze das Zusammenleben der Menschen.

Der zweite Grund ist die Folge des ersten. Kaum sind die Gesetze mit ihren Geboten und Verboten in die Welt »gesetzt«, gibt es schon Streit darüber. Kleben doch verschiedene Juristen-Interpreten aus Gerichten und Hochschulen wie Spürhunde mit ihren richterlichen und wissenschaftlichen Nasen an den Texten.

Der dritte Grund für die Unübersichtlichkeit der juristischen Materie ist die Rechtsprechung, der Kern einer jeden auf Recht beruhenden Gesellschaft. Diese sogenannte Jurisdiktion versetzt der naiven Vorstellung des Anfängers von der einen Wahrheit hinter den Gesetzen schon früh den Todesstoß. Die Rechtsprechung entlässt jeden Tag Tausende von Urteilen in die juristische Welt. Die richterlichen Interpreten des gesetzgeberischen Sinns erheben ohne Scheu ihre eigene Perspektive zum Maßstab, und das nicht immer einheitlich.

Der vierte Grund ist der Gigantenkampf zwischen Theorie und Praxis. Die Theoretiker überbetonen die Dogmatik und die Strenge des strukturierten Denkens, die Praktiker die reine Rechtsanwendung. Natürlich braucht der Jurist die Theorie, um sein Denken zu strukturieren. Sie läuft aber stets Gefahr, zu einem Joch zu werden, das verhindert, die stets sich verändernde Komplexität der Realität wahrzunehmen. Der Praktiker läuft Gefahr, ohne strukturiertes Denken in Empirismus und Bedeutungslosigkeit zu versinken. Die Diskussionen über diesen Streit gehören zum Spiel an den Universitäten und verwirren.

»Warum sprechen Juristen in ihrer Gesetzes- und Rechtssprache immer so kompliziert und unverständlich?«

Der Philosoph Martin Heidegger hat einmal gesagt: »Das Sichverständlichmachen ist der Selbstmord der Philosophie.« – Auch der Suizid der Juristerei?

Natürlich nicht! Aber sie ist schon ein wenig absurd, die Behauptung nicht nur vieler Jurastudenten, dass Gesetze und Urteile auf Anhieb kaum verstehbar seien. Stellen sie denn nicht stets das Gebot und Verbot für den Bürger auf, sein »Über-Ich«, das für das menschliche Zusammenleben Gute zu tun und das Schlechte zu lassen, das man doch einfach verstehen muss? Muss nicht ein gelungenes Gesetz, ein rechtsprechendes Urteil so plausibel sein, dass es jedem einleuchtet? Genauso könnte es sein! Die Macht unseres demokratischen Rechtsstaates ist Rechtsmacht. Die Rechtsmacht aber ist in der Tat nichts anderes als Macht gewordenes Wort in den Gesetzen und Urteilen. Das Wort des Gesetzes und der Richter ist das Medium, durch das unsere Demokratie die Herrschaft über sich freiwillig beugende Rechtsgenossen – uns Bürger – übernimmt. Der Rechtsstaat ist die Herrschaft der Gesetze – nicht der Menschen. Das ist seine Legitimationsidee. Dabei treten der Gesetzgeber und alle Juristen immer über eine ganz spezielle Sprache in Kontakt mit der Welt. Meist im geschriebenen Wort: in Gesetz, Urteil, Beschluss, Klageschrift – und für Sie ja vielleicht bald im Lehrbuch. Aber auch im gesprochenen Wort, in Beratung, Verhandlung, Plädoyer – und für Sie bald in der Vorlesung. Deshalb werden Sie die Rechtssprache recht schnell beherrschen müssen. Kein Jurastudent kommt um diese Rechtssprachenkompetenz herum!

Der erste Blick auf die Juristensprache ist häufig gerade für den Anfänger schockierend. Er hält sie für trocken, abstrakt und generalisierend, humorlos, antiquiert, gekünstelt, geschraubt und gedrechselt, grammatikalisch gestelzt und hölzern, einfach nicht verstehbar, geradezu abstoßend. Gustav Radbruch, ein berühmter Jurist, hat die Juristensprache dagegen ganz im Gegensatz zu dieser häufig zu hörenden studentischen Anklage als »*kurz und bündigen Lapidarstil*« gerühmt:

> »Die Rechtssprache ist kalt: sie verzichtet auf jeden Gefühlston; sie ist barsch: sie verzichtet auf jede Begründung; sie ist knapp: sie verzichtet auf jede Lehrabsicht. So entsteht die selbstgewählte Armut des Lapidarstiles.« (Man könnte böswillig hinzufügen: »... und sie ist arrogant-elitär: sie verzichtet auf jede Verständlichkeit«.)

Es stimmt schon! Die Juristensprache ist in der Tat sehr abstrakt (losgelöst vom Einzelfall) und sehr generalisierend (losgelöst von den Personen), wenig konkret und wenig speziell, schon gar nicht anschaulich. Wir sprachen schon bei den Gesetzen darüber. Das alles kann man bedauern, aber nicht ändern! Komplizierte Gesetze und komplexe Probleme bekommt man abstrakt und generalisierend eben leichter, manchmal leider auch verschleiernder, in den Griff. Man kann sie vielleicht manchmal mit der normalen Umgangssprache überhaupt nicht lösen. So, wie es in allen Spezialbereichen unserer hochkomplizierten und komplexen, arbeitsteiligen Welt passiert ist, in der Medizin, Chemie, Philosophie, Wirtschaft, Technik, IT-Branche oder in den Medien, so hat sich auch in der Juristerei eine eigene Sprache entwickelt. Es ist eine Fachsprache, die sich durch Unverständlichkeit gegenüber demjenigen auszeichnet, der außerhalb von ihr steht, der nicht über das durch zwei Staatsexamina erworbene Passepartout für diesen Kreis der Erleuchteten verfügt.

Das Gerichtsverfassungsgesetz (GVG), in dem die Organisation und Besetzung aller Gerichte »verfasst« ist, besagt in einem Paragrafen mit vier(!) Wörtern »kurz und bündig«: »*Die Gerichtssprache ist deutsch.*« Die oft von Studenten anhand dieser Norm erhobene Anklage, die Gerichtssprache sei eben nicht deutsch, da das in den Tempeln der Justiz gesprochene oder niedergeschriebene Wort kein normaler Mensch verstehe, der der deutschen Sprache mächtig sei, ist so unberechtigt nicht. Die juristische Sprachkunst als »Barriere« gegen die Laien und gegen die öffentliche Kontrolle zu bezeichnen, die geschraubte und abstrakte Gesetzessprache als Grund für die »Volksferne« des Bürgerlichen Gesetzbuches, insgesamt das Juristendeutsch als »Scheidewasser« für den juristisch Gebildeten von dem juristisch Ungebildeten anzuführen, erscheint ebenfalls nicht so abwegig.

Man kann sich manchmal wirklich nicht ganz des Eindrucks erwehren, es bestehe zwischen den »*Gesetzesmachern*« und den »*Gesetzesan-*

wendern« die ungeschriebene Übereinkunft, die Gesetzes- und Gerichtssprache sowie die Urteilsdiktion müssten deshalb so kompliziert sein, damit der »*Gesetzesunterworfene*« sie nicht durchschaue. Die Angeklagten, Kläger und Beklagten, Antragsteller und auch Zeugen verstehen häufig im Gerichtssaal tatsächlich nicht, was da zwischen Rechtsanwälten, Staatsanwälten und Richtern, Notaren und Rechtspflegern eigentlich »abgeht«. Urteile und Beschlüsse vermitteln oftmals den Eindruck, sie seien nicht für die Parteien, sondern vielmehr für die höheren Instanzgerichte geschrieben, um zu zeigen, was der auf eine Beförderung schielende Verfasser so alles »drauf« hat. So wie die Gesetzestexte selbst wirken auch diese Texte der gerichtlichen Entscheidungen nicht selten völlig unverständlich und vergittert.

Aber bevor wir über die Juristensprache ein abschließendes Urteil fällen, lohnt es sich, erst einmal zu ihren *Quellen* zurückzugehen und dann ihre *Funktion* ins Visier zu nehmen.

Die »berüchtigte« Sprache der Juristen geht zurück auf die lateinische Sprache, in der das römische Recht verfasst war, welches wiederum die Grundlage des Bürgerlichen Gesetzbuches ist. Das römische Recht fand im mittelalterlichen Rechtsraum freudige Aufnahme. Es brachte in seinem Gefolge aus Oberitalien die lateinische Sprache und die lateinische Schrift mit nach Deutschland. Die ganze juristische Literatur und Wissenschaft waren lateinisch. Es war in den juristischen Kreisen »in«, sich ausschließlich auf Latein zu verständigen. Als sich Latein im 19. Jahrhundert langsam verabschiedete, verschwand zwar die lateinische Sprache, ihr Stil aber blieb genauso, wie sich die lateinischen Fremd- und Fachausdrücke in der Juristerei einnisteten. Die dem Latein innewohnenden grammatikalischen Verschachtelungen pflegen bei uns den Vorwurf der Unverständlichkeit der Juristensprache heraufzubeschwören, auch und gerade in den Gesetzen.

Was die Funktion der Sprache betrifft, so muss man sich klar machen, dass sich die Herrschaft des modernen Staates wesentlich im Modium des »gesetzten« Wortes seiner »Gesetze« vollzieht. »*Staat im Wort*« könnte man das bildhaft beschreiben in der doppelten Bedeutung dieses Satzes. Der Staat als lebendige Erscheinung der demokratischen Wirklichkeit lebt einerseits im Wort, er verkörpert sich im Wort seiner Gesetze und in den Urteilen seiner Richter und muss andererseits zu seinem Wort stehen, der Bürger muss sich unbedingt auf ihn verlassen können. Die Juristensprache ist ein wichtiges Element des Staates, weniger im Sinne eines Bauelementes wie die drei staatsrechtlichen

Definitionsmerkmale Staatsvolk, Staatsgebiet, Staatsgewalt, sondern mehr im Sinne eines Lebenselementes, wie das Wasser für den Fisch oder die Luft für den Vogel. Staatliches Leben vollzieht und vollzog sich immer in sprachlicher Kommunikation – früher mehr durch gesprochene, heute durch geschriebene Sprache. Gerade unsere Demokratie bedarf des sprachlichen Forums für ihren Wettstreit – mehr noch für ihre parlamentarische gesetzgebende Einigung. Das Gesetz muss in der Lage sein, auf die unendliche Vielzahl möglicher Fälle, geboren aus der jeweiligen »letzten« modernen Zeit, dem sogenannten Zeitgeist, angemessen und elastisch zu reagieren. Die Gesetzessprache ist eine Fachsprache. Bei einer solchen wird es immer das Problem der *Un*verständlichkeit, der *Un*genauigkeit und der *Un*vollständigkeit geben.

Stimmt schon! Aber in der Juristerei sollte man diese ganzen »Un's« so weit wie möglich minimieren. Man kann nämlich einwenden: Das sei ja alles schön und gut für die Fachsprachen der naturwissenschaftlichen, technischen oder philosophischen Experten, dürfe aber keinesfalls für die Juristensprache gelten. Denn: Die Juristensprache müsse die Öffentlichkeit informieren, damit sie als Souverän die Kontrolle über die Staatsgewalten, Regierungen, Parlamente und Gerichte, ausüben könne. Das könne das Volk aber nicht, wenn es die Gesetze und Urteile nicht verstehe, die doch in seinem Namen gemacht und gefällt würden. Das Gesetz, das sich im Wort verkörpere und Gesetzesmacht bedeute, müsse von seinen Adressaten eben auch *»beim Wort«* genommen werden können. Vieles scheine nicht für den Laien geschrieben, sondern für den Beamten, Rechtspfleger, Richter, Anwalt und die nächste Instanz. Diese seien aber eigentlich gar nicht Adressaten der Gesetze oder Urteile, sondern der normale, der Rechtsgewalt unterworfene Bürger. Ein Gesetz, aus dem der Bürger seine Rechte erfahren solle – im Übrigen auch seine Pflichten –, verkümmere zu einem technischen Instrumentarium, wenn mit ihm nur noch eine ganz bestimmte Berufskaste umgehen könne. Das Gesetz und das Urteil müssten eine klare Botschaft haben, eine bestimmte Anweisung treffen. Der Adressat müsse wissen, was er zu tun oder zu lassen habe. Das Gesetz richte sich an alle und enthielte für alle die gleiche Aussage. Diese aber müsse nachvollziehbar sein, das sei sein Anspruch! Dieser Funktion des Gesetzes entspräche leider nicht immer sein Stil und Inhalt. Die Auslegung falle den späteren Anwendern in der Juristerei zur Last.

Aber ganz so einfach geht es leider doch nicht! Die Verbalisierung des Staates in den Worten der Gesetze und seiner Urteile hat nämlich auch ihren Preis! Der Verbalismus des Gesetzes ist nun eben einmal abstrakt, blutarm, papieren. Das Gesetz spricht in Wörtern und Worten, die der Einzelne nur schwer versteht – das bildliche Symbol, das Lehrhafte, das Beispiel, das Gefühl sind verschwunden. Eben Radbruch: kalt, barsch, knapp. Die oft von Studenten angeprangerten sprachlichen Schwächen eines Gesetzes haben häufig in diesem Zwang und Hang des Gesetzgebers zur größtmöglichen Abstraktheit und Generalisierung und der Ausschaltung des rein Individuellen, Emotionalen, Lehrhaften und Konkreten ihren Grund. Der Staat muss dadurch notwendig an Transparenz und Anschaulichkeit verlieren.

Ein Wort zu den juristischen Fremdwörtern

Obwohl unsere Sprache über einen bewundernswerten Reichtum verfügt, kann es trotzdem sein, dass der Jurist Fremdwörter benutzen muss, die nicht jedermann versteht. Ein bestimmtes Fremdwort sagt manchmal über einen Begriff eine feine Spur mehr aus oder gibt eine besondere Färbung mehr dazu als das entsprechende deutsche Wort, entwickelt erst die besondere Note des Begriffs. Man sollte sich allerdings entgegen einem nicht selten zu beobachtenden Anfängerimpuls zur »Fremdwörterausschweifung« vornehmen, Ausdrücke zu vermeiden, die nur in der bestimmten Menschenklasse »Juristen« verstanden werden, vielmehr solche zu gebrauchen, die allgemein üblich sind. Es ist ziemlich gewiss, dass es in der Juristerei schlechthin nichts gibt, was mit Ausdrücken der Volkssprache nicht deutlich gemacht werden kann. Man könnte so mit ihrer Hilfe den Ausdruck wechseln und nicht immer nur »subsumieren«, sondern auch einfach »unterordnen«, statt »zitieren« auch einmal »anführen« sagen. Auf der anderen Seite: Es ist überall selbstverständlich, dass im Zuge einer sich geradezu überstürzenden technischen Entwicklung und einer unaufhaltsamen Erweiterung aller Wissensgebiete in unserer Zeit und in der Zukunft der Fachmann einen Anspruch auf ein Sonderwortgut hat, um sich schnell und präzise über Sachverhalte verständigen zu können. Wie jede andere Wissenschaft hat auch die Jurisprudenz diesen Anspruch mit ihrer eigenen griechisch-lateinisch-abstrakten Sprachenwelt. Der juristische Fachausdruck verdichtet sehr häufig einen bestimmten Gedanken zur handlichen Formel. Man sollte sich aber nicht zu oft in dieser Welt aufhalten.

Ich möchte Ihnen dringend raten, vom ersten Tag Ihres Studiums an alle Fachausdrücke im Fremdwörterbuch und im etymologischen Lexikon (Etymologie: griech.: étyos, wahrhaft, Lehre von der Herkunft der Wörter) nachzuschlagen – zwei Anschaffungen, die dringend zu empfehlen sind, gerade für Sie als angehenden Juristen, der sich bald in der Sprache bewegen muss wie – eben: der Fisch im Wasser oder der Vogel im Flug – ganz in seinem Element.

Der Gebrauch von Fremdwörtern hat Vorteile und Nachteile

Vorteile:

Sie sind manchmal unersetzbar in der Juristerei: ein »Problem« ist eben keine Aufgabe oder Frage, sondern ein Problem; ein »Individualrechtsgut« ist unübersetzbar; das BGB gibt es nicht ohne »Abstraktionsprinzip«, die Falllösung nicht ohne »Methoden«. Auch sorgen sie für Abwechslung in der langweiligen Juristensprache.

Nachteile:

Sie wirken oft farblos und steril, so als kämen sie gerade aus dem Desinfektionsbad. Sie sind schwer verständlich, gerade für Studienbeginner rätselhaft, deshalb für Professoren so verführerisch, weil geheimnisvoll. Der zentrale Nachteil ist aber gerade für Juristen ihre Ungenauigkeit, ihre Unschärfe (oder doch ein Vorteil?): systematisch, methodisch, didaktisch, abstrakt, konkret, objektiv, subjektiv, formell, substanziell, materiell … »*Materiell*«? – Was ist gemeint? Dinghaft, dinglich, gegenständlich, greifbar, konkret körperhaft, stofflich, real, finanziell, geldlich, wirtschaftlich, materialistisch, sinnlich, physisch? – Verwirrend!

Zum juristischen Fremd- und Fachsprachgut gehören viele nur der Juristerei eigene Begriffspaare, die sich auf verschiedene Rechtsinhalte an den unterschiedlichsten Stellen als Allzweckwaffen anwenden lassen. Der Rückzug auf »heimisch-schulische« Begriffe klappt bei ihnen nicht. Sie tauchen immer wieder auf und finden als Versatzstücke in der juristischen Sprache Verwendung. Sie erleichtern, wenn man sie denn beherrscht, enorm das Verständnis aus Vorlesungen und Lehrbüchern.

Auch die juristischen »Zwillinge« werden nie explizit erklärt, immer eher beiläufig – etwas wichtigtuerisch – eingestreut. Sie entwickeln aber ein Differenzierungsvermögen, das juristischem Denken zugrunde liegt.

Hier ein paar juristische Sprachzwillinge, damit Sie von Anfang an mitreden können:

Die Leitideen der Rechtswelt, die Sie als jungen Studenten zunächst formen und später immer begleiten werden, sind die Begriffspaare:

- Rechtmäßig – Rechtswidrig
- Strafbar – Straflos
- Anspruchsbejahend – Anspruchsverneinend
- Verwaltungsgemäß – Verwaltungswidrig

Die folgenden Paarungen gehören zum juristischen Sprachgebrauch. Sie sollten sie schon einmal in Ihrem etymologischen Lexikon aufsuchen:

- Absolut – Relativ (zB Rechte, Theorien);
- Abstrakt – Kausal (zB Abstraktionsprinzip);
- Abstrakt – Konkret (zB Normenkontrolle);
- Aktiv – Passiv (zB Wahlrecht/Stellvertretung/Sterbehilfe);
- Allein – Mit – Gesamt (zB Gewahrsam/Eigentum);
- Echt – Unecht (zB Delikte/Urkunden);
- Einfach – Qualifiziert (zB Diebstahl);
- Enger – Weiter (zB Auslegungen);
- Spezial – General (zB Vollmacht/Gesetze);
- Ex ante – Ex post (zB Standpunkt des Beobachters);
- Ex nunc – Ex tunc (zB Zustimmung);
- Innenverhältnis – Außenverhältnis (zB Gesellschaft/Vertretung);
- Inter omnes – Inter partes (zB Vertrag/Gesetz/Urteil);
- Konstitutiv – Deklaratorisch (zB Registereinträge);
- Materiell – Formell (zB Gesetz);
- Mittelbar – Unmittelbar (zB Täterschaft/Besitz);
- Nichtig – Vernichtbar (zB Rechtsgeschäfte);
- Objektiv – Subjektiv (zB Tatbestand/Rechte/1000 Theorien);
- Offen – Verdeckt (zB Stellvertretung);

- Originär – Derivativ (zB Eigentum/Fund);
- Positiv – Negativ (zB Registerwirkung/Schadenersatz).

Wenn Sie das juristische Metier ergreifen wollen, kann man Ihnen nur raten, sich möglichst schnell an Stil und Sprache des Gesetzes zu gewöhnen, indem Sie sämtliche Gesetze, mit denen Sie am Anfang umgehen, immer wieder laut nachlesen und sich so in ihrer Diktion trainieren. Man kann nun einmal von einem hochmodernen Gesetzgeber in einer hochkomplexen Gesellschaft keine volkstümliche, jedermann verständliche, warmherzige Sprache mehr erwarten. Eine gemeinsame Ebene, auf der sich der juristische Ausdruck mit dem Ausdruck des Volkes treffen würde, hat es nie gegeben und wird es nie geben! Man tröste sich mit dem alten französischen Dichter Mirabeau, der gesagt haben soll: »*Stilgebung und Mehrheitsbeschlüsse sind zwei Begriffe, die brüllen, wenn sie sich begegnen.*« Er hatte Recht! Sarkastisch könnte man formulieren: »*Lies das Gesetz! Du bist betroffen – die meisten Fragen bleiben offen.*«

Fünftes Kapitel
Jurastudium greifbar

»Viele sagen mir, die Studieneingangsphase, das sei der wichtigste Teil der Examensvorbereitung. – Wieso, weshalb, warum?«

So! Jetzt betreten wir beherzt gemeinsam die Hallen der Universität, das Studium beginnt. Die Studieneingangsphase ist nicht zum Sich-mal-Umsehen da, sondern zum genauesten Hinsehen auf Studium und ... ja, Examen. Sie werden es kaum glauben: Ich meine, sie ist der wichtigste Teil Ihrer Examensvorbereitung! Ich rate Ihnen, den Anfang Ihres Studiums mehr vom Ende Ihres Studiums her zu denken, einem erfolgreichen Examen nämlich, und möchte klar stellen, welch überragend wichtige Anteile davon in Ihrer Studieneingangsphase erreicht werden müssen. Das Planungsmotto: *»Ich fange erst mal mit Jura an, dann sehen wir weiter«* mag sich für die Planung eines kreativen Events eignen, nicht aber für die Strategie Ihres Jurastudiums. Es gibt zu viele, die scheitern! Die Ursachen lassen sich fast immer auf Fehler zurückführen, die in den ersten 90 Tagen des Jurastudiums gemacht worden sind, eben in der Studieneingangsphase.

Erfolgreich werden Sie als Jurastudent nur dann sein, wenn Sie sich klar definierte End- und Zwischenziele setzen, sich also genau überlegen, in welcher Schrittfolge Sie was wann erreichen wollen. Denken Sie an unseren juristischen Algorithmus für den Studienanfang. Dazu gibt es viele Ansätze! Nur eines muss man eben immer: Irgendwann den ersten Schritt in die richtige Richtung tun. Und der liegt in der Studieneingangsphase. Und deshalb möchte ich Ihnen gleich vorab die sechs Hauptfehler in der Studieneingangsphase schildern, die Sie für einen gelungenen Anfang unbedingt kennen müssen, um sie zu vermeiden, falls Sie sich zum Jurastudium durchringen.

1. *Der Student* fängt zu spät mit dem disziplinierten »Studieren« an. Der Studienbeginn mit seinem juristischen Denken und Arbeiten muss auf den ersten Tag des ersten Semesters gelegt werden. Der Student erfasst zu spät, dass bereits das 1. Semester der wichtigste Teil seiner Examensvorbereitung ist.

2. *Der Student* begreift sich selbst nicht als verantwortlich für seine Lernerfolge. »Irgendwann werde ich es schon packen, dafür sind die Professoren doch da!« Nein, Sie sind auch dafür da! Schuld sind nicht immer die Anderen.

3. *Der Student* erkennt – wenn überhaupt – zu spät die Kernbereiche des Studiums und das für das Examen Relevante, verliert sich in den Weiten des Nebensächlichen und hält sich für dumm. Die Dissoziierung der Fächer tut dem Studenten des Anfangs besonders weh. Jeder »Prof.« ein Spezialist, aber keiner fühlt sich zuständig für das die Juristerei Verbindende, die Methodik und die falllösende Klausurentechnik. Man vermisst den Nestor der Nestoren.

4. *Der Student* beherrscht nicht das spezifische Lernen des juristischen Lernens. Das wäre aber angesichts der unfassbaren Stoffmengen besonders wichtig. Ohne das Lernen des juristischen Lernens »säuft« er ab.

5. *Dem Studenten* fällt die Wissensübertragung auf unbekannte Fälle schwer. Er beherrscht nicht den Blick für den Transfer von abstraktem, globalem Wissen auf den konkreten, lokalen Fall. Ihm fehlt die Klausurentechnik!

6. *Der Student* unterschätzt die alles ent-»scheidende« Bedeutung der Sekundärtugenden von Fleiß, Ordnung, Geduld und Disziplin und glaubt zu lange, mit schulischen Lerngewohnheiten durchzukommen.

Ein wesentliches Merkmal des misslungenen Studieneingangs ist das Hineinstolpern in die oben beschriebene algorithmische Schrittfolge. Falls der juristische Problemzuwachs bei Ihnen schneller steigen sollte als Ihre juristischen Problemverarbeitungskapazitäten, ist Ihre methodische Abfolge der Studieneingangsphase missglückt. Dann erleben Sie eine Zeit der zwei Geschwindigkeiten im Hörsaal: Der juristische Stoff bewegt sich viel schneller als Ihr jurastudentisches Bewusstsein. Weite Kreise der jungen Juraeinsteiger sind deshalb gerade im Anfang ständig Misserfolgserlebnissen ausgesetzt. Sie fühlen sich geradezu überrumpelt. Sie verstehen wenig und werden mutlos. Hinzu kommt, dass die Anfänger sich meist selbst für dumm halten, sodass schwer verständliche, ja geradezu vorbeifliegende Informationen in Vorlesung und Literatur sie nicht nur nicht informieren, sondern darüber hinaus ihr Selbstwertgefühl beschädigen. Die Verzweiflung wächst! Manch einer scheitert! Das muss keineswegs so sein. Es ist eben nicht normal, nach dem 1. Semester überhaupt keinen Durchblick zu haben.

Da Sie schon aus Ihrer Schülerzeit wissen, dass Sie nicht über unbegrenzte Quantitäten physischer und psychischer Energie verfügen, müssen Sie auch als Jurastudent dem Zwang der energieökonomischen Notwendigkeit folgen, Ihre Handlungsabläufe strategisch planen, Bündnisse eingehen mit Ihren Lern- und Lehrmedien und Ihrem Studienalltag von Beginn an eine stabile Ordnung, hochtrabend: eine Verfassung, geben. Sich als Jurastudent zu organisieren, ist nicht immer einfach. Denn im Jurastudium gibt es nur wenige feste Strukturen. Man muss sie selbst schaffen durch Selbstorganisation wie Vorlesungsoptimierung, durch Vor- und Nachbereitung, Studienplanung, Lehrphasen alternierend mit Lernphasen, Klausuren- und Falltraining und ...durch eine Verfasstheit des Studienalltags, der Mutter allen Studierens.

Sie erinnern sich? Man will wieder anfangen zu joggen, besorgt sich neue Laufschuhe, kann es kaum erwarten, endlich loszulegen. Die Strecke, die man sich vornimmt, ist jedoch viel zu lang, man will mit einem Lauf gleich hundert versäumte Läufe wieder gutmachen. Man bekommt Seitenstechen, beißt die Zähne zusammen, muss sich Meter für Meter ins Ziel quälen. Endlich! Statt sich über einen kleinen Erfolg freuen zu können, denkt man mit Verdruss an das nächste »Jogging« und sucht bald nach einer plausiblen Ausrede, warum es besser ist, auf die Joggerei gleich ganz zu verzichten und die Laufschuhe in den Keller zu verbannen. Die Neigung zum Nichtstun wird, wie die Psychologen sagen, »rationalisiert«, das heißt es wird mit »guten (falschen) Gründen« erklärt, warum man nicht joggt, um damit vor sich selbst und anderen die »wahren Gründe« zu verbergen. Die Ursachen sind klar: falsche Selbsteinschätzung, Überforderung, zu hoch gesteckte Ziele.

Setzen Sie statt »*joggen*« »*Jurastudieren*« und statt »*Laufschuhe*« »*Lehrbücher und Vorlesungen*« ein und Sie erkennen die Parallelität zum Anfang so manchen Studiums.

Um ein solch schnelles Ende zu vermeiden, wird Ihr Studienalltag als Erstes eine Struktur bekommen müssen, eine Rahmung, für die Sie vor sich selbst die Verantwortung übernehmen. Keine Beliebigkeit, heute dies und morgen das, mal so und mal anders. Ein guter Studienalltag wird von Routinen getragen. Routinen geben Ihnen wegen ihres Wiederholungscharakters Sicherheit und Zuverlässigkeit im Studium. Das routinierte, aufmerksame Studieren der Jurisprudenz ist eine enorme Anstrengung, deshalb muss es zeitlich begrenzt und durch Pausen entlastet werden. Wenn Sie sich für eine bestimmte Studienplanung entschieden haben, müssen Sie diese dann konsequent einüben. Bis Ihnen Ihr täglicher Studienrhythmus zur Gewohnheit wird, werden Sie mit einer längeren Trainingszeit rechnen müssen. Das Bedürfnis nach dem aktiven Anfang darf nicht nur wie ein Gast auftreten, der plötzlich erscheint und nach seiner Abreise lange nichts mehr von sich hören lässt, sondern muss sich als Dauermieter bei Ihnen einquartieren. Der gute Vorsatz ist schnell gefasst, aber nur schwer einzuhalten. Die schnelle Begeisterung endet leider bei vielen Erstsemestlern zu häufig in einem Strohfeuer. Sie müssen sich Handlungsstrategien schaffen, die Ihre Studienstimmung und Studienhaltung für das Jurastudium stimulieren und Lernstörungen minimieren.

Einem misslungenen Einstieg ins Jurastudium liegt oft ein Teufelskreis zugrunde:

Fehlplanung ° Verdrängung ° Ablenkung ° Frust ° Selbstzweifel ° Selbstbestrafung durch strengere und noch unrealistischere (Fehl-)Neuplanung (immer wieder!) ° Versagensängste ° Vermeidungsstrategien° Stillstand ° Studienabbruch ° Scheitern!

Dagegen hilft Ihnen die Formel: ***P. O. K. E.R !*** *Und Sie werden der König in Ihrem Jurastudium!*

- ***P****lanen Sie …*
- ***O****rganisieren Sie …*
- ***K****ontrollieren Sie …*
- ***E****ntlohnen Sie sich für …*
- ***R****hythmisieren Sie …*

} *Ihr juristisches Studium!*

»*Pokern*« Sie von Anbeginn an mit! Dann bekommen Sie auch kein juristisches Seitenstechen mehr und brauchen nicht irrationale Rechtfertigungen zu suchen, warum es besser sei, auf das juristische Lernen gleich ganz zu verzichten. Sie müssen sich insbesondere überlegen, wie sich Ihr Lernpensum (lat.: pensum, das Abgewogene) in sinnvolle und überschaubare Portionen einteilen lässt. Abwägen und gewichten müssen Sie Ihren Lernstoff, das bringt Erfolg und damit motivierende Freude. Ein solches portioniertes Lernen wirkt wie ein Verstärker, denn Ihr Lernen wird nicht nur erfreulicher, sondern auch wirksamer, weil es aus einer Kette von Erfolgserlebnissen besteht. Jeder Etappensieg belohnt Sie innerlich. Kein Student darf am Abend so ins Bett gehen, wie er am Morgen aufgestanden ist – er muss schlauer geworden sein, einen juristischen Mehrwert erfahren haben. Lernerfolge erhöhen die Lust an der Juristerei am meisten und heben die Stimmung. Sie werden für Sie die größten Motivatoren sein. So entsteht gleichsam von Stunde zu Stunde, von Vorlesung zu Vorlesung, von Tag zu Tag eine Kettenreaktion von Erfolg zu Erfolg, bei der sich Ihr Lernen von selbst belohnt.

Klar, auch Misserfolge werden sich an so manchem Tag einstellen: Das Pensum war zu schwer, das Ziel der Vorlesung noch zu weit entfernt. Unter keinen Umständen dürfen Sie sich aber in Ihren Misserfolg verbohren. Solch ein Verhalten senkt die Motivation auf den Gefrierpunkt und vermiest Ihnen den ganzen Tag. Vorlesung verlassen! Mut zur Lücke im Tagespensum! Am nächsten Tag mit neuer Kraft zu neuen Taten! Mit den verdaulichen Lernportionen nehmen Sie Ihrem Tagesablauf etwas von seinem »Wurschtel-Charakter«. Schenken Sie sich im Übrigen reinen Wein ein: Sie werden es ganz einfach einsehen, dass eine verfasste Lerneinteilung richtig, sinnvoll und nützlich ist – und: kleine Erfolge für Sie bereithält: *»Ich habe in der von mir selbst gesetzten Studier-Organisation etwas gelernt.« »Ich kann jetzt mehr als vorher«.*

Seien Sie aber gewarnt: Viele Juraprofessoren meinen, es sei nicht Aufgabe der Universitäten – im Gegensatz zu Schule und Fachhochschule – den Stoff des Anfangs umfassend zu vermitteln. Deshalb: Seien Sie sich von Beginn Ihres Studiums an Ihrer Eigenverantwortung bezüglich der Aneignung der juristischen Inhalte immer bewusst. »*Hat er nicht gebracht*!« geht nicht! Sie können tun und lassen, was Sie wollen an der Uni! Aber nur Sie allein haben ihr Studium auch zu »vertreten« (juristischer Fachausdruck für »verantworten«). Nur Sie allein sind dafür verantwortlich, sich die zentralen juristischen *Studienkompetenzen* anzueignen. Übersetzt heißt das, die Fähigkeit zu erwerben, ungeheure juristische Stoffmengen zu verarbeiten, die Fähigkeit, Rechtswissenschaft zu betreiben, die Fähigkeit, juristische Klausuren erfolgreich zu schreiben, eben sich die Funktionen der Studieneingangsphase klar zu machen. Und das von der ersten Minute an.

Es lassen sich meines Erachtens sechs gewichtige Funktionen dieser den Anfang fundierenden Studieneingangsphase für Ihr Jurastudium ausmachen.

1. **Funktion:** *Orientierung an der Universität* – Der Jurastudent muss seine neue Rolle an der Uni kennenlernen und annehmen. Dazu muss er seine Universität als Organisation, sich als »freien« Studenten, seinen individuellen Studienaufbau an seiner Uni und seine Wissenschaft der Jurisprudenz wahrnehmen. Eine wesentliche Aufgabe kommt dabei dem Hineinwachsen in die Hochschulgemeinschaft (*Sozialisation*), der allmählichen Vereinigung mit dem Fach Jura (*Integration*), der Begegnung mit den Lehrpersonen und Lehrinhalten in Vorlesung und Literatur (*Lehr-Lern-Kultur*) und der Art und Weise der Präsentation und Darstellung in Klausuren (*Klausurentechnik*) zu.
2. **Funktion:** *Einführung in die Studiengegenstände* – Hier geht es um die Überblicke und lediglich breite Einblicke in den juristischen Lehrstoff des ersten Semesters, nämlich die drei Säulen Bürgerliches Recht, Strafrecht und Verfassungsrecht, aber ganz speziell um tiefe Durchblicke in deren allgemeine Teile BGB AT, StGB AT und die Grundrechte.
3. **Funktion:** *Erlernen der juraspezifischen Denk- und Arbeitsweise* – Dieser Teil des Studienanfangs dient dem Erlernen der juristischen Handwerkskunst, hochtrabender: der Methodik, um Lebenssachverhalt und Gesetz in problemlösende Stellung bringen zu können. Zu Deutsch: Fälle lösen zu können. Die unsichtbaren Methoden des Gutachtens und der Subsumtion machen diese Frontstellung erst sichtbar.
4. **Funktion:** *Selektion* – Man muss sich in dieser Statuspassage zwischen Noch-Schüler und Schon-Jurastudent kritisch überprüfen, ob die Erwartungen, die man an sich und das Jurastudium gestellt hat, der vorgefundenen Realität entsprechen. Man muss testen, ob die Vorstellungen zum Jurastudium eingelöst worden sind. Die rationale Welt, wie sie unsere Juristerei beherrscht, ist nicht jedermanns Sache.
5. **Funktion:** *Juristisches Verständnis anstreben* – Das »Juristische Verständnis« geistert als verwaschener Standardbegriff bis ins Examen um den Studenten herum, ohne dass er jemals weiß, was damit genau gemeint ist. Juristisches Verständnis bedeutet, den Inhalt einer Norm oder einer Normengruppe erkannt, sie in ihren systematischen Zusammenhang gestellt und die dahinter stehenden Interessen, Zwecke und gesellschaftlichen Kompromisse ihrer Entstehung und aktuellen Funktion hinterfragt zu haben. Es ist die Überwölbung der Fachsäulen: BGB, StGB, Öffentliches Recht und kann auf

sämtliche jurafachbezogenen Bereiche übertragen werden. Um dieses Verständnis muss man sich frühzeitig bemühen.

6. **Funktion:** *Erlernen des juristischen Lernens* – Alle Juristen wissen, wie schwer das Erlernen dieser »Juristerei« ist und wie leicht man scheitern kann. Vielen Studenten fehlt es an einer klaren kurz-, mittel- und langfristigen Konzeption des Lernens und damit an einem sicheren Fundament für ihr juristisches Studium. Studienstrategien für die Juristerei und »fundiertes fundierendes« Wissen sind aber kein Naturprodukt, das man hat oder nicht hat. Man kann es sich aneignen! Das juristische Studium funktioniert nicht von selbst. Man muss in ihm mit viel Fleiß und viel Disziplin üben, planen, organisieren, variieren, optimieren, trainieren – kurz: viel lernen. Das Jurastudium ist eine Freude für den, der seine Ziele, Arbeitsweisen und Methoden von Beginn an gelernt hat, und es ist eine Qual für den, der ihnen widerstrebt.

Das Ganze der juristischen Anfangs-Welt ist allerdings ohne Hilfe für Sie als Anfänger kaum mehr zu fassen, es ist zuviel geworden. Die zunehmende Stofffülle und zunehmende Kompliziertheit des Rechts lassen sich ohne Fremderfahrung nicht bewältigen. Im Anfang der juristischen Ausbildung gibt es – so wie in der Kindheit auch – bestimmte »Entwicklungsfenster«, das heißt optimale Zeitpunkte für den Erwerb bestimmter kognitiver Grundfähigkeiten und eines Wissens, auf dem man aufbauen muss. Diese »Fenster« müssen Sie nutzen! Nach Ablauf bestimmter Zeitintervalle schließen sich nämlich solche Fenster, und der junge Student läuft ohne diese schützenden juristischen Prägungen seiner Studienzeit hinterher. Entwicklungsfenster für den Anfang der juristischen Ausbildung sind Entwicklungsfenster mit der Aufschrift *»Juristische Denk- und Arbeitsweise«*, *»Juristische Wissensinhalte«*, *»Juristisches Lernen«* und *»juristische Klausurentechnik«*. Die Traumstraßen und Irrwege zigtausender frustrierter Studienabbrecher in Jura haben mir die Erkenntnis hinterlassen, dass in der Studieneingangsphase das Fundament gebaut werden muss, um darauf die Säulen der Juristerei zu errichten.

Nach den ersten 90 Tagen des Jurastudiums – das ist die Studieneingangsphase – müsste jeder Jurastudent sagen können:

- »Ich kann mir das juristische Wissensangebot aus Vorlesung und Literatur selbstständig und individuell aneignen!«**(Juristische Lerntechnik)**

- »Ich kann einen juristischen Fall mit meiner Klausurentechnik methodisch sicher und angstfrei angehen!«**(Juristische Klausurentechnik)**
- »Ich habe das juristisch-subsumierende Denken und gutachtliche Arbeiten im Prinzip begriffen!«**(Juristische Denk- und Arbeitsweise)**
- »Ich kann die wesentlichen Inhalte des GG, BGB und StGB jeweils in einen Gesamtzusammenhang stellen und blicke durch deren allgemeine Teile durch!«**(Juristisches Wissen)**

Das kann aber leider kaum einer von ihnen sagen! Denn es fehlt schlicht eine propädeutisch-juristische Orientierungsphase als erfolgreiche Studieneingangsphase. Der Studierende findet oft auf seine Frage »*Wo und wie, bitte, geht's zur Juristerei?*« nicht die richtige Antwort. Der erste Elan ist schnell verpufft. Seine Bereitschaft, kluge Gedanken anderer über das Jurastudium als klug zu erkennen und den Rat und die Erfahrung dieser anderen anzunehmen, ist da, aber sie findet zu wenig Gegenliebe im Hörsaal.

Was Sie heute stattdessen in Hörsälen sofort vermittelt bekommen, ist viel abstraktes Wissen, meist Spezialwissen. – Ihr juristisch unvorbereitetes studentisches Gehirn vermag so viele Gesetze, Paragrafen, ihre Absätze, Sätze und Wörter, ihre Ziele und Bedeutungen, ihre Kombinationen und Verweisungen, gar nicht einzeln zu speichern, geschweige denn bei Bedarf in der Klausur ins Bewusstsein zu holen. Was es aber leisten kann, ist, die generellen Weisen der Verknüpfung, die Knoten der Fäden, die die konkrete Methodik unter diesen Gesetzen und für die zu entscheidenden Fälle herstellen kann, zu verstehen und zu lernen. Damit kann der Student, der diese Kompetenzen früh beherrscht, jederzeit erkennen, dass jedes ihm neu begegnende Gesetz immer nach derselben Methodik (Konditionalprogramm) gebildet und nach derselben Methodik auf einen Lebenssachverhalt(Subsumtion), einen Fall nämlich, sinnvoll anwendbar ist.

Und all das muss man sich möglichst früh im Jurastudium aneignen, »zu eigen« machen, um ein guter Jurist zu werden. Und das passiert in der Studieneingangsphase! Das alles zusammen wird Ihren erfolgreichen Studieneinstieg vom erfolglosen Studienanfang Ihrer Kommilitonen unterscheiden. Wenn Sie am Ende der ersten 90 Tage zwar erledigt, aber unzufrieden sind, haben Sie etwas falsch gemacht. Wenn Sie dagegen Ihren Juraeinstieg so in Angriff nehmen und so gestalten, wie ich versuche, Ihnen vorzuschlagen, garantiere ich Ihnen eine von Erfolg gekrönte zwar anstrengende, aber zufriedene Studieneingangsphase. Hand drauf! Wer allerdings zu spät kommt, den … Sie wissen schon!

»Was ist die ›Große Vorlesung‹?«

Wenn Sie zum ersten Mal einen juristischen Hörsaal betreten, werden Sie sehr bald eine beliebte Kommunikationsform kennen lernen, den Konjunktiv II, auch »Irrealis professoralis« genannt:

»Wäre meine Hörerschaft kleiner, würden die Studenten mehr lernen«. — »Stünde mir mehr Zeit zur Verfügung, würde ich mehr an Stoff vermitteln können.«— »Wären die Studenten studierfähiger, würden sie bessere Noten bekommen.«— »Gäbe es mehr Geld, wäre alles besser.«— »Gäbe es den Repetitor nicht, hätte ich auch im dritten Semester noch Zuhörer.«

Leider stimmten diese Wenn-dann-Gleichungen noch nie. Meist liegt es eher an dem einzelnen Jura-Dozenten selbst! Um das zu belegen, muss man nicht große Studien bemühen. Es reicht, einzelne Professoren miteinander zu vergleichen, deren Studenten unter ähnlichen Bedingungen gelernt haben und einen Blick zu den Fachhochschulen und zu den Repetitoren zu werfen. Man sollte auch von Ihnen, den jungen Studenten ablassen und nicht immer unterstellen, dass diese jedes Jahr schlechter würden. Auch das stimmt nicht.

Wir wagen jetzt einen kurzen Blick in Ihre Zukunft als »akustisch aufnehmender« Erstsemestler! Das Paradestück Ihrer Ausbildung an den juristischen Fakultäten wird im 1. Semester die sogenannte *Große Vorlesung* sein, die Sie zum Zuhören verdammt. Eine Massenveranstaltung mit Hunderten von Studenten in den Kernbereichen der Rechtsordnung, die ich Ihnen schon vorgestellt habe. Diesem »Großen« Wissen, das in diesen »Großen« Veranstaltungen auf die armen Erstsemest(l)er zuströmt, ist – ganz ehrlich – kein Student unvorbereitet gewachsen, im Übrigen – auch ganz ehrlich – auch kein Dozent. Der Student kann in diesen »Groß-Vorlesungen« außer ungeordneten und unverstandenen Wissensdaten nur sehr wenig erfassen. Das einfachste juristische Vokabular fehlt ihm und sein rechtswissenschaftliches Niveau ist nahezu Null. Er bringt ja aus dem Gymnasium nichts mit! Diese »*Große Vorlesung*« ist ein Kardinalhindernis auf dem Weg einer guten Juraausbildung, denn sie verschwendet wertvolle Ressourcen aufseiten der Hochschullehrer, der Steuerzahler und besonders der Studenten, denn viele von ihnen gehen der Juristerei gleich hier verloren (siehe Stichwort »Scheitern«).Kein Jurastudent braucht eine »Große Anfängervorlesung«, die kein Abiturient versteht, die nur als das »Vorlesen« eines Manuskripts oder als das »Herunterbeten« eines zum x-ten Male gehaltenen Frontalvortrages daherkommt, ohne Sie als »Anfänger« im Auge zu haben. Studenten können sich gerade bei den »Großen Vorlesungen« im Hörsaal beim Zweifeln und Nichtverstehen zusehen. Überblick zwecklos! Sie trudeln munter herein und schleichen trübselig hinaus.

So mancher Jura-Dozent neigt in diesen Veranstaltungen neben der Illusion aller Menschen, dass das, was ihnen klar ist, auch anderen klar sei, gern dazu, die Juristerei allzu sehr als einen gewaltigen, unendlich komplizierten und komplexen geistigen Apparat zu betrachten. So betrachtet und gelehrt, muss die Juristerei den Ankömmlingen in der Tat als etwas Fernes und Unerreichbares erscheinen, als etwas, was das studentische Fassungsvermögen übersteigt und in seiner Komplexität jenseits des Begreifbaren liegt.

Das Spiel ist partytauglich. Spielen Sie es einmal: Zwei sitzen mit dem Rücken zueinander. Der eine hat Papier und Bleistift. Der andere bekommt die Abbildung einer komplizierten geometrischen Figur aus Rechtecken, Vier- und Dreiecken. Die beschreibt er so präzise wie möglich seinem Mitspieler. Der wiederum muss, allein den Wörtern folgend, die Figur nachzeichnen. Was nachher auf dem Blatt zu sehen ist, entspricht manchmal den Notizen, die Studenten sich während einer Vorlesung machen.

Wäre das Ganze ein Comicstrip, erschienen über den Köpfen der meisten Studenten große Fragezeichen. Das Studentenfeindlichste kann man in dem Anfängersemester schnell lokalisieren: Die Feindaufklärung entdeckt die Vorlesung.

Im Regelfall können Sie sich darauf verlassen, dass alles, was Ihr Professor in der »Groß-Vorlesung« sagt, schon irgendwo gedruckt steht. Deshalb ist im Grunde diese traditionelle Vorlesung seit Gutenbergs Erfindung der Buchdruckkunst im Jahre 1465 überflüssig. Bevor Bücher gedruckt werden konnten, musste sich jeder Student durch die Mitschrift der (Vor-)»*Lesung*«, bei der der Professor sein Buch »*vorlas*«, sein eigenes Lehrbuch erstellen. Wer ein Buch besitzen wollte, musste sich selbst eines schreiben. Die Zeiten sind längst vorbei – man muss kein neues Lehrbuch anhand der Vorlesung mehr erstellen, es gibt Hunderte. Und dennoch ist es in der juristischen Vorlesung leider auch heute oftmals noch so, dass die Bücher des Professors durch zwei Köpfe hindurch zu Büchern des Studenten werden: Vom Manuskriptbuch des »*Vorlesers*« führt der Weg durch seinen Professorenkopf, dann durch den Studentenkopf zu vollgeschriebenen Ringbüchern, neuerdings auch Tablets, der Studenten.

Jede Vorlesung eines guten Dozenten müsste mehr bringen als ein Lehrbuch! Das tut sie aber selbst bei einem optimalen Dozenten für Sie nur dann, wenn Sie die Vorlesung nicht zur Passivität verdammt, sondern aktiv beteiligt besuchen. Wenn Sie die Passivität zur Aktivität ummünzen. Nur gedankenverloren lieb lächeln, wenn man nichts versteht, ist nicht die effektivste Nutzung der Vorlesung. Aufmerksames Zuhören kann aktivere Arbeit sein als aktives Reden. Bienenfleißiges Mitpinnen, Ungeordnetes in den Laptop hämmern oder umtriebig Notizen anfertigen sind eben keine Aktivitäten, sondern Scheinaktivitäten. Vorlesungen bringen den Effekt einer wirkungslosen Zuckerpille, eines Placebos, wenn man nicht ihre Wirksamkeit für sich erhöht. Und schlimmer: Ein diffuses Gefühl des Nichtverstehens, der eigenen Dummheit und eine daraus resultierende stumpfe Angst bleiben meist zurück. Wie ein leichter Kopfschmerz ist diese Regung immer da, wenn man nur zuhört und wenig versteht.

Man sollte sich an den juristischen Lehrstühlen sehr wohl eingestehen, dass so manche juristische »Große Vorlesung« im Vorlesungsverzeichnis des ersten Semesters Sirenengesängen gleicht und es leider nicht genügend Mastbäume gibt, die Jurastudenten daran festzubinden. Auch sollte man sich eingestehen, dass die ständig für die »Güte« der Vorlesungen ins Feld geführte Überfüllung der »Großen Vorlesungen« fehlgeht: Der Run auf die Anfängervorlesungen beruht erstens auf Unwissenheit der Studenten über deren Nutzen, zweitens ihrer vermeintlichen Erwartung, etwas »*vom Prof*« über die Klausur zu erfahren, fast immer eine Fehlannahme, und drittens auf dem Irrtum über die Attraktivität so manch einer ihrer Repräsentanten.

Und dennoch kann ich Ihnen nur empfehlen: Gehen Sie hin! Nicht nur deshalb, weil alle hingehen. Das auch! Sie sollten diese Vorlesung als eine »Zeitgenossenschaft« mit Ihrem Professor und Ihren Kommilitonen betrachten. Allerdings: Ohne eine Umsetzung von fremdgesteuerter Vorlesung in Ihre selbstgesteuerte juristische Erfahrungs- und Wissensbildung ist die Vorlesung für die Katz! Das eigentliche Lernen findet immer in Ihnen statt. Sie leisten immer die Hauptarbeit.

Der Professor sollte allerdings für die notwendigen systematischen Verknüpfungen und Einbettungen sorgen, sodass Sie den neuen Stoff unschwer in Ihr bestehendes Wissensnetz einweben können. Tut er das nicht, müssen Sie es aktiv selber tun! Hier helfen Ihnen die in jüngerer Zeit an vielen Fakultäten ins Leben gerufenen Arbeitsgemeinschaften, die bei guten Tutoren den Studierenden den Zugang zum Stoff der Vorlesungen ermöglichen und ihnen das methodische Handwerkszeug zum Lösen von Fällen und damit zur Klausurentechnik vermitteln sollen. Es ist jedoch leider oft nur ein Tropfen auf den heißen Stein.

Was also tun in der »Großen Vorlesung«? – »Etwas tun!« – Vielleicht der wichtigste Ratschlag für einen erfolgreichen Start in die Welt der Vorlesungen! Begnügen Sie sich nicht mit der Rolle des passiven Zuhörers, sondern bringen Sie sich aktiv in die Vorlesung ein. Das rein passive Zuhören in Ihren Vorlesungen ist die ineffektivste Art, Jura zu studieren. Vordergründig ist so ein Verhalten zwar bequem, für beide Seiten des Katheders, weder der Dozent noch der Student werden gefordert. Aber für Sie ist es reine Zeitverschwendung!

Versuchen Sie den Gewinn aus den Vorlesungen schon von der ersten Vorlesung an *für sich* zu optimieren! Dafür gibt es gute Tipps! – Alles ist schwer, bevor es leicht wird! Wer mitmachen will, findet Wege zur Vorlesungsoptimierung, wer nicht will, findet Gründe, sie nicht mitzugehen. Bis zu 400 Studenten im Hörsaal? – Schlimm genug, aber wichtiger als solche für Sie nicht änderbaren Oberflächenmerkmale wird es sein, wie ausdauernd und, vor allem, wie intensiv vorbereitet und wie aufmerksam Sie Ihrer Vorlesung folgen.

Der Anspruch vieler juristischer Universitäts-Professoren ist es leider, alles Recht abstrakt sehen zu wollen, entfernt von der Alltagsrealität. Aber so etwas wie abstraktes Recht gibt es eigentlich gar nicht. Recht ist immer konkret: Es ist am konkreten Lebenssachverhalt entstanden, wird im Gesetzgebungsverfahren am konkreten Lebenssachverhalt evaluiert und am konkreten Lebenssachverhalt in Gericht und Kanzlei gelebt und praktisch angewendet. Und genau so sollte es auch für Sie als Newcomer gelehrt werden! Gerade als guter »vorlesender« Professor braucht man ein Gefühl für einprägsame, spannende Fälle und lebendige Sprache, ohne sich im Jugendjargon anzubiedern. Man müsste auf den Hochschulen mehr Bereitschaft zeigen, die Professorenschaft aufzuteilen. Es wird immer vorlesungsattraktive Professoren geben, die entsprechende Fähigkeiten haben, Leute im 1. Semester zu fesseln und Inhalte auch noch im 6. Semester spannend und verstehbar zu vermitteln. Aber eben nicht alle. Mut wäre gefragt anzuerkennen, dass es große mediale juristische Lehrer, große juristische Wissenschaftler und juristisch gute Mentoren und Tutoren gibt. Doch fast alle Professoren meinen, Alleskönner zu sein. Ein großer Irrtum!

Gerade die juristischen Dozenten unterliegen leider häufig einer dreifachen Illusion, die Sie vielleicht auch von dem einen oder anderen Lehrer Ihrer Schule kennen:

- Verständnisillusion: »Die haben das alles schon verstanden.« Sie wissen es besser: »Falsch!«
- Startillusion: »Das Vorwissen für den nächsten Lehr-Lern-Schritt wird schon vorhanden sein.« Auch das wissen Sie besser: »Falsch!«
- Autonomieillusion: »Die wissen selbst am besten, wie man lernt.« Auch hier wissen Sie es besser: »Falsch! Ich weiß es eben nicht!«

Deshalb müssen Sie sich als loslegender Student absichern:

- *Der Verständnisillusion müssen Sie selbst vorbeugen, indem Sie* sich immer Rechenschaft ablegen, ob Sie die Vorlesung oder das Kapitel im Lehrbuch wirklich verstanden haben.
- *Der Startillusion begegnen, indem Sie* sich vorbereiten auf die nächste Vorlesung und das letzte Kapitel vor dem neuen rekapitulieren.
- *Der Autonomieillusion zuvorkommen, indem Sie* das selbständige autonome Lernen des juristischen Lernens lernen.

Natürlich gibt es auch viele exzellente Dozenten, diese Mischung aus tiefem und breitem juristischen Wissen und strahlender Lehrkunst: Didaktische Naturtalente, Persönlichkeiten mit natürlich-naiver und nicht qua Amt »geliehener« Autorität, die immer eine Aura des Sonnenscheins ausstrahlen, mit Pointen und Witzen aufwarten können, ihr »fundiertes« Wissen »fundierend«, blendend und locker an die Lernenden bringen. Sie beherrschen die »Kunst des juristischen Lehrens«, treffen ins juristische Schwarze, zeigen von Anfang an Respekt vor der Würde ihrer Studenten und blasen die züngelnden juristischen Flammen nicht aus, damit ihr eigenes Licht ein wenig heller leuchtet, sondern fachen sie an. Jeder kann von ihnen nur lernen. Solche »Lichtgestalten« wären Ihnen zu wünschen.

Mein Rat: Erarbeiten Sie sich möglichst bald ein eigenes Bild über »Juristisches Lehren«, damit Sie dann als jurastudentischer Gläubiger erkennen können, ob die Ursachen für Ihr Nichtverstehen des gelehrten Stoffes mehr bei Ihnen oder doch eher bei den Ihnen gute Lehre schuldenden Professoren zu suchen sind. Denn: Die Rechte der Studenten sind die Pflichten der sie schuldenden Dozenten.

»Was ist das Hauptprogramm der Vorlesungen des Anfangs? – Muss man sich fürchten?«

Nein, zum Fürchten ist das alles nicht! Meine etwas länger ausgefallene kritische Antwort zur »Großen Vorlesung« diente nur Ihrem Vertrautmachen mit dieser Lehreinheit. Zu den Inhalten des juristischen Studiums und der Frage, ob Sie sich vorstellen können, mit diesen Inhalten umzugehen, komme ich jetzt. Wenn ja, bleiben Sie dran an Ihrem Jurawunsch, wenn nein, überlegen Sie besser noch einmal alles in Ruhe.

1. Das Strafrecht

Das erste Herzstück der Studieneingangsphase ist das StGB. Dem StGB als Kernbereich des Rechts kann man nicht entrinnen. Die Vorlesungen im Strafrecht teilen sich in drei Bereiche:

Strafrecht I

Die Vorlesung ist die Einführung in den allgemeinen und den besonderen Teil des StGB. Der allgemeine Teil des StGB enthält die allgemeinen, das heißt gattungsmäßig für jede Art von Straftat geltenden Grundsätze über die Tatvoraussetzungen und die Strafen als Tatfolgen. Gewissermaßen die vor die Klammer des gesamten Strafrechts gezogenen Zankäpfel! Die Veranstaltung führt in die Methodik und Grundlagen des Strafrechts ein. Zunächst lernen Sie, welche Elemente im Tatbestand, für die Rechtswidrigkeit und die Schuld generell vorliegen müssen, damit ein Bürger vom Staat bestraft werden kann. Dazu kommen dann viele grundlegende Meinungsstreite zur Handlung und Kausalität, zu Abgrenzungsfragen von Vorsatz und Fahrlässigkeit, zu Irrtümern sowie zu der Versuchslehre und der Unterlassungsdeliktslehre. Anhand dieser Meinungsstreite erlernen Sie (hoffentlich-»kleinfallbezogen«), ein Problembewusstsein im Strafrecht zu entwickeln.

Strafrecht II

Beleidigung, Brandstiftung, Mord und Totschlag! Strafrecht II ist vieles, nur nicht langweilig! Hat A den B angestiftet, Beihilfe geleistet, oder war er gar Mittäter? Die Vorlesung behandelt intensiv die Tötungs-, Freiheits-, Ehr-, Brandstiftungs-, Straßenverkehrs- und Rechtspflegedelikte. Täterschaft und Teilnahme nehmen eine gewisse Zeit in Anspruch, bieten aber die Grundlage aus der Rechtsprechung, um dem weiteren Verlauf einer Vorlesung folgen zu können. Klassiker lassen Sie nicht nur darüber staunen, was alles möglich ist, sondern verdeutlichen die Problematik. Wann und warum spricht man überhaupt von Mord und Totschlag? Der Mord (oder doch nur Totschlag?) ist ein spannendes Thema, wofür jedoch ebenfalls die eine oder andere Theorie und Definition gelernt werden muss. Daneben bieten die anderen Delikte gute Möglichkeiten, miteingebaut zu werden. Kann man es als Einwilligung in eine Körperverletzung werten, wenn A weiß, dass B betrunken ist, in dessen Auto einsteigt, und es zu einem Unfall kommt? Wo liegt der Unterschied zwischen einer Brandstiftung, einer schweren Brandstiftung und einer besonders schweren? Mit diesen und anderen Fragen bietet Strafrecht II ausreichend Lern- und Diskussionsstoff für Ihre erste Klausur.

Strafrecht III

Bei Strafrecht III werden die Vermögensdelikte im engeren sowie im weiteren Sinne behandelt. Es werden hier solche Straftaten erörtert, die die geldwerten Güter eines Rechtsgutträgers schützen. Da man sich ausschließlich im besonderen Teil des StGB befindet, wird der allgemeine Teil, der in den vorherigen Vorlesungen gelehrt wurde, als gegeben vorausgesetzt. Im Rahmen der *Vermögensdelikte im weiteren Sinne* beschäftigt man sich mit Straftatbeständen, die spezielle Vermögensbestandteile schützen wie zum Beispiel die Verletzung des Eigentums, worunter der Diebstahl, die Unterschlagung, der Raub, die Sachbeschädigung und einige andere zu finden sind. Aber auch Straftaten gegen einzelne Vermögenswerte, wie der unbefugte Gebrauch eines Fahrzeuges, werden hierunter subsumiert. Unter *Vermögensdelikten im engeren Sinne* werden Vergehen gegen das Vermögen als Gesamtheit verstanden. Dazu zählen etwa Betrug, Untreue, Erpressung, Begünstigung, Hehlerei und vieles andere.

2. Das Strafverfahrensrecht

Nachdem man in den ersten drei Semestern idealerweise die jeweiligen Strafrechtsvorlesungen besucht hat und sich im materiellen Strafrecht nun bereits auskennt, wird einem im vierten Semester seine Umsetzung durch den Strafprozess beigebracht. Der Grundkurs soll einen Überblick über die Gesamtstruktur des Strafverfahrens und seinen Ablauf geben. Durch die Vorlesung erfährt man dadurch sehr viel über das Berufsbild des Staatsanwaltes bzw. Strafverteidigers. Insbesondere werden hier das Ermittlungsverfahren sowie die erstinstanzliche Hauptverhandlung behandelt. Da das Strafverfahrensrecht immer zugleich die Interessen der Strafverfolgung mit den Schutzinteressen der Bürger zum Ausgleich bringen will, wird es auch als angewandtes Verfassungsrecht bezeichnet. Ein Eingriff nach der Strafprozessordnung (StPO) bedeutet immer auch einen Eingriff in Rechte eines Bürgers. Aus diesem Grund wird im Grundkurs StPO auch ein besonderes Augenmerk darauf gelegt, inwieweit die Strafverfolgungsbehörden zum Zwecke der Wahrheitsfindung in die Rechte der Bürger eingreifen dürfen. Es werden unter anderem Themen wie die Aussageverweigerung eines Beschuldigten und Beweisverwertungsverbote behandelt. Daneben wird ebenfalls das Modell der verdeckten Ermittler diskutiert. Der Grundkurs gibt immer wieder die Gelegenheit, aktuelle Themen einzubeziehen und ist dadurch äußerst lebensnah und interessant gestaltet.

3. Das Bürgerliche Recht – BGB

Das zweite Herzstück der Studieneingangsphase ist neben dem StGB das BGB. Den besten Zugang zum **BGB** verschafft man sich, indem man zunächst einmal in der Fundgrube des Inhaltsverzeichnisses stöbert. Sie sehen, dass der BGB-Organismus äußerlich in fünf große Hauptgebiete gegliedert ist, die vom »Gesetzgebergott« - wie die Abschnitte in der Bibel - »Bücher« genannt werden.

Die Vorlesungen im bürgerlichen Recht teilen sich genau in diese fünf Bücher des BGB:

1. Buch: Allgemeiner Teil des Bürgerlichen Rechts

Die Vorlesung gehört zum unverzichtbaren Basiswissen des Zivilrechts. Hier sollten methodische Grundkenntnisse über das juristische Denken (die Fähigkeit »juristisch-logische Schlüsse zu ziehen«) und Arbeiten (juristische Problemlösungssysteme) vermittelt werden, die nicht nur einen Einstieg in den großen Bereich des Zivilrechts gewähren, sondern auch das »juristische Handwerkszeug« darstellen, mit dem Sie bis zum Examen arbeiten müssen. Das Erlernen des Gutachtenstils und der Subsumtionstechnik anhand von Fallbeispielen gehört zu den essentiellen Aufgaben im Grundstudium, an die diese Veranstaltung Sie heranführen müsste. Die Teilnahme an dieser Vorlesung ist also für den Verlauf und das Gelingen Ihres rechtswissenschaftlichen Studiums von zentraler Bedeutung. Die Vorlesung behandelt neben der Methodik inhaltlich den sogenannten Allgemeinen Teil des Bürgerlichen Gesetzbuchs. Der Gesetzgeber nahm sich Vorschriften vor, die für sämtliche nachfolgenden Rechtsgebiete gelten. Es ist das »*Buch der Bücher*« und enthält die Grundlagen für alle bürgerlich-rechtlichen Rechtsverhältnisse. Es regelt die Antworten auf die Fragen:

- Wer kann rechtlich handeln und wer nicht? (*Frage nach den Rechtssubjekten*)
- Mit was kann man handeln und mit was nicht? (*Frage nach den Rechtsobjekten*)
- Wie kann man handeln und wie nicht? (*Frage nach den Rechtsgeschäften*)

2. Buch: Das Schuldrecht

Allgemeiner Teil des Schuldrechts

Die Vorlesung schließt nahtlos an die BGB AT-Vorlesung an. Nachdem in der vorangegangenen Vorlesung Grundlagen des Vertragsschlusses am Beispiel des Kaufvertrags behandelt wurden, bezieht sich diese nun auf mögliche Probleme, die ein wirksamer Vertragsschluss nach sich ziehen kann. Zunächst wird Ihnen ein Überblick über Haupt- und Nebenleistungspflichten aus wirksamen Verträgen für die am Vertrag beteiligten Parteien gegeben. Im allgemeinen Teil des Schuldrechts geht es nun vor allem um die Beziehung zwischen Schuldner und Gläubiger, wie zum Beispiel um den Austausch der Leistungen und die daraus resultierenden Konsequenzen für das bestehende Schuldverhältnis bei Nicht-, Zuspät- oder Schlechterfüllung. Hier werden beispielsweise Verzug, Pflichtverletzungen und Unmöglichkeit angesprochen. Die daraus entstehenden Schadenersatzansprüche und Rücktrittsmöglichkeiten sowie deren Folgen werden näher beleuchtet wie auch aus dem Schuldverhältnis resultierende Pflichten und Obliegenheiten. Weiterhin befasst sich Schuldrecht AT mit Sonderfällen, wie Drittschadensliquidation, culpa in contrahendo und Verträgen mit Schutzwirkung zu Gunsten Dritter.

Besonderer Teil des Schuldrechts

Das Schuldrecht teilt sich im besonderen Teil in zwei Bereiche:

Vertragliche Schuldverhältnisse

Hier werden zu den Vorschriften des allgemeinen Teils über das Zustandekommen des Vertrags und neben den Vertragsstörungen im allgemeinen Teil des Schuldrechtes einzelne Vertragstypen behandelt. Kaufvertrag, Darlehen, Schenkung, Mietvertrag, Dienst- und Reisevertrag sowie die Leihe sind sicherlich die bekanntesten Vertragstypen, mit denen jeder schon in Kontakt gekommen ist, sei es beim Kauf von Brötchen, bei dem Verleih einer DVD an Freunde oder bei dem Geschenk unter dem Tannenbaum. Darüber hinaus werden aber auch die Pflichten und Rechte der einzelnen Personen näher dargestellt, was einen umfassenden Einblick in die geschäftlichen Tätigkeiten des täglichen Lebens ermöglicht. Jedoch sind die dort genannten besonderen Schuldverhältnisse nicht als abschließend anzusehen. Denn das Schuldrecht ist ständig in gesellschaftlicher Bewegung. Kaufrecht gibt es schon seit Jahrtausenden, aber »Merchandising«, »Factoring«, »Franchise«, »Internet- und Online-Recht«? Auch ist zB »Leasing« ein besonderes Schuldverhältnis. Die Frage ist immer, welcher Vertragstyp aus den Grundformen des Leih-, Pacht-, Kauf- und Mietvertrages näher zu beachten ist oder ob sie als neue Mischverträge betrachtet werden müssen. Gleiches gilt für die ganz neu entstandene Medienrechts- und Internetrechtswelt.

Gesetzliche Schuldverhältnisse

Diese Vorlesung behandelt, anknüpfend an die im Rahmen der Vorlesungen BGB AT und Schuldrecht AT erworbenen Kenntnisse, folgende gesetzlichen Schuldverhältnisse als Gläubiger-Schuldner-Beziehungen, die der Gesetzgeber »ex cathedra« anordnet:

- *Unerlaubte Handlungen* – Diese Bestimmungen stellen darauf ab, dass einer Person in rechtswidriger Weise meist vorsätzlich oder fahrlässig Schaden zugefügt worden ist und wollen einen Ausgleich dieses Schadens herbeiführen.
- *Ungerechtfertigte Bereicherung* – ist als ein gesetzliches Schuldverhältnis geregelt, das ungerechtfertigte Vermögenszuwächse

rückgängig machen soll, das heißt dem wieder zukommen lassen soll, dem der Vermögensvorteil von Rechts wegen gebührt.

- *Geschäftsführung ohne Auftrag*– Ein drittes gesetzliches Schuldverhältnis erfasst Lebenssituationen, in denen jemand im Interessenbereich eines anderen tätig wird, ohne hierzu aufgrund eines Vertrages oder einer gesetzlichen Regelung, etwa elterlicher Sorge oder Betreuung, verpflichtet und berechtigt zu sein.

3. Buch: Das Sachenrecht

Die Vorlesung »Sachenrecht« befasst sich mit dem 3. Buch des BGB. Obwohl ein Teil des Sachenrechts in einer separaten Vorlesung unter der Bezeichnung »Kreditsicherungsrecht« (Grundpfandrechte, Bürgschaft, Sicherungseigentum) behandelt wird, ist der in der Vorlesung zu vermittelnde Stoff noch ausgesprochen umfangreich. Während das Schuldrecht die Beziehungen zwischen mehreren Personen (Gläubiger-Schuldner) regelt, ordnet das Sachenrecht die Rechtsbeziehungen von Personen zu Sachen. Mit Personen sind dabei nicht nur Menschen gemeint (natürliche Personen), sondern auch juristische Personen, zB eingetragene Vereine, Aktiengesellschaften. Unter Sachen versteht das BGB körperliche Gegenstände. Zu diesen gehören sowohl bewegliche Sachen (Mobilien) als auch unbewegliche Sachen, also Grundstücke (Immobilien), sowie grundstücksgleiche Rechte, sogenannte dingliche Rechte (zB Hypothek, Grundschuld).Das Sachenrecht regelt zunächst klipp und klar, welche Rechte es an Sachen gibt (sogenannter numerus clausus der Sachenrechte), und dann beschäftigt es sich immer mit den gleichen Fragen, nämlich

- wie entstehen diese Rechte,
- was beinhalten diese Rechte,
- wie werden diese Rechte übertragen oder belastet
- und wie gehen diese Rechte unter.

4. Buch: Das Familienrecht

Die Vorlesung hat zum Inhalt, wie eine Ehe oder eine Lebenspartnerschaft geschlossen und wie und mit welchen Folgen sie wieder geschieden und aufgelöst wird (Ehe-/Partnerschaftsrecht), welche Nachnamen gewählt werden dürfen und wie die Kinder heißen (Namensrecht), welche Rechte und Pflichten zwischen den Eheleuten/Partnern bestehen (persönliche und vermögensrechtliche Rechtsfolgen); weiter geht es um die Rechtsbeziehungen der ehelichen und nichtehelichen Kinder zu ihren Eltern (Kindschaftsrecht), die Adoption (»künstliche Verwandtschaft«), die Unterhaltspflichten zwischen Verwandten, Lebenspartnern und Ehegatten (Unterhaltsrecht) sowie letztlich, wegen der Ähnlichkeit des Kindschaftsrechts mit dem Vormundschaftsrecht, um die Betreuung und die Pflegschaft Hilfsbedürftiger.

5 . Buch: Das Erbrecht

Die Vorlesung befasst sich mit dem letzten zu regelnden Gebiet im menschlichen Zusammenleben: seinem Ende, dem Tod. Damit schließt sich der rechtliche Kreislauf. Der BGB-Mensch beginnt sein Leben mit Vollendung der Geburt – und beendet es mit dem Tod. Regelungsgegenstand: Der Tod des Rechtsgenossen! Was gibt es da zu ordnen? Das Wichtigste überhaupt: sein Eigentum und Vermögen. Das Erbrecht hat die Funktion, das Eigentum und das Vermögen mit dem Tod des Eigentümers (Erblasser) nicht untergehen zu lassen, sondern seinen Fortbestand im Wege der Rechtsnachfolge zu sichern. Es garantiert, grundgesetzlich abgesichert, die Weitergabe des Eigentums von Menschen (natürlichen Personen) in private Hand – und nicht etwa an den Staat. Die Testierfreiheit berechtigt den Erblasser zu beliebigen Verfügungen über sein Vermögen. Sie ist bestimmendes Element des Erbrechts als unbeschränkbares Verfügungsrecht über den Tod hinaus. Man kann jede beliebige Person durch Testament einseitig zu seinem Erben einsetzen: die Ehefrau, die Kinder, die Kirche, den Staat, den Tennisclub oder die Freundin oder den Freund (*gewillkürte Erbfolge*). Sofern man von seiner Testierfreiheit keinen Gebrauch gemacht hat, geht das Vermögen kraft *gesetzlicher Erbfolge* auf die Familie über, nämlich auf den Partner und die nächsten Verwandten, meist die Kinder. Wenn gar niemand mehr auffindbar ist, erbt der Staat, aber nur das aktive Vermögen, nicht die Passiva.

4. Das Zivilprozessrecht

Im Zivilprozess wird das materielle Recht in die Praxis umgesetzt. Für den berufstätigen Juristen, insbesondere für den Anwalt und den Richter, sind solide Kenntnisse des Prozessrechts, welche in der Zivilprozessordnung (ZPO) geregelt sind, unerlässlich. Auch in der ersten juristischen Staatsprüfung ist die Materie von immer größerer Bedeutung, zumal zivilprozessuale Fragestellungen auf vielfältige Weise mit materiell-rechtlichen Problemen verknüpft sind. Gegenstand des Grundkurses Zivilprozessrecht bildet das sogenannte Erkenntnisverfahren, also das Verfahren, in dem der Richter auf der Basis des Parteivorbringens zu einer abschließenden Entscheidung – die »Erkenntnis« – gelangt. Im Anschluss daran werden Grundzüge des Zwangsvollstreckungsrechts besprochen. Die Vorlesung vermittelt das grundlegende Wissen zum Ablauf eines Zivilprozesses und fördert damit zugleich das Verständnis anderer Verfahrensordnungen.

5. Das Kreditsicherungsrecht (Teil des Bürgerlichen Rechts)

Bürgschaft, Sicherungseigentum, Garantie, Grundschuld, Hypothek. Dies sind zentrale Begriffe, mit denen sich das Kreditsicherungsrecht beschäftigt. Es geht in dieser Vorlesung um die Frage, wie man einen Kredit (Darlehen), also das Zurverfügungstellen von Kaufkraft, absichern kann. Für die Wirtschaft, aber auch den Privatmann, ist diese Frage von wesentlicher Bedeutung. Die Sicherheiten werden in einzelne Kategorien geordnet: Es gibt Personal-(Bürgschaft) sowie Realsicherheiten (Hypothek, Grundschuld), akzessorische (das heißt von einer Forderung abhängige) und nicht akzessorische (sie bestehen ohne eine Forderung), gesetzliche (Vermieterpfandrecht) und nicht gesetzliche (Pfandrecht des Pfandleihers). Vor- und Nachteile der jeweiligen Sicherungsmethoden werden in dieser Vorlesung besprochen. Das Kreditsicherungsrecht ist ein spannendes Rechtsgebiet mit vielen Schnittstellen zum realen Leben.

6. Das Handelsrecht und Gesellschaftsrecht

Den ersten Teil dieser Vorlesung bildet das allgemeine Handelsrecht. Das Handelsrecht ist das Sonderrecht der Kaufleute. Im Vergleich zu »Ottonormal«-Bürgern haben Kaufleute im Privatrecht strenge Pflichten. So können sie beispielsweise Mängelgewährleistungsrechte, wie sie uns aus dem Kaufrecht bekannt sind, nur geltend machen, wenn sie den Mangel unverzüglich nach Erhalt der Ware rügen. Das Schweigen auf ein kaufmännisches Bestätigungsschreiben bedeutet im Gegensatz zum Bürgerlichen Recht Allgemeiner Teil die Annahme eines Angebots. Diese und weitere Fragen, und natürlich auch die Klärung, wer überhaupt Kaufmann ist, bilden die erste Hälfte der Vorlesung.

Die zweite Hälfte befasst sich mit dem Gesellschaftsrecht. Dieses gliedert sich in das Personen- und das Kapitalgesellschaftsrecht. Das Kapitalgesellschaftsrecht – insbesondere das Recht der AG und der GmbH – wird, obwohl in der Praxis mit Abstand am wichtigsten, in der universitären Lehre nur am Rande thematisiert. Stattdessen befasst sich die Vorlesung mit dem Recht der Handelsgesellschaften (OHG und KG) sowie dem Recht der Gesellschaft bürgerlichen Rechts.

7. Das Arbeitsrecht

»Ich habe auf der Arbeit einen Pfandzettel entwendet. Kann mir gekündigt werden? Habe ich Anspruch auf ein Praktikumszeugnis? Kann mein Arbeitgeber mir nach längerer Krankheit kündigen? Muss der Arbeitgeber wissen, dass ich vorbestraft bin?« – Solche – und unzählige andere – arbeitsrechtliche Fragen stehen im Mittelpunkt des Grundkurses Arbeitsrecht. Die Vorlesung behandelt im Schwerpunkt das Individualarbeitsrecht, das vor allem die Begründung, den Inhalt und die Beendigung von Arbeitsverhältnissen umfasst. In Grundzügen werden ferner Aspekte des Kollektivarbeitsrechts (Betriebsverfassungs- und Tarifrecht) und die europarechtlichen und verfassungsrechtlichen Bezüge des Arbeitsrechts behandelt.

8. Das Internationale Privatrecht

Der Grundkurs gibt einen Überblick über die Grundstrukturen und Grundlagen des Internationalen Privatrechts. Da es immer wieder Sachverhalte gibt, die einen Bezug zum Ausland haben, ist dieser Grundkurs sehr fallorientiert gestaltet. Anhand von Fällen werden hier die Probleme des Allgemeinen Teils des EGBGB (Einführungsgesetz zum BGB), des internationalen Schuldrechts, des internationalen Sachenrechts sowie des Familien- und Erbrechts behandelt. Durch die ständigen Änderungen im EU-Recht werden in der Vorlesung immer wieder aktuelle Themen besprochen. In dem Grundkurs wird der Weg vom Sachverhalt mit Auslandsberührung zum Ergebnis bzgl. des anwendbaren Rechts beigebracht. Dadurch ist die Prüfung der Fälle des Grundkurses oftmals damit beendet, dass festgestellt wird, welches Recht anwendbar ist. Wenn der allen Lehrbüchern bekannte englische Grandfather Sir Henry Melcome in Palma de Mallorca schuldlos in das Auto des Schweizer Autofahrers Wilhelm Tell läuft, der in Köln auf der Neusser Landstraße 111 wohnt und gegen den Sir Henry in Köln klagt, so entscheidet das Kölner Landgericht, ob Sir Henry nach englischem, spanischem, schweizerischem Recht oder dem deutschen BGB die eingeklagten 10 000 EUR Schadenersatz bekommt. Der Grundkurs dient des Weiteren als Vorbereitung auf den Schwerpunkt Internationales Privat-, Wirtschafts- und Verfahrensrecht.

9. Das Staats- und Verfassungsrecht

Hier unterscheiden wir das allgemeine und das besondere Staatsrecht.

Das allgemeine Staatsrecht

Es behandelt ganz generell den Begriff, die Entstehung, die Formen und den Untergang von Staaten. Was macht einen Staat zum Staat?

Das besondere Staatsrecht

Das besondere Staatsrecht behandelt demgegenüber die speziellen Rechtsnormen zur staatlichen Verfasstheit unserer Bundesrepublik Deutschland. Das besondere Staatsrecht ist Verfassungsrecht, bei uns beschäftigt sich diese Vorlesung mit dem Grundgesetz, weil unsere Verfassung nun einmal Grundgesetz und nicht Verfassung genannt wird. Die Verfassung ist die rechtliche Ordnung unseres Staates und enthält die für einen modernen Staat notwendigen Essenzialien, nämlich den Grundsatz der Volkssouveränität, die Gewaltenteilung, den Grundsatz, dass sich alles staatliche Handeln auf Gesetze stützen muss und die Anerkennung von Freiheits- und Menschenrechten, vorrangig Freiheit, Gleichheit und Brüderlichkeit (Solidarität). Die Verfassung ist aber nicht nur der Rahmen und die Grundlage für die Grundrechte, die Organisation des Staates und seine materiellen Voraussetzungen, sondern bestimmt auch, wohin die Reise in unserem Land politisch, ökonomisch, sozial, ökologisch, im Zivil-, Straf- und Verwaltungsrecht geht. Für jeden Jurastudenten ist dieses Fach von höchstem Interesse.

Das besondere Staatsrecht teilt sich in vier Bereiche.

Staatsrecht I: Grundrechte

Das Fach Staatsrecht I beinhaltet die Artikel 1–19 des Grundgesetzes, die sogenannten Grundrechte. Daher werden die Grundrechte und auch andere grundrechtsgleiche Rechte anhand von Verfassungsbeschwerden besprochen und in Fällen verdeutlicht. Dabei gehen die Dozenten sowohl auf den persönlichen und sachlichen Anwendungsbereich der Grundrechte als auch auf ihre Einschränkungen und Grenzen ein. Die Grundrechte sind von zentraler Bedeutung, da sie die Grundlage für alle Rechte des Bürgers gegenüber dem Staat und gegen den Staat darstellen. Sie sind außerdem notwendig für das Verständnis des gesamten Jurastudiums, insbesondere des öffentlichen Rechts. In der Veranstaltung werden elementare Denkweisen für das Studium vermittelt, so zum Beispiel, wie die Einschränkung eines Grundrechts durch den Staat über den Verhältnismäßigkeitsgrundsatz gerechtfertigt werden kann. Die Studenten machen sich mit den allgemeinen Grundrechtslehren vertraut und bekommen dadurch ein größeres Verständnis für die eigene Stellung in der Verfassungsordnung. Dabei wird auch die Rechtsprechung des Bundesverfassungsgerichts zugrunde gelegt. Insgesamt bieten die Grundrechte viel Raum für kritische Betrachtung und Diskussion, denken Sie nur an das jüngste »Sterbehilfeurteil«. Das macht die Veranstaltung so wichtig und interessant, vor allem für Studenten des ersten Semesters, die sich in das Jurastudium zunächst einmal einfinden müssen.

Staatsrecht II: Staatsorganisationsrecht

In Staatsrecht II lernen Sie den Aufbau und die Funktion des deutschen Staates und seiner Staatsorgane kennen. Das Staatsorganisationsrecht regelt die Verteilung politischer Macht. Hier sind vor allem die Strukturbestimmungen zum Demokratieprinzip, zum Förderalismus und zum Rechts- oder Sozialstaatsprinzip von wesentlicher Bedeutung und begleiten die Studenten durch die gesamte Vorlesung. Den Studierenden wird ein Überblick darüber gegeben, welches Organ welche Aufgaben und Funktionen im Staat übernimmt. So wird Ihnen jedes Staatsorgan einzeln vorgestellt und dabei erläutert, welche Rechte und Pflichten es im Staat hat. Außerdem wird unter anderem das Bundesgesetzgebungsverfahren durchgesprochen, und es werden die einzelnen Verfahrensarten vor dem Bundesverfassungsgericht dargestellt.

Verfassungsprozessrecht

Mit den Verfahren vor dem Bundesverfassungsgericht werden Sie sich genauer in der Vorlesung Verfassungsprozessrecht beschäftigen. Dies betrifft zunächst die *Verfassungsbeschwerde*, mit der vor dem Bundesverfassungsgericht Grundrechtsverletzungen gerügt werden können und die in der Praxis mit Abstand das bedeutendste Verfahren darstellt. In der Vorlesung »Grundrechte« haben Sie hauptsächlich die materielle, also die inhaltliche, Seite der Grundrechte kennen gelernt, also ob eine Grundrechtsverletzung vorliegt. In der Vorlesung Verfassungsprozessrecht geht es nun um prozessuale Fragen. Daneben lernen Sie noch einige weitere Verfahren kennen, so unter anderen das *Organstreitverfahren, das abstrakte Normenkontrollverfahren* und den *Bund-Länder-Streit*, in welchen sich oberste Bundesorgane bzw. ein Bundesland mit dem Bund über die Kompetenzen und Reichweiten ihrer grundrechtlichen Rechte und Pflichten streiten. Darüber hinaus wird es um die in der Praxis ebenfalls bedeutsame *konkrete Normenkontrolle* gehen, mit welcher ein Richter eine Norm auf ihre Vereinbarkeit mit der Verfassung überprüfen lassen kann. Zusammenfassend bietet auch diese Vorlesung ausreichend, vor allem politischen, Diskussionsstoff und ist für das Verständnis des deutschen Staates essenziell.

Staatsrecht mit Europarecht und Bezügen zum Völkerrecht

Die Vorlesung behandelt die Bezüge des Grundgesetzes zum Völker- und Europarecht sowie die Grundstrukturen des Europarechts (insbesondere Rechtsquellen, Institutionen, Grundfreiheiten). Dargestellt werden insbesondere die völker- und europarechtlichen Integrationsnormen des Grundgesetzes, die verfassungsrechtlichen Voraussetzungen für die Mitgliedschaft und Mitarbeit Deutschlands in internationalen Organisationen (zB Vereinte Nationen) und der Europäischen Union.

10. Das Verwaltungsrecht

Verwaltungsrecht ist nicht nur das Recht der Verwaltung, also das Regelwerk der bürokratischen Administration, sondern mehr noch das Recht des Bürgers gegen die Verwaltung. Also ob, wie und wo er gegen ihre Maßnahmen, die man Verwaltungsakte nennt, mit einer Anfechtungsklage klagen kann, und ob, wie und wo er die Verwaltung zu einer Maßnahme mit einer Verpflichtungsklage zwingen kann. Die Verwaltung greift meist mit Ordnungsbehörden ordnend und regelnd in das gesellschaftliche Leben und die Rechte der Bürger ein. Man nennt das *Eingriffsverwaltung*.

Die Verwaltung wird aber nicht nur negativ tätig, sondern leistet auch – durchaus positiv – etwas: Man nennt das *Leistungsverwaltung*, die Verwaltung handelt mithin als Leistungsträger. Sie haben alle schon an dieser Daseinsvorsorge teilgenommen: Kindergärten, Schulen, Hochschulen, Gesundheitsfürsorge, Krankenhäuser, Friedhöfe, Schwimmbäder, Straßen, Verkehrsmittel, Ausbildungsförderung, Sozialhilfe usw. Der Staat ist auch für die technischen Grundbedürfnisse der Bürger, also die Versorgung mit Energie, Wasser, Müllabfuhr, Post, Flug- und Bahnverkehr verantwortlich, deren Versorgung er allerdings immer mehr privatisiert (Politisches Credo: Mehr oder weniger Staat?). Das Verwaltungsrecht garantiert, dass der Bürger vor den Verwaltungsgerichten klagen kann, wenn ihm die »Leistungsverwaltung« eine Leistung auf diesem Gebiet der Daseinsvorsorge verweigert oder er sich gegen Verwaltungshandeln wehren will.

Das Verwaltungsrecht gibt also einen umfassenden Rechtsschutz für den Bürger gegen die Verwaltung bei Eingriffen in seine Rechte und bei Ablehnung ihm zustehender Leistungen.

Die Vorlesungen im Verwaltungsrecht teilen sich in drei Teile:

Allgemeines Verwaltungsrecht

Die Veranstaltung behandelt systematisch die Grundbegriffe, Prinzipien und alle »vor die Klammer gezogenen« Vorschriften und Grundsätze des Verwaltungsrechts. Dabei geht es vor allem um die Handlungsformen der Verwaltung, zum Beispiel durch den Verwaltungsakt. Auch die Staatshaftung ist Teil der Vorlesung Verwaltungsrecht AT. Dabei wird in dieser Veranstaltung auch das öffentliche Recht der Länder zum ersten Mal relevant. Der größte Teil der Vorlesung wird sich meist um den Verwaltungsakt, die häufigste Handlungsform der Verwaltung, drehen. Es werden die Voraussetzungen für den Erlass, die Rechtsbehelfe des Bürgers gegen ihn und die Aufhebung des Verwaltungsakts erläutert und anhand von praxisnahen Fällen veranschaulicht. Für die Vorlesung werden die verfassungsrechtlichen Grundlagen vorausgesetzt und teilweise nochmals vertieft.

Besonderes Verwaltungsrecht

Die Vorlesung »Verwaltungsrecht BT« deckt die drei examensrelevanten Rechtsgebiete aus dem besonderen Verwaltungsrecht ab: Kommunalrecht, Baurecht sowie Polizei- und Ordnungsrecht. Als Besonderheit gegenüber dem übrigen Grundstudium bestehen diese überwiegend aus Landesrecht.

Das Kommunalrecht befasst sich mit der Organisation und den Kompetenzen der Gemeinden, sowie den Rechtsverhältnissen der Bürger zur Gemeinde. Themen sind hier beispielsweise die Rechtmäßigkeit eines Ratsbeschlusses oder die Voraussetzungen für ein Bürgerbegehren.

Das Baurecht unterfällt in einen zivilrechtlichen und einen öffentlich-rechtlichen Teil. Während der zivilrechtliche Teil auf dem Werkvertragsrecht des BGB fußt, gründet sich das Öffentliche Baurecht auf das bundesrechtliche Baugesetzbuch mit der Baunutzungsverordnung und die landesrechtlichen Bauordnungen. Das Baugesetzbuch enthält das *Bauplanungsrecht.* Dieses beantwortet die Frage, welche Gebäude in welchen Baugebieten gebaut werden dürfen und welche Baugebiete es eigentlich gibt. Ein Wohnhaus gehört nicht in ein Industriegebiet, ein Bordell nicht ins Wohngebiet.

Das Bauordnungsrecht regelt die Beschaffenheit, die ein Gebäude haben muss. Anforderungen an die Standsicherheit etc. sind zu beachten. Besonders relevant ist dabei die Regelung über die Abstandsflächen. Außerdem wacht das Bauamt über die Einhaltung der genannten Regeln. So benötigt man für manche bauliche Anlagen eine Baugenehmigung. Fehlt diese oder liegt sonst ein baurechtswidriger Zustand vor, kann die Behörde mit verschiedenen Verfügungen reagieren.

Das Polizei- und Ordnungsrecht schließlich regelt die Voraussetzungen polizeilichen Handelns bei der Gefahrenabwehr. Das ist abzugrenzen vom repressiven, also strafverfolgenden, Handeln der Polizei. Dieses geschieht auf Grundlage der StPO. Ermittelt die Polizei also einen Sachverhalt, um einen Straftäter aufzuspüren, so hat das nichts mit Polizeirecht zu tun. Erteilt sie hingegen einem stark alkoholisierten Randalierer einen Platzverweis, dann ist das am Maßstab des Polizeigesetzes des jeweiligen Bundeslandes (PolG) zu messen. Der Platzverweis ist als Standardmaßnahme spezialgesetzlich geregelt. Sonstige Maßnahmen richten sich nach einer Generalklausel. Die Ordnungsbehörden handeln auf Grundlage eines Ordnungsbehördengesetzes, welches analog dem Polizeigesetz gestaltet ist. Das Polizei- und das Ordnungsrecht gehören zu den relevantesten Teilen des Öffentlichen Rechts, aber auch zu den anregendsten.

11. Verwaltungsprozessrecht

Das Verwaltungsprozessrecht regelt das Recht des Verfahrens vor den Verwaltungsgerichten, die Vollstreckung von Urteilen und auch das Vorverfahren für Verwaltungsakte. In der Vorlesung werden die verfassungsrechtlichen und gesetzlichen Grundlagen der Verwaltungsgerichtsbarkeit, sowie die verschiedenen Klagearten der Verwaltungsgerichtsordnung behandelt. Im Einzelnen sind dies die Anfechtungs- und Verpflichtungsklage, das Widerspruchsverfahren, die allgemeine Leistungs- und Feststellungsklage, sowie die Fortsetzungsfeststellungsklage, das Normenkontrollverfahren und der einstweilige Rechtsschutz. Für alle Verfahren werden ihre allgemeinen und besonderen Zulässigkeitsvoraussetzungen, als auch Inhalte und Wirkungen dargestellt.

12. Grundlagenfächer

Die Römische Rechtsgeschichte

Diese Vorlesung befasst sich mit dem bürgerlichen Recht des »alten Rom«, das von dort ausgehend in Deutschland weit verbreitet war und galt. Das heutige BGB ist sehr stark vom römischen Recht geprägt. Und so ist es teilweise sehr ratsam, etwas über das römische Recht zu wissen. Dabei orientieren sich die Studenten vornehmlich an den Institutionen Iustinians, dem ersten Teil des von Kaiser Iustinian in Auftrag gegebenen Corpus Iuris Civilis, welches 533 n. Chr. zunächst als Lehrbuch für Studenten veröffentlicht wurde und dann Gesetzeskraft entfaltete. In der Veranstaltung wird parallel das »alte« römische Recht mit dem heutigen deutschen verglichen. Die Studenten verfolgen die Entwicklung des römischen Rechts und stoßen dabei auf viele Gemeinsamkeiten mit dem heutigen Recht. Daneben werden schon damals in Rom relevante und immer wiederkehrende Fälle und Probleme erörtert und diskutiert. Sie werden staunen, wie viele Begriffe und Strukturen des römischen Rechts noch heute das geltende bürgerliche Recht, nicht nur Deutschlands, prägen. Insgesamt ist die Vorlesung sehr hilfreich, um die Entwicklung des bürgerlichen Rechts in Deutschland zu verstehen.

Die Deutsche Rechtsgeschichte

In der Grundlagenveranstaltung »Deutsche Rechtsgeschichte« bekommen die Studenten einen Einblick in die Entwicklung des Rechts auf dem Gebiet des heutigen Deutschland von der Spätantike bis zur deutschen Wiedervereinigung. Dabei geht es um das römische Recht, verschiedene Stammesrechte, aber auch um das Recht in der Weimarer Republik und, wenn die Zeit es zulässt, während des Nationalsozialismus und in der DDR. Vertieft behandelt werden das mittelalterliche Strafrecht, insbesondere die Hexenprozesse, und die Entwicklung des Rechts durch den Humanismus, die Aufklärung und den Liberalismus. In der Veranstaltung erfahren die Studierenden ebenfalls anhand von Fällen und vielen interessanten Dokumenten und Bildern etwas über die verschiedenen Rechtsordnungen vor dem heute geltenden deutschen Recht. Dabei wird auf die zeitgemäße Interpretation der einzelnen Dokumente und Fälle geachtet und damit verdeutlicht, wie sich auch die Denkweise der Menschen zu Recht und Unrecht gewandelt hat und wie das Recht durch unterschiedliche Rahmenbedingungen der jeweiligen Zeit geprägt wurde.

Die Einführung in das Kirchenrecht

Zivilrecht, Strafrecht und öffentliches Recht – diese Rechtsgebiete kennt jeder. Daneben gibt es aber noch einige mitunter sehr interessante Rechtsgebiete, die irgendwo fernab der großen Rechtsgebiete ihr Schattendasein führen. Dazu gehört unter anderem das »Kirchenrecht«, im Fachjargon auch »kanonisches Recht« genannt. Genau mit diesem Recht werden Sie sich in dieser Vorlesung beschäftigen. Dabei gehen Sie beispielsweise der Frage nach, ob und inwieweit religiöse Grundsätze ihren Weg in das geltende Recht gefunden haben. Daneben werden Sie auch eine Menge über den Artikel des GG lernen, der die Religionsfreiheit sichert. Wer jetzt denkt, dass dies nur theoretische und langweilige Probleme betrifft, liegt weit daneben; so werden Sie sich unter anderem mit der (Nicht)Anerkennung der Scientology-Kirche als Religionsgemeinschaft befassen oder die Frage beantworten, ob das katholische Krankenhaus einem Arzt wegen seiner Scheidung kündigen darf oder Sie werden klären, ob aus religiösen Gründen eine Bluttransfusion für ein Kind verweigert oder eine Beschneidung durchgeführt werden kann.

Die Einführung in die Rechtstheorie

Die Vorlesung bietet einen Überblick über Grundfragen, die sich in jeder heutigen Rechtsordnung stellen: Was ist Recht? Welche Funktion besitzt Recht in einer modernen Gesellschaft? Was zeichnet Rechtsnormen aus und in welchem Verhältnis stehen sie zu sozialen Normen oder solchen der Moral? Wie werden richterliche Entscheidungen begründet? Was sind Rechtsprinzipien? Was ist »Gerechtigkeit« und welche Bedeutung hat sie für das positive Recht? Wie wird staatliches Recht legitimiert? Gibt es nichtstaatliches Recht? Die Veranstaltung möchte eine kritische und eigenständige Auseinandersetzung mit wesentlichen Strukturen und Begriffen des Rechts sowie mit dessen normativen Kernaspekten ermöglichen. Dadurch lassen sich auch rechtspraktische Fragestellungen und Argumentationen besser nachvollziehen. Zugleich werden die Teilnehmer darauf vorbereitet, sich auch in fremden, aber strukturell vergleichbaren Rechtsordnungen schnell orientieren zu können. Kenntnisse der Grundlagen des Rechts und jener gemeinsamen Strukturen von Rechtsordnungen sind gerade für international tätige Juristen unentbehrlich.

Die Rechtsphilosophie

Ein weites, aber spannendes Feld! Nur so viel: Im Zentrum der Rechtsphilosophie standen und stehen Versuche, die »menschlichen« Gesetze in einer übergeordneten Geltungssphäre zu verankern. Zunächst erschien das Recht in einem kosmologischen Rahmen als Teil einer umfassenden Naturordnung und ihrer Gesetze (*Naturrecht*), dann als göttliche Normen und Gebote (*Gottesrecht*), dann als Teilhabe an einer universellen, übergeordneten Weltvernunft (*Vernunftrecht*), dann als gesellschaftsvertragliche Übereinkunft (*Vertragsrecht*), dann als ein in Traditionen überbrachtes Recht (*Gewohnheitsrecht*), dann als Nutzenkalkül (*Utilitarismus*), wo zu prüfen ist, ob es für den Einzelnen und die Gemeinschaft von Nutzen ist oder sein soll, dann als Ausfluss menschlicher Autonomie (*Freiheitsrechte, Menschenrechte*). Richtungweisend für die juristische Verfahrensrichtigkeit wurde schließlich im 19. Jahrhundert der sogenannten Positivismus (lat.: positivus, gesetzt, gegeben), nach dem in Anlehnung an das Methodenideal der exakten Wissenschaften unter Vermeidung jedweder metaphysischer Annahmen (Gott, Ideenreich, vernünftige Weltordnung, unveränderliche Natur des Menschen, Nützlichkeit) die Gleichheit von »Recht« und »Gesetz« angenommen wurde. Geblieben ist der Gegensatz zwischen diesem *Rechtspositivismus* (*Recht = Gesetz*) und der vom Katholizismus vertretenen eher *naturrechtlichen Auffassung* (*Recht = Ethik*), bei der das Recht als Teil und Ausschnitt einer natürlichen göttlichen Schöpfungsordnung verstanden wird. Die Rechtsphilosophie ist keineswegs zweckfrei. Ihre Vorstellungen von dem jeweiligen Menschenbild, von der Struktur der Gesellschaft, von der Stellung des Einzelmenschen in der Gesellschaft, von dem Verhältnis der Menschen zueinander, von den Werten innerhalb einer Gesellschaft können über den Gesetzgeber und die Rechtsprechung auf das Recht einwirken. Unsere Verfassung ist zum Beispiel in den Grundrechtsartikeln nichts anderes als Gesetz gewordene Rechtsphilosophie.

13. Die Freiwillige Gerichtsbarkeit

Freiwillige Gerichtsbarkeit (fG) ist der Teil der ordentlichen Gerichtsbarkeit, bei dem es im Gegensatz zur streitigen Gerichtsbarkeit um eine vorsorgende Mitwirkung der Gerichte geht. Sie spielt im Rechtsleben des Bürgers eine überragende Rolle, die leider im Studium an den Universitäten sträflich vernachlässigt wird. Nehmen Sie an, Sie sind Erbe geworden und wollen einen Ausweis über Ihr Erbrecht, einen sogenannten Erbschein. Oder: Sie wollen ein Grundstück erwerben und in das Grundbuch eingetragen werden. Oder: Sie gründen eine Handelsgesellschaft und wollen in das Handelsregister eingetragen werden. Oder stellen Sie sich vor: Zwei minderjährige Kinder verlieren ihre Eltern bei einem Flugzeugabsturz und benötigen einen Vormund. Oder: Ihre Großmutter leidet unter »Alzheimer« und benötigt einen Betreuer. Oder, oder, oder.

Alles Fälle, in denen Sie nicht vor Gericht gezwungen werden und Sie niemanden vor Gericht zwingen, sondern wo Sie gesetzlich vorgeschriebene Maßnahmen mehr oder weniger »freiwillig« – ohne Gegner und Streit – begehren wollen oder müssen.

Hier sind die »klassischen« Angelegenheiten der Freiwilligen Gerichtsbarkeit:

Vormundschaftssachen – So erhält zB ein minderjähriges Kind, das nicht unter elterlicher Sorge steht, einen Vormund, der vom Gericht bestellt und dessen Amtsführung vom Gericht überwacht wird. Zur Fürsorge gehört auch der Schutz des Kindes vor elterlichem Versagen in der Personen- oder Vermögenssorge.

Nachlasssachen – Dem Interesse des Rechtsverkehrs dient das dem Erben ausgestellte Zeugnis des Gerichts über seine Erbenstellung, sogenannter Erbschein. Ist der Erbe unbekannt oder die Erbschaft noch nicht angenommen, so besteht ein Bedürfnis für die Sicherung des Nachlasses.

Grundbuchsachen – Der Allgemeinheit dient die Rechtsfürsorge, wenn aus Gründen der Rechtssicherheit und Rechtsklarheit bestimmte Rechtsvorgänge in öffentlichen Registern bekundet werden müssen. So erwirbt der Käufer eines Grundstücks erst das Eigentum, wenn die Einigung über den Eigentumsübergang im Grundbuch eingetragen ist; ein Hypothekar hat sein Grundpfandrecht erst dann erlangt, wenn er gleichermaßen in das Grundbuch eingetragen ist.

Registersachen – Der Sicherheit und Klarheit des Handelsrechts dient es in ähnlicher Weise, wenn kaufmännische Firmen und Gesellschaften mit ihren speziellen Haftungen und Vertretungsbefugnissen in sogenannten Handelsregistern eingetragen werden müssen, wie auch Vereine im Vereinsregister (e. V.).

Urkundssachen – Auch die grundsätzlich den Notaren zugewiesenen Urkundstätigkeiten bedeuten Rechtsfürsorge. Bevor der Notar einen Rechtsvorgang notariell beurkundet, muss er die Rechtsverhältnisse und den Sachverhalt prüfen und die Beteiligten umfänglich belehren.

Na, ein bisschen neugierig geworden? Haben einige dieser Vorlesungen Ihr Interesse wecken können? Können Sie sich vorstellen, mit diesen Inhalten zu arbeiten? Oder sagen Sie: »Nein, das ist gar nichts für mich!«?

Lassen Sie dieses Vorlesungsprogramm, falls Sie sich zu Jura durchringen, doch einmal von Ihren Eltern, Ihrem Freund oder Ihrer Freundin, Ihren Großeltern lesen: Da werden Sie nur noch bestaunt!

Sechstes Kapitel
Vollzeitjob Jurastudent

»Stimmt es, dass die Haupttätigkeit der Jurastudenten aus Lernen besteht?«

Ja! Jura ist traditionell sehr lernintensiv. Und dieses Lernen will von Anfang an gelernt sein, damit es gerade kein Pauken wird! Haben Sie eine unwiderstehliche Abneigung gegen das Lernen, rate ich vom Jurastudium dringend ab. Es darf nie zur unleidlichen Pflicht abgleiten. Man kann vieles ändern im Erlernen der Juristerei, die Tatsache des Lernens selbst allerdings nicht! Die größte Idee Ihres Studiums lässt sich eindeutig auf sechs Buchstaben reduzieren: L. e. r. n. e. n! Das fraglose Entgegennehmen fertiger Erkenntnisse in den Vorlesungen und aus den Lehrbüchern, das bienenfleißige Mit- und Herausschreiben gerade der Studenten der Anfängersemester, das Herumstochern im Nebel der Gutachten- und Subsumtionstechnik, die Aussage »*Ich hab es ja gewusst, aber nicht gewusst, wo und wie und warum ich es in der Klausur unterbringen sollte*«, dürfen gar nicht erst aufkommen. Von Anfang an muss diese Aufgabe des juristischen Lernens allerdings unter zwei Beschränkungen gelöst werden:

Erstens: Ohne entsagende Askese. Denn der Weg der asketischen Entsagung ist für normalsterbliche Jurastudenten nicht begehbar. Zwar erfolgreich, aber nicht zu schaffen.

Zweitens: Ohne hedonistische Ausschweifung. Denn der Weg des unbeschränkten Genusses führt schnurstracks ins jurastudentische Scheitern. Zwar zu schaffen, aber nicht erfolgreich.

Die Kunst Ihres juristischen Lernens muss zwischen beiden Extremen liegen. Sie ganz persönlich müssen lernen, wie man ohne allzu große Entsagung und Selbstüberwindung und ohne nur den Genuss als ausschließliches Mittel für seinen Lebenszweck zu achten, den Weg in das juristische Lernen gehen kann, um für sich Lerntechniken und Lernstrategien für das Jurastudium zu entdecken. Das können nur Sie selbst entscheiden. Ein ganz wichtiges Ziel, an dem man im Jurastudium arbeiten muss, ist man selbst. Also: Dinge abstellen, von denen man sieht, dass sie einen nicht weiterbringen und Dinge tun, die einen im Studium weiterbringen. Stressfreies Jurastudium ist ein Hirngespinst! Lernen ist bei aller Freude immer auch anstrengend. Die Kunst Ihres Lernens muss darin bestehen, die Lernanstrengung nicht in einen übertriebenen Lernstress ausarten zu lassen, der nur lähmt und die Motivation vernichtet. Wichtig ist es, dass Sie gleich zu Beginn des Weges in die Juristerei die Lust zum Lernen gegen die Last des Lernens ankurbeln. Gelingt Ihnen das, dann sind Sie auch motiviert, und Sie werden aus sich selbst mehr machen als alle Lektionen, Dozenten, Kapitel und Vorlesungen aus Ihnen zu machen imstande sind. Kein Professor und kein noch so gutes Lehrbuch können Ihnen die streichelnde Parole ausgeben: »*Komm, hör oder lies mich – ich lehre dich schon! Vertraue mir*!«, ohne sich dem Vorwurf der Scharlatanerie auszusetzen. Die Wissensvermittlung durch Ihre juristischen Lehrmedien setzt nur den Reiz zu Ihrem Lernen. Was Sie aus diesem Reiz machen, bestimmen nur Sie selbst! Alle Medien können Sie dabei unterstützen, aber sie können Ihre originären juristischen Lernleistungen nicht erzwingen. *Sie* müssen sie erbringen!

Sich dem Lernen zu stellen, gelingt allerdings nicht jedem. Denn:

- Dem Ersten fehlt es an Kraft, sich gegen die süße Versuchung der Trägheit anzustemmen.
- Dem Zweiten gebricht es an der Gelegenheit, die ansprechenden und motivierenden professoralen und literarischen juristischen Lernmedien zu finden.
- Dem Dritten mangelt es ganz einfach an Interesse, Fleiß und Disziplin, wie sie für ein erfolgreiches juristisches Lernen von Nöten sind.
- Der Vierte hat nicht begriffen, dass die Entscheidung fürs Lernen gleichzeitig eine Entscheidung zulasten anderer Aktivitäten ist.

- Dem Fünften fehlt es an Geduld, und er übersieht, dass auch der schnellste Sprinter das Rennen nicht gewinnt, wenn er nicht erkennt, dass es sich um einen Hindernislauf handelt.

Keiner kommt um das juristische Lernen herum! Sie müssen als Jurist ein Leben lang lernen. *Dem Gesetzgeber sei Dank*, der ständig neue Gesetze produziert! *Der Rechtsprechung sei Dank*, die Tag für Tag Tausende von Urteilen fällt! *Der Lehre sei Dank*, die es immer neu und vielfältig im Blätterwald rauschen lässt! Mit dem Lernen von juristischem Fachwissen müssen Sie gleichzeitig das »Lernen lernen«. Sie müssen Ihren »Lerntyp« analysieren und Ihre eigene »Lernorganisation (-strategie)« entwerfen. Niemand kann Ihnen diese ureigenen Entscheidungen zum Lernen abnehmen! Sie werden bald entdecken, dass das juristische Studium, das heißt die Anhäufung juristischer Erkenntnisse und Fertigkeiten, eine Grundlage hat: das *»juristische Lernen«*.

Lernen bedeutet nichts anderes, als zu bestimmten festgelegten Zeiten bestimmte Wissensgebiete zu erarbeiten, das juristische Wissen durch selbstgesteuerte Wiederholung und aktives Falltraining zu festigen, zu üben, sich selbst zu überprüfen und … besser zu werden (*Feed-back-Schleife*). Und das alles unabhängig von der eigenen Befindlichkeit, unabhängig davon, wie man »gerade drauf ist«. Es bedeutet ganz schlicht, das »*Notwendige*« zu einer bestimmten Zeit sachgerecht, verantwortungsvoll, gut und aufmerksam zu tun. Die »*Not*« wird Ihr juristischer Stoff, das »*Not-Wendige*« ist dieses juristische Lernen! Wenn Sie Ihr Juragebiet im StGB oder BGB immer besser beherrschen – und das wird nun einmal nur durch »Lernen« gehen – macht es Ihnen auch bald richtig Spaß. Das Lernen in der Juristerei wird dann von Ihnen nicht mehr als harte Last empfunden. Wichtig ist, dass Sie schnell Zutrauen zu Ihren eigenen Fähigkeiten, Ihrer Motivation, Ihrem individuellen Lernen, Ihrer Intelligenz, zu Fleiß, Disziplin und Ausdauer finden. »Der Chef bin ich!« Das muss Ihr Leitmotto werden!

Tja, Fleiß, Ausdauer und eiserne Disziplin sind drei der Hauptschlüssel zu Ihrem Erfolg, auch wenn Sie die Wörter nicht mögen. In dem Moment, in dem Sie anfangen, lasch und nachgiebig zu werden, nistet sich in Ihrem Unterbewusstsein ein gemeiner Erfolgsverhinderer ein. Ein Tyrann, der es versteht, Ihre Studienmotivation von Tag zu Tag mehr zu sabotieren bis Sie eines nahen Tages entmutigt am Boden liegen. Die Schicksalsfrage für Ihr erfolgreiches Jurastudium scheint mir deshalb zu sein, ob und in welchem Maße es Ihrer Studentenkultur möglichst frühzeitig gelingt, die Störung Ihres Studiums durch Trägheit, Ablenkung, fehlende Lernfähigkeit und Lernbereitschaft, durch eine widerstrebende Motivation und eine »Sekundärtugendresistenz« gegen Fleiß und Disziplin zu erkennen und ihrer Herr zu werden. Und ob Sie recht bald spüren, dass Sie als Jurastudent nichts anderes sind, als das, was Sie selbst aus sich machen.

Im Mittelpunkt steht am Anfang für den Jurastarter die Frage, wie er seine schulischen Kompetenzen für die notwendige Problemfindungs-, Problemlösungs- und Anwendungskompetenz im Jurastudium optimieren kann.

Er sollte

- seine *Konzentrationsfähigkeit* schulen, damit der Geist immer da ist, wo der Körper ist.
- seine *Belastbarkeit* aufbauen für den täglichen Überlebenskampf gegen die Trägheit.
- sein *Selbstbewusstsein* stärken; Bauch raus, Schulter hängen lassen, ruhig atmen – hier komme Ich!
- seine *Entspannungsfähigkeit* trainieren und öfter Pausen sprechen lassen.
- seine *Lernkompetenz* einstudieren, um möglichst viel Wissen für den Ernstfall speichern zu können.
- seine *Lernorganisation* erstellen und einhalten durch Tages-, Wochen-, Semesterpläne.
- seine *Selbstständigkeit* fördern; nichts geht mehr auf Anweisung, alles nur noch eigenverantwortlich gestalten.
- seine *Planung* erstellen, wie man sich sein Studium vorstellt.
- sein *Zeitmanagement* organisieren und Zeitfresser eliminieren.
- seine schriftliche *Präsentationstechnik* verbessern.
- seine *Informationsfähigkeit* aufrüsten, um Wissensquellen ausschöpfen zu können.
- seine *Entscheidungsfähigkeit* aufmuntern, um Fälle auch abschließen zu können.
- seine *Kreativität* ausbauen, denn jeder Fall ist eben anders.
- seine *Zielsetzung* nicht aus den Augen verlieren, nämlich ein guter Jurist werden zu wollen.

Hört sich alles gar nicht so schwer an? – Sehen Sie! Und das haben schon Tausende vor Ihnen geschafft! Und – man kann sich ja steigern. Sie sollten aber möglichst schon nach dem ersten ›Semester Jura‹

- eine Vielzahl von Gesetzen in Entstehung, Inhalt, Aufbau und Zusammenspiel kennen (*Juristisches Wissen*),
- mit ihnen umzugehen wissen (*Gesetzeskunde*),
- die notwendigen Methoden beherrschen lernen, mit denen man einfache »Fälle« mit den »Gesetzen« zur Deckung bringen kann (*Juristische Methodik*),
- Verständnis für die systematischen Zusammenhänge entwickeln (*Juristisches Verständnis*),
- selbständig juristisches Wissen aufnehmen und geistig verarbeiten (*Juristisches Lernen und Denken*),
- juristische Professoren, ihre Lehrbücher und die Rechtsprechung eingehend »beobachten« und sich mit ihren Inhalten aus Wort, Urteil und Schrift gründlich beschäftigen, ihre Ausführungen eingehend erforschen (*Juristische Lehre*)
- und sich mit »Gesetz und Recht« wissenschaftlich auseinandersetzen in Klausur und Hausarbeit (*juristische Hausarbeits- und Klausurentechnik*).

Ihr erfolgreiches juristisches Lernen setzt sich aus drei Phasen zusammen und folgt dem Rutscheneffekt: Immer nur vorwärts, nie zurück.

1. **Die Aneignungsphase:** Das ist die Begegnung mit Jura. – Also: der Erwerb von juristischem Wissen, das Neulernen – *Was muss von Jura wie strukturiert ins Gedächtnis*? – *Wie kommt Jura ins Gedächtnis?* – Der Verstand kann in der Klausur nur geben, was er vorher empfangen hat.
2. **Die Behaltensphase:** Das ist das Speichern des juristisch Erlernten. – Also: das Bewahren, das Aufheben, das Nichtvergessen – *Wie bleibt Jura im Gedächtnis*? – Der Verstand kann in der Klausur nur geben, was er behalten hat, erinnern und abrufen kann.
3. **Die Reproduktionsphase:** Das ist das Offenkundigmachen des juristisch Gelernten – Also: die Lernpotentiale bei gegebenem Anlass – zB in der Klausur – passgenau und formgenau einsetzen zu können –

Wie kommt Jura, gutachtlich in Form gebracht, vom Gedächtnis zum Fall? – Der Verstand kann in der Klausur nur geben, was er verstanden hat und was er in die Präsentationsformen umsetzen kann.

Der Mehrwert dieses dreiphasigen Lernprozesses ist Ihr Mehrwert an juristischem Wissen und Können. Die entscheidende Frage wird für Sie sein, ob und wie Sie diese Phasen für sich bestmöglich nutzen können. Nur dann »werden« Sie nicht mehr jurastudiert, dann studieren Sie Jura! Und scheitern? – Das tun nur die anderen!

Und zum Schluss: *Vermeiden Sie den Gedanken: »Es wird schon klappen*!« Von alleine klappt es nicht im Jurastudium, sondern Sie müssen lernen, ernsthaft zu lernen! Der alte schulische **A. D. A. M.** (***A****lles* ***d****urch* ***A****nweisung* ***m****achen*) ist tot! Es lebe die akademisch mündige **E. V. A.** (***E****igen-****v****erantwortliches* ***A****neignen*). Werden Sie der aktive Anpacker Ihrer juristischen Ausbildung. Es ist ein fast Kantischer Moment: Haben Sie den Mut, sich Ihrer eigenen studentischen Freiheit zu bedienen. Diesen Mut wünsche ich Ihnen für Ihren Start in die Juristerei.

»Wie soll ich die Informationslawine der Literatur bändigen, die da auf mich zurollt?«

So wenig ein Jurastudent ohne Lernen auskommt, so wenig kommt er ohne Bücher aus. Beim Jurastudium handelt es sich überwiegend um ein Lesestudium, der jurastudentische Studienalltag besteht zu einem Großteil aus Lektüre. Es gibt eine juristische Welt jenseits der Hörsäle. Jura ist eine Bücherwissenschaft. Viele Fachleute geißeln die Lesefaulheit heutiger Studenten, weil sie das Produkt ihrer soziokulturellen und technologischen Umstände seien: Zeitverdichtung, Beschleunigung und Hochfrequenz. Jüngst hat sich ein Abiturient gerühmt, bis zum Abi habe er kein einziges Buch gelesen. Für Sie als künftiger Jurastudent darf das nicht gelten. Sie werden sich diese Zeit nehmen müssen und zum Vielleser werden. Der Markt – insbesondere für Anfänger – birst schier, nicht selten ein verlegerischer Grabenkrieg. Die juristische Literaturmaschine lässt das Recht über die Ufer treten!

Aber Vorsicht! Manche Bücher lassen Sie als Anfänger im Eingang stehen – drei Seiten gelesen, nichts verstanden. Sie wimmeln von Fachtermini, suhlen sich in der »Juristensprache« und sind für Einsteiger oft ungenießbar. Nach 20 Seiten fragen Sie sich: »*Was hast Du da gerade gelesen*?« – Und antworten: »*Ehrlich gesagt, weiß ich fast gar nichts mehr*.« Irgendetwas haben Sie falsch gemacht. Lehrbücher »einfach mal« zu lesen, ist vergeudete Zeit. Es bleibt nichts hängen. Diese vorgeblich so harmlosen Druckerzeugnisse kosten Sie neben viel Geld auch viel Zeit – Ihre unwiederbringlich verlorene Lern-Zeit. Der endlose Bücherzug hinterlässt eine Staubwolke von Theorien, die gerade Sie als Beginner meist nur verwirren. Man spricht auch von einer juristischen Informationslawine. Nachdem das StGB im Jahre 1871 und das BGB im Jahre 1900 geschaffen waren, dachte man, man habe das vorher so vielstimmige Recht endgültig fixiert, begründet, die Lawine zum Stillstand gebracht und auf alle strafrechtlichen und zivilrechtlichen Fragen Antworten gefunden. Irrtum! Was nach der Installation dieser Gesetze folgte, sind Bücher über Bücher und Entscheidungen über Entscheidungen, die wieder zu Lawinen von Büchern werden.

Beim Literaturlernen geht es im Gegensatz zum »Hören« in der Vorlesung immer um das »Sehen« juristischer Fachtexte, um einen Vorgang der Informationsaufnahme mittels des Lernkanals »Auge«. Einig sind wir uns sicherlich in der Feststellung, dass der Lernkanal »juristisches Auge« beim Lesen wirksamer ist als der Lernkanal »juristisches Ohr« in der Vorlesung. Beim Lesen besteht der ganz große Vorteil, dass Sie das Tempo selbst bestimmen, vor- und vor allem zurückblättern, den Text überfliegen oder diagonal durchstreifen können, »Zeigefingerlesen« praktizieren können, bei Übermüdung unterbrechen und länger und konzentrierter Zeile für Zeile an einem komplexeren Satz stehen bleiben und nachdenken können. Bei einer Vorlesung können Sie das alles nicht. Faden verloren, Vorlesung verloren! Die Literatur ist unverzichtbar, ihre Vorteile sind unschlagbar!

Die Fülle der juristischen Ausbildungsliteratur kann Ihnen am Anfang Ihres Studiums den Blick schon verstellen. Der Hauptstrom, der die juristische Literatur von alters her speist, ist die juristische Literatur selbst. Sie erinnert an ein Biotop, das alles selbst produziert, was es zu seiner Fortexistenz benötigt. Die alte Literatur ist der Dünger für neue Literatur – ein selbstregulierender und selbstgenügsamer Kreislauf. Von dem Professor, der unter seinem wahren Namen schreibt, unter einem Pseudonym repliziert, wiederum in seinem Namen antwortet, um sich unter neuem Pseudonym erneut zu widerlegen, wird oft als Satire berichtet. Sein letzter Erguss ist dann schon fast von der »*abwegigen Mindermeinung*« über die »*Mindermeinung*« und die »*über-*

wiegende Meinung« zur »*herrschenden Meinung«* mutiert, dieser letzten Sprosse vor dem göttlichen Thron der »*allgemeinen Meinung«*.

Also: Woher können Sie juristisches Wissen beziehen? Die »Gesamtheit des Schrifttums« – so bezeichnet der Jurist die Literatur – speist sich aus zehn Quellen.

1. Aus Gesetzen

Anknüpfungspunkt für die Lösung einer juristischen Frage ist immer (!) die gesetzliche Regelung. Eine juristische Problemlösung ohne Gesetz ist fast immer Gequatsche. Vor der Sekundärliteratur muss also immer erst die Primärlektüre stehen: das ist das Gesetz. Juristerei nur aus dem Lehrbuch oder nur aus der Vorlesung, die Gesetzeslektüre vernachlässigt, schadet. Der Student muss zum Artist der Gesetzesgrenzen werden; sie unterlaufen, setzen, überschreiten, vor allem sie beachten. Das Gesetz ist im Übrigen auch die einzige Literatur, die Ihnen von den Anfängerklausuren bis hin zum Examen in Prüfungen zur Verfügung steht. Allein deshalb muss man sich an Gesetzesbände gewöhnen. Im ersten Semester werden BGB-, StGB- und Grundgesetztexte benötigt. Die aber bitte in Druckversion, nicht in digitaler Form! Erstens können Sie Randbemerkungen oder der Logik folgende Tatbestandsmerkmalnummerierungen vornehmen, zweitens gewöhnen Sie sich so an den Umgang mit ihnen, da Sie in Klausuren kein Notebook verwenden dürfen. Es genügt zwar die Anschaffung einer Paperbackausgabe, besser ist aber der Kauf eines Schönfelders, Loseblattsammlung.

2. Aus Lehrbüchern

Sie haben überragende Bedeutung für das Verstehen von Gesetzen, juristischen Systemen und Zusammenhängen. Ohne sie kommt kein Student aus. Lehrbücher erheben in der Regel nicht den Anspruch, die Rechtslagen in allen Einzelheiten wiederzugeben. Sie wollen vielmehr den Leser in ein Rechtsgebiet einführen und ihm dieses in systematischer Weise vermitteln. Aus didaktischen Gründen wird die Rechtsprechung nur exemplarisch wiedergegeben. Bei der Auswahl der richtigen Lehrbücher wird es schwieriger. Die unkompliziertes Verständnis erzeugende rechtsdidaktische Treffsicherheit von erschöpfenden juristischen Standard-Lehrbüchern ist nicht immer gegeben – die wissenschaftliche dagegen sehr hoch. Für die komplizierte wissenschaftliche Jura-Literatur ist es äußerst wichtig, Ziele in den Köpfen der jungen Jurastudenten aufzustöbern, da ihnen ganz einfach das Vorwissen und die methodischen Gefüge zur Anknüpfung und Eintäfelung der Einzelfragen fehlen. Wichtig ist für den juristischen Neuankömmling, das Wissen als Ableitungen aus dem Gesetz vor dem Hintergrund seiner Funktion im Rechtsgefüge und seiner Stellung im »System Jura« möglichst am praktischen Fall zu präsentieren. Genau das benötigen Sie im Anfang, wir nannten das »juristisches Verständnis«.

Über juristische Lehrbücher gibt es bei gestandenen Jurastudenten drei Aussagen, die Sie auch schon von Ihren Schulbüchern her kennen:

- Die einen enthalten zu wenig neue Informationen. Das Buch ist für Sie langweilig.
- Die anderen enthalten zu viel neue Informationen. Das Buch wirkt entmutigend und lässt Sie an sich zweifeln.
- Ideal ist die dritte Kategorie. Das Lesewerk enthält ein angemessenes Mittel von neuen Mitteilungen, die über das schon bekannte und immer wieder einbezogene alte Wissen hinausgehen. Das Buch ist für Sie genau richtig!

Beim Studium dieser Bücher haben Sie immer diese kleinen schwarzen Zeichen auf weißem Papier vor sich. Damit aus diesem fremden Input nun Ihr eigener juristischer Bildungsstand entsteht, steuert Ihr Bewusstsein seine eigenen Gedanken, Erinnerungen, Erfahrungen und Gefühle bei. Sie werden als Student dadurch gleichzeitig zum Mitautor, der beim Lesen sein eigenes Gedächtnis- und Gefühlsmaterial bearbeitet und umarbeitet, neu konstruiert. Deshalb ist ja auch dasselbe Lehrbuch im Kopf jedes Studenten ein anderes. – Vor diesem Hintergrund leuchtet ein, weshalb niemals alle Studenten über eine Lerninformationsquelle gleich urteilen: der eine ist Fortgeschrittener, das Buch ist reizlos, der andere ist Anfänger, das Buch ist entmutigend. Es ist schier ausgeschlossen, dass für alle Leser das ideale Maß an Informationen getroffen wird. Das ist die große Gefahr für den Anfänger!

Ausschließliches Lehrbuchmotto muss für Sie immer sein: *Bringt es für mich Klarheit in die juristische Komplexität*? Das muss für Sie der einzige Gradmesser für die Lehrbuch-Literatur sein! Daran müssen Sie Ihre schriftlichen Lehrmeister sämtlich messen! *Ein »Lehrbuch für alle Fälle«* gibt es nicht. Suchen Sie das für Sie persönlich geeignete unter folgenden Stichwörtern: *Wendet es sich an mich als Anfänger, nicht an Professorenkollegen*? –*Ist das Schriftbild angenehm*? – *Ist die Gliederung klar? – Sind die Fälle anschaulich? – Angenehme Sprache auf meinem Niveau? – Ist es nicht zu kompliziert, nicht zu abstrakt?*

Alle »modernen« Verfasser wünschen heute immer im Vorwort »Viel Spaß!« Vielleicht ist es oft ein zu optimistischer Wunsch. Testen Sie den Autor doch einfach selbst: Wählen Sie ein kniffliges Rechtsproblem aus Ihrer Vorlesung und lesen Sie in mehreren Lehrbüchern speziell zu diesem Problem in der Buchhandlung nach. Fragen Sie sich: »*Welches der Bücher hat mir das Problem am besten erklärt?*« Haben Sie das Gefühl, Sie könnten es in einer Klausur aktiv wiedergeben? Dann ist das das richtige Lehrbuch für Sie! Es hat dann wirklich »Viel Spaß« gemacht und Vergnügen am Verstehen gebracht.

3. Aus Skripten

Kaufen Sie sich möglichst bald *gute Skripten* der für Sie einschlägigen Rechtsgebiete. Gute, aus der Lehr- und Lernerfahrung »klug« gewordene Skripten, fast immer am Fall orientiert, führen Sie erst behutsam und stoßen Sie dann voran! In diesen Skripten werden Ihnen oft Dinge begegnen, die von den zünftigen Meistern des juristischen Metiers in Lehrbüchern gründlicher behandelt werden – aber nicht besser! Bei dem, was gute Skripten zusammentragen, hat man unter jahrzehntelang erprobten didaktischen Gesichtspunkten darauf geachtet, was den juristischen Gedanken ins rechte Licht rückt. Sie suchen keine Ehre im Zitatenreichtum, zählen nicht die juristischen Lehrmeinungen, gehen nicht auf Gelehrsamkeit aus, lieben nicht die grammatikalischen Spitzfindigkeiten und kunstreichen Fügungen der Worte und Schlüsse. Gute Skripten, meist von Repetitoren, besitzen dagegen die Meisterschaft, das Wissenswerte auszuwählen und sich zwischen vielen Meinungen für die examensrelevante und damit klausurenkompatible zu entscheiden. Die Verfasser haben Recht, wenn sie sich aufgrund ihrer nachhaltigen Erfahrung mit Tausenden von Studenten und mit Hunderten von Examina die Befugnis herausnehmen, Sie wissen zu lassen, was ihnen wissenswert erscheint. Gerade weil sie das flirrende und verwirrende »Drumherum« des großen juristischen »Ganzen« ausblenden, sind sie meines Erachtens gerade für den Anfang sehr gut geeignet. Zur Vertiefung und wissenschaftlichen Durchdringung greifen Sie später von selbst auf Lehrbücher zurück. Dann aber auf trittfestem Fundament!

4. Aus Fallbüchern

Wissen muss man anwenden können. Angewendet wird das Rechtswissen von einem Studenten in der Klausur. Also muss man klausurrelevantes Rechtsanwendungswissen erlernen. Dafür gibt es Fallbücher, Klausurenfibeln und anderes Trainingsgerät in Form von Büchern und Skripten. Falltraining ist das beste Training. Denken Sie daran: Es gibt demnächst nur einen Beweis für Ihr juristisches Wissen, das ist die Klausur.

5. Aus Kommentaren

Kommentare sind mit Anmerkungen und kritischen Erläuterungen versehene Zusatzwerke zu einem Gesetzeswerk, in denen Gerichtsentscheidungen und die wissenschaftliche Rechtsliteratur in der Regel umfassend ausgewertet werden. Sie bilden in Deutschland die wichtigste Gattung der juristischen Sekundärliteratur (noch einmal: Primärliteratur ist das zu kommentierende Gesetz selbst), weil sie in hervorragender Weise geeignet sind, dem Nutzer einen breiten Überblick über die Anwendung und Auslegung der Gesetze zu verschaffen. Je nach Tiefe und Breite wird zwischen verschiedenen Kommentaren unterschieden. Gemeinsam ist allen, dass sie Erläuterungen zu den einzelnen Paragrafen eines Gesetzes enthalten, eben die Gesetze »kommentieren«. Jede Einzelnorm wird erörtert. Sie unterscheiden sich nach ihrer Detaillierung in:

Studienkommentare: Sie enthalten das prüfungsrelevante Wissen.

Kurzkommentare: Sie sind recht praxisorientiert, überwiegend anhand der Rechtsprechung strukturiert. Die bekanntesten Kurzkommentare stellen der »Palandt« für das BGB und der »Schönke-Schröder« für das StGB dar. Sie umfassen jeweils nur einen Band.

Großkommentare: Sie behandeln jeden Paragrafen mit äußerst wissenschaftlicher Tiefe, umfassen mehrere Bände (Leipziger Kommentar – StGB: 13 Bände; Münchner Kommentar – BGB: 11 Bände; Staudinger – BGB: 80 (!) Bände). Wegen der Gefahr des Verlaufens sollten sie vor der ersten Hausarbeit unbedingt gemieden werden.

6. Aus Nachschlagewerken

Wenn Sie über Begriffe, Institute oder Spezialwortgut der Juristerei stolpern, wenn Sie in den Definitionen (Wortbestimmungen), Konnotationen (zusätzliche Bedeutung, Vorstellungsgehalt) und Denotationen (Grundbedeutungen) der einzelnen Tatbestandsmerkmale unsicher sind, sind Nachschlagewerke unerlässlich. Schlagen Sie nach in einem Fremdwörterlexikon, einem etymologischen oder einem juristischen Lexikon. Gleiches gilt im Übrigen bei schwankender Kompetenz in Rechtschreibung und Grammatik für die Duden-Bände. Sie müssen als Jurist orthographie- und grammatikfest werden. Spätestens in der 1. Klausur müssen Sie den Konjunktiv beherrschen.

7. Aus der Rechtsprechung

Die Rechtsprechung umfasst alle Angelegenheiten, die nach unserer Verfassung persönlich und sachlich unabhängigen Richtern zur Erledigung zugewiesen sind. Sie erfolgt zur Wahrung der Rechtseinheit und des Rechts sowie zur Gewährung von Rechtsschutz. Nach Art. 92 GG ist die rechtsprechende Gewalt den Richtern anvertraut. Diese Judikative wird durch

- das Bundesverfassungsgericht,
- die Bundesgerichte: Bundesgerichtshof, Bundessozialgericht, Bundesarbeitsgericht, Bundesverwaltungsgericht, Bundesfinanzhof
- und durch die Gerichte der Länder: Amtsgericht, Landgericht, Oberlandesgericht; Verwaltungsgericht, Oberverwaltungsgericht; Arbeitsgericht, Landesarbeitsgericht; Sozialgericht, Landessozialgericht; Finanzgericht ausgeübt.

Die Rechtsprechung manifestiert sich in einem Urteil (alternativ Beschluss), der häufigsten Form gerichtlicher Entscheidungen. Jeder einzelnen Rechtsprechung liegt *Rechtsanwendung* in einem *Rechtsfindungsprozess* zugrunde. Im Strafprozess geht es um die Erkenntnis gewinnende Entscheidung des Strafgerichts über die Strafbarkeit und die Bestrafung des Angeklagten, im Zivilprozess um die des Prozessgerichts über den Klageanspruch des Klägers, im Verwaltungsprozess um die des Verwaltungsgerichts über die Rechtmäßigkeit staatlichen Handelns.

Das Lesen von Urteilen will gelernt sein. Lesen Sie wichtige Entscheidungen von Anfang an selbst nach! Sie sind die eigentlichen Urheber, Begründer und manchmal auch Erfinder der juristischen Dinge und sie sind manchmal recht spannend und oft einleuchtender als so manche verkürzte Besprechung darüber. Sie finden die Entscheidungen in Zeitschriften oder online, auch speziell für Studenten aufbereitet.

8. Aus Fachzeitschriften

Juristische Zeitschriften informieren in Aufsätzen und Entscheidungsrezensionen über einzelne Rechtsgebiete, geben aktuelle Rechtsprechungsübersichten oder zeigen Entwicklungen auf. Sie enthalten entweder nur Aufsätze oder sind janusköpfig, weil sie Urteil und wissenschaftliche Aufbereitung miteinander verbinden. Solche Entscheidungsbesprechungen, genannt Urteilsanmerkungen, bewerten ein Urteil. Dazu wird das Urteil in seinen Kontext eingeordnet, also früheren Entscheidungen und vor allem der Literaturansicht gegenübergestellt. Sie zu lesen, erscheint sinnvoll, da sie permanent die neueste Rechtsprechung sowie die Entwicklung in Theorie und Praxis verfolgen.

9. Aus Ausbildungszeitschriften

Häufig wird Studierenden geraten, bereits während der ersten Semester die aktuellen Entwicklungen in Rechtsprechung und Rechtswissenschaft durch die Lektüre einer Ausbildungszeitschrift zu verfolgen. Dieser Rat muss zumindest stark eingeschränkt werden: Gerade am Anfang des Studiums kommt es nämlich keineswegs darauf an, immer die neuesten Entscheidungen des BGH zu kennen. Ich wiederhole mich hier gerne: Vorrangig ist, das Gesetz und das dahinter steckende System in seinen Grundbegriffen und Grundlagen zu verstehen und beides mit Methode zu erarbeiten und in Fällen anzuwenden. Hinzu kommt, dass es derzeit keine Ausbildungszeitschrift auf dem Markt gibt, die sich in ihren Beiträgen auf den tatsächlich für die Studienanfänger relevanten Stoff beschränkt. Zwar wird in praktisch allen Artikeln von Ausbildungszeitschriften behauptet, es handle sich bei der gerade behandelten Thematik um anfängerrelevanten Stoff (Basics). Dies stimmt jedoch nur in einem kleinen Teil der Fälle. Daneben findet sich eine Fülle von viel zu schwierigen, auch gar nicht anfängerrelevanten Artikeln, von immerhin ansprechenden Beiträgen zur juristischen Allgemeinbildung (»Einführung ins Bankrecht«) bis hin zu zwar interessanten, aber eher entlegenen Themen (»Kirchenrecht in Erlangen«, so ein Aufsatzthema in der JuS vor einigen Jahren). Gerade für den Anfänger liegt hierin eine große Gefahr, da er sich leicht verirrt, weil er noch nicht den Überblick besitzt, die tatsächliche von der nur behaupteten Relevanz für den Erstsemestler zu unterscheiden. So lernt man nicht nur viel Überflüssiges, zurück bleibt häufig auch ein Gefühl der Überforderung, das durch den perfektionistischen Stil der Beiträge, die Zitierwut sowie die epischen Musterlösungen abgedruckter Klausuren noch verstärkt wird. Daher gilt für den Anfang: Das Abonnement einer Ausbildungszeitschrift kann auch noch auf später verschoben werden!

10. Aus Internetdatenbanken

Die umfangreichsten juristischen Online-Datenbanken sind »juris«, abrufbar unter www.juris.de und »beck-online«, abrufbar unter www.beck-online.de. Hier findet man fast alles an Lektüre, was die Juristerei zu bieten hat. Über Campus-Lizenzen Ihrer Heimatuniversitäten ist der Zugang in der Regel kostenfrei möglich. Man sollte zur optimalen Nutzung für Recherchen allerdings von der Universität angebotene Kurse besuchen.

Alles kaufen? – Alles lesen? Nein! – Aber einiges muss ganz einfach sein. Auf oder an Ihren Arbeitsplatz gehören ständig: Schönfelder – Deutsche Gesetze, später dann Sartorius für das Verwaltungsrecht, die Kommentare Palandt und Schönke/Schröder, für jedes Gebiet nur ein (!) Lehrbuch, Ihre Skripten, ein Fremdwörterlexikon, ein etymologisches Lexikon und ein juristisches Lexikon. Zu teuer? Es handelt sich bei diesen Anschaffungen um Ihre Arbeitsgeräte, um Investitionen in Ihren Beruf und Ihre Zukunft. Keine Angst davor, dass die Auflagen veralten – sie genügen grundsätzlich den Ansprüchen bis zu Ihrem Examen. Das muss Ihre Hand- und Hausbibliothek sein!

Über die »Ziegelsteine« Schönfelder und Sartorius sollte zwischen uns Einverständnis herrschen: Sie sind unabdingbar. Gleiches gilt für die Ihnen anempfohlene Lexika, auch diese sind unverzichtbar. Es ist auch nicht peinlich, mit einem Schönfelder in der Vorlesung zu erscheinen, vielmehr klug, weil man jedem professoralen Ausflug in ein entfernteres zitiertes Gesetz folgen kann. Es ist auch nicht unbedingt schick, mit einer Paperbackausgabe des BGB aufzulaufen. »Lieben« Sie Ihren »Schönfelder«! Empathie erstreckt sich auch bei unbeliebten Objekten auf den Inhalt.

Siebtes Kapitel
Die spannende Praxis – Justitias Welt

»Wo werden Recht und Gesetz angewendet? – Machen Sie mit mir einen motivierenden Gang durch die Praxis bei einem Amtsgericht?«

Gute Idee! Praxis ist Jura in Aktion! Okay! Stellen wir also zum Schluss ein paar inspirierende praktische Bezüge zu den Gerichten her. Denn alle juristische Tätigkeit läuft irgendwann im Zweifel auf die Gerichte zu. Ein solcher Blick hinter die Mauern der Gerichtstempel spornt an.

Es gibt in Deutschland neben den Studiengängen für das Lehramt keine Ausbildung, die so wenig auf die Praxis und ihre Arbeitsstätten vorbereitet wie die der juristischen Fakultäten. § 5a DRiG sieht zwar eine dreimonatige praktische Studienzeit vor. Leider bleibt dieses wertvolle Potenzial aber weitgehend ungenutzt: Wo ist die Einbindung in das Studium? – Wo findet die Verknüpfung des studierten Wissens mit dem praktischen Erlebnis statt? – Wer bereitet vor? – Wer begleitet? – Wer leitet an? – Wer wertet aus? – Lernen in der Praxis gemeinsam (!) mit den Lehrenden in der Uni! Das wär's!

Sie haben als Schüler sicher recht unklare Vorstellungen über die Tätigkeit in den verschiedenen Gerichten. Eine kleine Aufklärung darüber ist nicht zuletzt deshalb wichtig, um Jura für Sie greifbar zu machen, Sie zu motivieren und um Ihre Wahl des Studienfaches überprüfen zu können. Um nämlich festzustellen, ob man sich auch die praktische Tätigkeit in einem juristischen Beruf zutraut und dort gern arbeiten möchte, sollte man so früh wie möglich selbst einmal in die Praxis des möglichen späteren Berufsfeldes hineinschnuppern. Tun Sie das! Jura ist ein Fach, bei dem sich das praktische Berufsleben sehr stark vom

Universitätsstudium unterscheidet. Häufig wird gegen einen solchen Besuch bei den Gerichten von Kollegen eingewandt, der Student oder Noch-Schüler habe in einem so frühen Abschnitt noch gar nicht genug juristisches Wissen, um von einem Gerichtsbesuch fachlich zu profitieren. Darauf kommt es jedoch gar nicht an. Wichtig ist bei einer solchen praktischen Anschauung nämlich nicht, schon jede Rechts- oder Prozessfrage zu durchschauen, sondern die Arbeitsatmosphäre unter Juristen kennenzulernen. Beobachten Sie im Amtsgericht, in einer Hauptverhandlung in Strafsachen oder in einem Zivilprozess mal, wie Juristen miteinander reden und umgehen. Die Gerichte bilden mit solchen Hauptverhandlungen die Schnittstelle für so unterschiedliche juristische Berufe wie Richter, Staatsanwalt, Amtsanwalt, Rechtsanwalt, Rechtspfleger und Verteidiger. Könnten Sie sich vorstellen, hier in einigen Jahren zu arbeiten? Fragen Sie die für Ihre Fragen offenen Juristen vor Ort, warum sie sich für diesen Beruf entschieden haben, was ihnen daran gefällt und was nicht. Wenn Ihnen ein solcher Besuch nicht gefallen sollte, bedeutet dies übrigens noch lange nicht, dass Jura das falsche Fach für Sie ist. Die Bandbreite an juristischen Arbeitsmöglichkeiten ist riesig , und es ist immer wieder verblüffend, wie verschieden der Arbeitsstil allein schon in einer an sich so homogenen Berufsgruppe wie in der der Anwälte ist, von der inhomogenen Gruppe der Richter und Staatsanwälte ganz zu schweigen. Es dürfte nicht sein, dass ein Abiturient das Jurastudium aufnimmt oder gar ein Student das erste Semester absolviert, ohne einen Gerichtssaal von innen gesehen und eine Verhandlung außerhalb der realitätsfernen Gerichtsshows im Fernsehen verfolgt zu haben. Eine solche Anschauung trägt ihn durch das ganze Studium.

Wir wollen jetzt einmal die Schwelle von der lebensfremden zur lebensnahen Anschauung bei einem Amtsgericht übersteigen. Denn: Wo wird dieses durch die »*Rechtsordnung*« geordnete »*Recht*« und »*Gesetz*« konkret angewendet und praktisch greifbar entschieden? – Wo läuft fast alles rechtliche Tun und Unterlassen zusammen? – Genau! Im Gericht! Gericht? – Nie etwas mit zu tun gehabt? Das wird sich ändern! Die Grundregel ist: Gerichte gibt es, weil es Streit gibt, den man in einer zivilisierten Gesellschaft nicht mit der Faust (Faustrecht), der Axt (Steinzeit), dem langen Galgen (Mittelalter) oder dem Revolver (Wilder Westen) austrägt.

Die Menschen können auf drei Ebenen Streit bekommen. Zum einen auf dem Gebiet des Verwaltungsrechts, weil der Staat etwas von seinem Bürger oder der Bürger etwas von seinem Staat will. Das ist Aufgabe der

Finanzgerichte (Steuern), der Sozialgerichte (Sozialleistungen: Hartz IV, Rente) und der Verwaltungsgerichte (grob gesagt: der Rest des öffentlichen Rechts).Die zweite Ebene, auf der man Streit bekommen kann, ist die private, der Streit mit seinem Mitbürger, der dem anderen Bürger gleichberechtigt den Streit vor einem Zivilgericht verkündet. Wir haben diese Ebene Privatrecht oder Zivilrecht genannt. Und zum Dritten auf dem Gebiet des Strafrechts, weil sich Bürger nicht an die Regeln zum Schutze bestimmter, im Katalog vor allem des StGB zusammengestellter Rechtsgüter gehalten haben. Hier greift der Staatsanwalt ein und »verkündet« von Amts wegen dem Regelverletzer den Streit vor einem Strafgericht.

Man braucht die Gerichte also deshalb,

- weil sich Menschen aus egoistischen Gründen nicht an »Recht und Gesetz« halten,
- weil manchmal unklar bleibt, wie Gesetze konkret angewendet werden sollen oder
- weil man streitet, ob ihre abstrakten Regelungsinhalte konkret zutreffen oder nicht.

Es ist einer der größten Fortschritte der Menschheit und des menschlichen Zusammenlebens, die Selbstjustiz durch die Einführung von neutralen Instanzen, eben durch Gerichte, ersetzt zu haben. Damit »gewinnt« nicht der Stärkere oder Schnellere, sondern (im Regelfall) der, der »Recht« hat. Die Gerichte garantieren also das oben dargestellte »Recht« und »Gesetz« und damit - hoffentlich - die »Gerechtigkeit«. Das Recht und das Gesetz werden durch die Legislative - die Gesetzgebung - geschaffen, durch die Exekutive - die öffentliche Verwaltung - ausgeübt und wird garantiert und kontrolliert durch die Judikative - die Rechtsprechung - in ihren fünf Gerichtsbarkeiten. Sie werden herkömmlich in ordentliche und außerordentliche (von Spaßvögeln »unordentliche« genannt) Gerichtsbarkeit geschieden. Das hatten wir schon kennen gelernt.

Stellen Sie sich mal ein Fußballspiel ohne Schiedsrichter vor. So ähnlich wäre das in unserer Gemeinschaft, wenn es keine Gerichtsbarkeiten mit ihren Gerichten und Richtern und mit ihren Rechtswegen (Instanzen) gäbe.

Die Masse an Streitfällen schaufeln die *Amtsgerichte* weg. Es lohnt sich deshalb für uns, sich diese näher anzusehen. Mit dem Privatrecht und dem Strafrecht beschäftigen sich vorwiegend circa 730 solcher Amtsgerichte in Deutschland! Die Amtsgerichte sind das Rückgrat der deutschen Justiz!

Zunächst fällt einem bei dem Begriff »Amtsgericht« immer der Strafrichter ein. Das führt dazu, dass die meisten mit dem Gericht nichts zu tun haben wollen. Mehr als vier Jahre Freiheitsstrafe oder Geldstrafen darf ein Strafrichter beim Amtsgericht nicht verhängen. Sein Metier ist das Straf- und Strafprozessrecht. Außer mit der »kleineren« bis »mittleren« Kriminalität ist das Amtsgericht noch mit anderen vielfältigen Problemen beschäftigt: Unser kleiner Ausflug wird zeigen, dass das Amtsgericht das Gericht für die Dinge des Alltags ist. Es ist viel näher bei den Bürgern, als diese zumeist ahnen. Über den Strafrichter hinaus gibt es große Bereiche des Lebens, in denen das Amtsgericht tätig werden kann. Wenn man hier vom »Strafrichter« spricht, bezeichnet dieses die Funktion, die er ausübt, wie man denn auch vom »Familienrichter« oder »Zivilrichter« spricht. Die richtige Dienstbezeichnung lautet für den Richter, der am Amtsgericht tätig ist, aber in allen Fällen »Richter am Amtsgericht«.

- Sie haben einen Handwerker bestellt, der gepfuscht hat. Sie wollen die Rechnung deswegen nicht bezahlen, dieser ist aber uneinsichtig und verklagt Sie auf Zahlung. Schon sind Sie als Beklagter in einen Rechtsstreit verwickelt. Sie haben einen Verkehrsunfall erlitten, an dem Sie völlig schuldlos sind. Die gegnerische Versicherung will nicht zahlen. Es wird Ihnen nichts anderes übrig bleiben, als zu klagen. Dieses Mal sind Sie Kläger. Ihr Vermieter will mehr Miete, Sie sind der Ansicht, schon jetzt zu viel zu zahlen. Wenn Sie sich nicht einigen, müssen Sie den Streit vor dem Amtsgericht austragen, übrigens unabhängig vom Streitwert. Ihre Eltern lehnen sich lächelnd zurück; ihnen kann wenigstens das nicht begegnen, weil sie Eigentümer einer Wohnung sind. Und der Streit mit den anderen Eigentümern über die Reparatur des Daches? Eine Sache für das Amtsgericht. Ach, Ihre Großeltern sind Eigentümer eines freistehenden Einfamilienhauses und meinen, wenigstens sie bräuchten einen solchen Streit nicht zu befürchten? Abgesehen von dem schon erwähnten Streit über Handwerkerrechnungen, der natürlich auch ihnen blühen kann, stellen Sie sich vor, das Nachbargrundstück wird von einem ansonsten friedfertigen Mitbürger gekauft, der einer alten Tradition seiner Familie folgend um Punkt Mitternacht für eine Stunde das Alphorn bläst. Ich kann Ihnen versichern, das wird Ihre Großeltern auf Dauer stören. Ihre Bitten werden zwar höflich entgegen genommen, bleiben aber fruchtlos. Was wird geschehen? Sie ahnen es schon, sie klagen vor dem Amtsgericht auf Unterlassung.

- Das Amtsgericht urteilt in Zivilsachen nicht nur, es sorgt auch dafür, dass den Urteilen gefolgt wird. Es geschieht nicht selten, dass ein armer Kläger mit viel Mühe ein Urteil erstreitet und nun davon ausgeht, der »Beklagte«, der ab sofort der »Schuldner« ist, werde nunmehr auch der Verpflichtung des Urteils folgen und zahlen. Der denkt aber gar nicht daran. In diesen Fällen muss der Kläger, der nunmehr Gläubiger heißt, die Zwangsvollstreckung betreiben. Vollstreckungsgericht? Das ist das Amtsgericht. Sie können dort den Gerichtsvollzieher beauftragen, der ein beim Amtsgericht tätiger Beamter ist. Dieser vollstreckt dann in bewegliche Sachen Ihren Schuldners, die zuerst gepfändet und dann versteigert werden. Die Pfändung erfolgt durch Anbringung eines Pfandsiegels, allgemein »Kuckuck« genannt. Übrigens, wissen Sie eigentlich, woher dieser Begriff stammt? Noch zu Kaisers Zeiten zeigte das Pfandsiegel den Reichsadler, den der Volksmund dann umtaufte. Die Zwangsvollstreckung kann auch dadurch erfolgen, dass Forderungen Ihres Schuldners gepfändet werden, zB Arbeitseinkommen. Ist Ihr Schuldner Eigentümer eines Grundstücks, kann auch dieses zu Ihren Gunsten verwertet werden, durch die Zwangsverwaltung oder -versteigerung. Wie auch immer, das Amtsgericht ist zuständig, wenn eine Geldforderung vollstreckt werden muss.
- An diesen Beispielen wird deutlich, dass die Vielfalt des Lebens und der darin verborgenen Konflikte jeden Bürger schnell in Kontakt mit dem Gesetz, meist mit dem Amtsgericht, bringen kann. Wenn eine Ehe scheitert, wird vom Amtsgericht über die Scheidung und alle daraus folgenden Sachen durch den »Familienrichter« entschieden. Er spricht nicht nur die Scheidung aus, er legt auch den Unterhalt und den Versorgungsausgleich (Verteilung der in der Ehe erworbenen Rentenansprüche) fest und regelt das Sorgerecht über die minderjährigen Kinder. Auch bei einer intakten Ehe kann das Amtsgericht als Familiengericht tätig werden, zB wenn die Eheleute Gütertrennung vereinbaren, wird das Güterrechtsregister dort geführt. Dem Familiengericht obliegen auch alle Entscheidungen, die zum Wohl eines Kindes erforderlich werden, gleich ob ehelich oder nichtehelich, wenn die Erziehungsberechtigten die elterliche Sorge nicht ausüben können. Es kann den Erziehungsberechtigten sogar die elterlich Sorge oder Teile hiervon (zB Aufenthaltsbestimmungsrecht) entziehen und auf einen anderen übertragen.

- Wenn erforderlich, kann das Amtsgericht sich auch sonst um höchstpersönliche Angelegenheiten kümmern, dieses Mal als Vormundschaftsgericht. Nicht selten wird beim Vormundschaftsgericht die Einrichtung einer Betreuung beantragt. Es würde jetzt zu weit führen, Ihnen die Einzelheiten des Verfahrens zu erklären. Zumindest gilt: Kann ein Volljähriger aufgrund einer psychischen Krankheit oder einer körperlichen, geistigen oder seelischen Behinderung seine Angelegenheiten ganz oder teilweise nicht selbst besorgen, so bestellt das Vormundschaftsgericht auf seinen Antrag oder von Amts wegen für ihn einen Betreuer. Ist der Betreuer dann bestellt, hat dieser unter Aufsicht des Vormundschaftsgerichts die ihm übertragenen Angelegenheiten zu besorgen. In diesem Zusammenhang will ich Sie auf eine Berufsgruppe hinweisen, von der die meisten Bürger noch nicht gehört haben, die der Rechtspfleger. Bei den Gerichten entscheiden nicht nur Richter, sondern in vielen Bereichen der Rechtspfleger. Das gilt insbesondere bei den Amtsgerichten. Er begegnet Ihnen unter anderem beim Vormundschaftsgericht, wo er die Betreuer bestellt und diese auch überwacht. Sie denken, »Betreuung betrifft mich doch nicht, ich bin jung und voller Dynamik«. Auch Sie sind gefährdet. Sie sind leidenschaftlich und lieben Risikosportarten? Was ist, wenn es dabei zu einem Unfall kommt und Sie schwere Verletzungen erleiden? Schon die Teilnahme am Straßenverkehr kann jederzeit zu Verletzungen führen, die uns außerstande setzen, die Dinge des täglichen Lebens zu regeln, insbesondere die rechtlichen. Hat zB niemand eine Vollmacht über Ihr Konto, so kann auch niemand Ihre finanziellen Angelegenheiten regeln. Zur Vorsorge ist an eine sogenannte Betreuungsvollmacht zu denken, in der Sie regeln können, wie die Betreuung ausgestaltet und wer Ihr Betreuer werden soll.

- Allgemein geläufig ist der Satz: »Sterben bringt Erben«, erst die Lachenden und dann die Krachenden. Auch wenn es nicht zum Krach kommt, müssen viele Dinge geregelt werden. Fast immer benötigt der Erbe einen Erbschein. Diesen erteilt das Amtsgericht, dieses Mal als Nachlassgericht. Mit dem Erbschein kann man den Nachweis führen, dass man tatsächlich auch Erbe ist. Deswegen muss man erst dem Gericht nachweisen, dass man den Verstorbenen beerbt hat, allein oder neben anderen Miterben. Erbe kann man werden, indem man mit dem Erblasser verwandt ist oder von diesem durch Testament dazu bestimmt worden ist.

- Es gibt auch Fälle, in denen jemand vermögend verstorben ist, ohne dass sich ein Erbe feststellen lässt. Auch hier greift das Amtsgericht als Nachlassgericht ein, indem es einen Nachlasspfleger bestellt. Dieser hat nicht nur den Nachlass zu verwalten, sondern auch nach Erben zu suchen. Das kann eine umfangreiche Reise in die Vergangenheit bedeuten. Bei Nachlasspflegschaften über große Vermögen werden die Pfleger nicht nur von den auch hier tätigen Rechtspflegern überwacht, sondern zusätzlich auch von Richtern oder Rechtspflegern, die nicht im Nachlass tätig sind.
- Es gibt durchaus auch die gegenteiligen Fälle. Erben sind vorhanden, es ist nur keine Erbschaft (Vermögen) da. Dieser Satz ist inhaltlich nicht ganz richtig, ein »Erbe« oder »Nachlass«, wie das Gesetz dies nennt, ist immer vorhanden, denn auch Schulden erbt man. Der Erblasser hat zum Schluss noch flott gelebt und sein Vermögen mit einer jugendlichen Geliebten durchgebracht. Bei allem Respekt, für Sie als Erbe ist das schlecht, weil nicht nur das Vermögen perdu ist, er hat auch noch Schulden gemacht, die Sie als sein einziger Abkömmling erben. Aber auch hier hilft das Amtsgericht. Vor diesem können Sie das Erbe ausschlagen. Sie müssen sich aber beeilen. Nachdem Sie von Ihrer Erbenstellung erfahren haben, haben Sie dazu sechs Wochen Zeit.
- Herr Müller will eine Handelsgesellschaft, sei es als Einzelkaufmann, als OHG, KG, GmbH oder AG gründen, eine Genossenschaft, einen Verein? Herr Hoffmann will Eigner eines Rheindampfers werden? Es wird nicht ohne Amtsgericht gehen. Denn hier werden die Handelsregister geführt, in welche Handelsgesellschaft, Genossenschaft sowie Verein einzutragen sind und der Schiffseigner registriert wird. Das Gericht überprüft, ob die Mindestvoraussetzungen für die Gründung der jeweiligen Handelsgesellschaft, der Genossenschaft oder des Vereins erfüllt sind und ob die rechtliche Ausgestaltung ordnungsgemäß ist. Das dient der Sicherheit im Wirtschaftsverkehr. In diese Register hat jedermann ein Einsichtsrecht. Das geht heute sogar online über das Internet.
- Vielleicht wollen Sie sich später selbst ein Haus kaufen. Am Amtsgericht kommen Sie auch hier nicht vorbei. Die Rechte an Grundstücken sind in Grundbüchern verbrieft. Diese Register werden beim Amtsgericht geführt, dieses Mal in seiner Eigenschaft als Grundbuchamt. Jeder Wechsel eines Eigentümers, jede Belastung des Grundstücks mit einem Recht (zB mit einer Hypothek), jede Löschung eines solchen Rechts müssen hier eingetragen werden, nur

dann wird die Rechtsänderung wirksam. Die Löschung eines Rechts geschieht im Übrigen dadurch, dass dieses rot unterstrichen, »gerötelt« wird. Wenn Ihnen also jemand erzählt, er stehe als Eigentümer eines Grundstücks im Grundbuch, er sei sogar rot unterstrichen, wissen Sie künftig, was Sie davon zu halten haben.

- Sind die Zeiten schlecht und geht der Firma Schmitz »die Luft« aus – vornehm heißt das, sie wird insolvent, im Volksmund, sie geht Pleite – dann muss der Inhaber, um nicht straffällig zu werden, die Durchführung des Insolvenzverfahrens (früher hieß das Konkurs) beantragen, dies ebenfalls beim Amtsgericht.
- Es war jetzt viel von »Anträgen« und »beantragen« die Rede. Sie fragen, wie und wo Sie Anträge stellen sollen? Das Amtsgericht hat hierfür eine »Rechtsantragstelle«, die Ihnen dabei hilft. Aber keine Missverständnisse, diese Stelle erteilt keine Rechtsberatung, wie häufig angenommen wird, sie hilft lediglich, indem sie den Sachverhalt aufnimmt und den Antrag, die begehrte Rechtsfolge, formuliert und richtig adressiert. Hier können Sie im Übrigen auch Ihren Austritt aus der Kirche erklären.

So, im Wesentlichen wissen Sie jetzt, womit sich ein Amtsgericht beschäftigt. Es gibt noch weitere Rechtsgebiete (zB Landwirtschaftssachen), die hier bearbeitet werden, aber irgendwo muss auch Schluss sein. Sie sollten sich das Amtsgericht jetzt einmal ansehen. Das geschieht hoffentlich mit anderen Augen, nachdem Sie wissen, was in diesen Mauern entschieden wird, die kleinen und großen menschlichen Schicksale, sei es im Guten oder sei es im Bösen. Es sind aber nicht die Mauern, die diese Entscheidungen treffen, es sind die Menschen, die in den Gerichten arbeiten, Frauen und Männer als Richter und Rechtspfleger, als Geschäftsstellenverwalter und Protokollkräfte, als Gerichtsvollzieher und Wachtmeister. Sie alle werden benötigt, um dem Bürger, wenn es denn einmal sein muss, zu helfen.

Exkurs: Sie wenden völlig zu Recht ein, Sie hätten von Fällen gehört, in denen sich ein *Land- oder Oberlandesgericht* mit einem Zivilrechts- oder Strafrechtsstreit beschäftigt habe, ja sogar der *Bundesgerichtshof*. Was ist damit? Und was ist mit den *Arbeitsgerichten*? Wenn sich Arbeitnehmer und Arbeitgeber wegen des Arbeitsverhältnisses streiten, ist das zweifellos eine bürgerlich-rechtliche Streitigkeit. Wegen der Besonderheiten dieser Materie hat der Gesetzgeber hier eine spezielle Gerichtsbarkeit eingerichtet, die Arbeitsgerichtsbarkeit. Auch *Oberlandesgericht* und *Bundesgerichtshof* sind einfach zu erklären. Es handelt sich um Instanzgerichte. Diese können unter bestimmten Voraussetzungen als Berufungs- oder Revisionsgerichte angerufen werden, um die Entscheidungen der Vorinstanzen zu überprüfen. Bei der Berufung werden die Tatsachen und das Recht, bei einer Revision nur noch das Recht überprüft.

Aber die *Landgerichte*? - Das sind Zwitterwesen. Einerseits sind sie in Zivilsachen - aber auch in Strafsachen - in erster Instanz tätig, andererseits sind sie Berufungsgerichte für amtsgerichtliche Entscheidungen. In Zivilsachen hängt es vom Wert ab, über den gestritten wird. Bis zu 5000 EUR ist das Amtsgericht in erster Instanz zuständig, darüber das Landgericht. In Strafsachen entscheidet das Landgericht in sogenannten Großen Strafkammern über die »schwere« Kriminalität mit Strafen von vier Jahren bis zu lebenslang und in »Kleinen Strafkammern« über die Berufungen gegen die Strafurteile der Amtsgerichte.

Sie sollten Ihre Scheu vor den Gerichten ablegen. Und wenn Sie mal vorbeikommen, schauen Sie unbedingt mal rein. Die Sitzungen sind fast sämtlich öffentlich und kein Richter kann und wird Ihnen den Besuch verweigern, im Gegenteil, er wird sich über Ihr Interesse freuen. Nicht anklopfen, mutig die Tür zu den Sitzungssälen aufmachen.

»Interessiert mich! – Gehen wir mal ein Strafverfahren durch?«

Gerne! Aber Folgendes vorweg: Das Strafrecht (StGB) verwirklicht sich nicht aus sich selbst heraus, sondern es findet sein Gepräge immer aus einem Rechtsfindungsprozess in einem Strafverfahren. Dem materiellen Strafrecht - vom Hausfriedensbruch bis zum Mord - kann nur mit Hilfe des in der Strafprozessordnung (StPO) niedergelegten formellen Strafverfahrensrechts zur Geltung verholfen werden. Ein StGB ohne StPO ist wie ein Schaft ohne Schneide! Das interaktive Geschehen in einem solchen Prozess muss man im Kontext der jeweils geltenden prozessrechtlichen Regelungen mal erlebt haben. Sie kennen alles nur aus den Medien, Filmen, Fernsehen und der Belletristik. Dies ergibt aber kein realitätsgerechtes Bild der Strafjustiz und der Tätigkeit der daran Mitwirkenden. Dafür kommt die Beobachtung einer strafrechtlichen Hauptverhandlung in Betracht.

Damit Sie bei Ihrem gewünschten und sehr zu empfehlenden Gerichtsbesuch einer strafrechtlichen Hauptverhandlung erfolgreich folgen können, sollten Sie zunächst den Ablauf eines Strafverfahrens kennen lernen.

Das Ziel des Strafverfahrens ist die möglichst nachhaltige Verfolgung und Bestrafung aller Straftaten des Beschuldigten. Die Durchsetzung des staatlichen Strafanspruchs erfordert unter Umständen tiefe Eingriffe in dessen Freiheitssphäre. Andererseits muss die Schuld oder die Unschuld aber erst noch im Urteil abschließend festgestellt werden. Das erfordert ein möglichst schonendes, behutsames Vorgehen gegenüber dem vielleicht unschuldigen Beschuldigten. Der darin liegenden Kollision der Interessen des Staates und der Gesellschaft an einer nachhaltigen Strafverfolgung und denjenigen des Einzelnen an einem umfassenden Schutz vor Eingriffen in seine Freiheits- und Persönlichkeitsrechte muss die Strafprozessordnung Rechnung tragen. Das Strafverfahren sucht diesen Ausgleich herzustellen durch bestimmte, das Verfahren tragende rechtsstaatliche Grundsätze (Maxime). Diese Prinzipien beruhen außer auf den verfassungsrechtlichen Garantien auch auf Erfahrungs- und Zweckmäßigkeitsgesichtspunkten. Die Lösung dieses Interessenkonflikts, welche Eingriffsrechte also der Staat sich letztlich selbst zugesteht, kann als Leitbild für das grundsätzliche Verhältnis zwischen dem Staat und seinen Bürgern betrachtet werden: Je freiheitlicher die Rechtsordnung ist, desto stärker sind die Individualrechte ausgestaltet.

Um den Interessenkonflikt zwischen Strafverfolgung einerseits und der Abwehr von als ungerecht empfundenen Grundrechtseingriffen andererseits rechtsstaatlich akzeptabel zu lösen, sind für den Bereich des deutschen Strafverfahrens fundamentale Verfahrensprinzipien von entscheidender Bedeutung, die Sie dann im Strafprozessrecht genau erkennen lernen werden. (Siehe Diagramm auf der nächsten Seite.)

Nehmen wir folgenden Ausgangsfall:

> Der wegen Diebstahls erheblich vorbestrafte Jupp Schmitz riss am 08.01.20.. gegen 6.15 Uhr den Blendladen des Hoffensters am Anwesen Obere-Brüder-Straße 97 in Oberhausen des Eigentümers Helmut Schneider aus der Verankerung, zertrümmerte die dahinter befindliche Fensterscheibe, griff durch die so entstandene Öffnung und schaltete das Licht an. Er hatte die Absicht, in den Raum einzusteigen und zu stehlen, flüchtete aber, als er jemanden – den durch die Geräusche geweckten Wohnungsinhaber – die Treppe herabkommen hörte.

Die Frage, ob und wie Jupp sich strafbar gemacht hat und welche Folgen seine Tat für ihn haben kann, beantwortet das materielle Strafrecht. Es ist im Wesentlichen im StGB geregelt. Hier kommt ein versuchter Einbruchsdiebstahl in Betracht, ein Rücktritt scheidet mangels »Freiwilligkeit« aus.

Die Frage, durch wen und auf welchem Wege die Strafbarkeit des Jupp festgestellt und eine Strafe verhängt und eine verhängte Strafe vollstreckt wird, beantwortet das formelle Strafrecht (Strafprozessrecht). Das *Strafprozessrecht* ist die Summe der Normen der Strafprozessordnung zur Schaffung eines rechtsstaatlich geordneten Strafverfahrens, die festlegen, wie der staatliche Strafanspruch, vorwiegend der aus dem StGB, festgestellt und die verhängte Geld- oder Freiheitsstrafe vollstreckt wird. Man kann es als Durchsetzungsrecht des staatlichen Strafanspruchs kennzeichnen.

Das Strafprozessrecht ist ebenso wie das Strafrecht Teil des öffentlichen Rechts. Strafprozessual folgt aus der Zugehörigkeit des Strafprozessrechts zum öffentlichen Recht, dass diese Pflicht des Staates durch den *Legalitätsgrundsatz* durchgesetzt wird. Demnach ist die Staatsanwaltschaft grundsätzlich zum Einschreiten verpflichtet, wenn für eine verfolgbare Tat auch zureichende tatsächliche Anhaltspunkte vorhanden sind. Darüber hinaus ergeben sich aus der öffentlich-rechtlichen Natur des staatlichen Strafanspruchs Konsequenzen für die Ausgestaltung des Strafprozesses.

Leitgrundsätze des Strafverfahrens

Anklageprinzip	**Legalitätsprinzip**
»Wo kein Kläger (Staatsanwalt), da kein Richter«	Verfolgungszwang der Staatsanwaltschaft gegen jedermann
Ermittlungsgrundsatz	**Unmittelbarkeitsgrundsatz**
Gericht ermittelt Sachverhalt selbst und ist an niemandes Weisungen gebunden	Das Gericht, das ein Urteil fällt, muss alles, worauf es sein Urteil stützt, selbst (also unmittelbar) wahrgenommen haben
In-dubio-pro-reo-Prinzip	**Konzentrationsprinzip**
Schuld des Angeklagten muss bewiesen sein, das heißt: Das Gericht muss die unzweifelhafte Überzeugung von Tatbestand, Rechtswidrigkeit und Schuld erlangt haben	Die ganze Hauptverhandlung sollte möglichst beschleunigt in einem Zuge durchgeführt werden
Offizialmaxime	**Opportunitätsprinzip**
Strafverfolgung obliegt dem Staat und nicht dem Bürger	Nichtverfolgung an sich verfolgbarer Straftaten (§§ 153–154e StPO)

Mündlichkeitsprinzip	Grundsatz der freien Beweiswürdigung
Dem Urteil darf nur der mündlich vorgetragene und erörterte Prozessstoff zugrundegelegt werden	Der Richter ist an keinerlei gesetzliche Beweisregeln oder Richtlinien gebunden

Öffentlichkeitsgrundsatz	Grundsatz des »fair-trial«
Die Verhandlungen vor dem erkennenden Gericht sind frei zugänglich	Das Verfahren ist immer an den Grundsätzen der Gerechtigkeit, Billigkeit und der Menschenwürde orientiert.

Während im Zivilprozess die Parteien selbst für die Beibringung der Tatsachen und Beweismittel zu sorgen haben, gilt im Strafprozess der *Untersuchungsgrundsatz,* nach dem das Gericht von sich aus alle Aufklärungshandlungen vornehmen muss.

Das Strafverfahren selbst, dem sich Jupp Schmitz ausgesetzt sieht, gliedert sich in zwei große Hauptabschnitte:

1. das Erkenntnisverfahren und
2. das Vollstreckungsverfahren.

Den Einschnitt zwischen beiden bildet die Rechtskraft des Urteils, was bedeutet, dass das ergangene Urteil mit Rechtsmitteln nicht mehr angegriffen werden kann. Einmal muss auch in einem Rechtsstaat Schluss sein und Rechtssicherheit eintreten.

Das Erkenntnisverfahren ist wiederum in mehrere Abschnitte aufgeteilt:

- Der erste Abschnitt, das *Ermittlungsverfahren,* dient der umfassenden Aufklärung der Straftat und der Person des Täters durch Staatsanwaltschaft und Polizei und schließt mit einer Einstellung des Verfahrens oder mit der Einreichung der Anklageschrift bei Gericht ab.
- Mit der Anklageerhebung beginnt der zweite Abschnitt, das *Zwischenverfahren,* in dem das Gericht dem Angeschuldigten die Anklage zustellt und ihm Gelegenheit zur Stellungnahme und zur Anbringung von Beweisanträgen gibt. Es schließt mit der Entscheidung des Gerichtes über die Zulassung der An-

klage und die Eröffnung des Hauptverfahrens, dem Eröffnungsbeschluss.

- Das Zwischenverfahren leitet über in den dritten Abschnitt, das *Hauptverfahren* in Strafsachen. Das Hauptverfahren setzt sich zusammen aus der Vorbereitung der Hauptverhandlung durch das Gericht (Terminsbestimmung, Ladung der Beteiligten usw.) und der eigentlichen Hauptverhandlung, dem Kernstück des Strafverfahrens. In ihr wird aufgrund mündlicher Verhandlung und Beweiserhebung über Schuld oder Nichtschuld des Angeklagten durch Urteil entschieden.

Innerhalb des Vollstreckungsverfahrens ist zu unterscheiden zwischen Strafvollstreckung und Strafvollzug. Strafvollstreckung: Das ist die Einleitung und allgemeine Überwachung der Ausführung des Urteils sowie die genaue Strafzeitberechnung und die Geldstrafenvollstreckung. Sie liegt in den Händen der Staatsanwaltschaft und ist im Wesentlichen dem Rechtspfleger übertragen. *Strafvollzug:* Das ist die Durchführung der freiheitsbeschränkenden Strafmaßnahme selbst und die Regelung der damit zusammenhängenden Einzelfragen. Der Strafvollzug liegt im Wesentlichen in den Händen der Justizvollzugsanstalten der Länder.

Ich möchte Ihnen nunmehr die Beteiligten am Strafverfahren vorstellen.

- Die Staatsanwaltschaft: Sie ist Herrin des Ermittlungsverfahrens. Sie ist Anklagevertreterin im Zwischen- und Hauptverfahren. Sie ist Strafvollstreckungsbehörde.
- Die Polizei: Zum einen hat die Polizei die repressive Funktion zur Aufklärung begangener Straftaten. Hierfür sind die StPO und das Gerichtsverfassungsgesetz (GVG) maßgebend. Zum anderen hat sie die präventive Funktion zur Gefahrenabwehr. Hierfür sind in erster Linie die Polizeigesetze der Länder maßgebend.
- Der Beschuldigte: Beschuldigter ist der Tatverdächtige, gegen den das Ermittlungsverfahren läuft. Angeschuldigter ist der Beschuldigte, gegen den das Zwischenverfahren läuft. Angeklagter ist der Beschuldigte, gegen den das Hauptverfahren läuft. Verurteilter ist der Angeklagte, gegen den ein rechtskräftiges Urteil vorliegt.

- Der Verteidiger: Er ist ein unabhängiges Organ der Rechtspflege und Beistand (nicht einseitiger Interessenvertreter, nicht Vertragspartner) des Beschuldigten. Es gibt zwei Arten der Verteidigung: den Wahlverteidiger (bis max. drei) durch freie Wahl des Beschuldigten, und in bestimmten Fällen den Pflichtverteidiger. Nimmt der Beschuldigte doch noch einen Wahlverteidiger, so ist die Pflichtverteidigung rückgängig zu machen.
- Der Zeuge: Zeuge ist eine Person, die vor einem Gericht über ihre optischen, akustischen, geruchlichen oder haptischen Sinneswahrnehmungen durch eine Aussage berichten soll. Es gibt eine Menge Rechte des Zeugen: Auskunftsverweigerungsrecht, Eidesverweigerungsrecht, Zeugnisverweigerungsrechte aus persönlichen Gründen wegen der Interessenkollision zwischen Wahrheitspflicht und Familiensolidarität, aus beruflichen Gründen wegen des zu schützenden Vertrauensverhältnisses. Er hat das Recht auf einen Beistand durch einen Rechtsanwalt. Es gibt aber auch Pflichten des Zeugen: Aussagepflicht, Eidespflicht, Erscheinungspflicht vor dem Richter und Staatsanwalt, nicht dagegen vor der Polizei, und die Wahrheitspflicht.
- Der Richter: Der Richter ist als Herr des Zwischen- und Hauptverfahrens das wichtigste Prozesssubjekt: unversetzbar, unabsetzbar, unabhängig, unparteilich, unvoreingenommen und grundgesetzlich umfassend im Grundgesetz geschützt. Seine Rechte und Pflichten sind im Deutschen Richtergesetz (DRiG) näher bestimmt. Nach dem Amtsermittlungsgrundsatz leitet er allein die Hauptverhandlung, erhebt Beweis, erteilt das Wort und entzieht es. Sein Ausschluss kraft Gesetzes ist dann vorgesehen, wenn objektive Gründe für eine mögliche Voreingenommenheit bestehen. Seine Ablehnung wegen Besorgnis der Befangenheit ist dann möglich, wenn ein vernünftiger Angeklagter aus seiner subjektiven Sicht begründete Zweifel daran haben kann, dass ihm der Richter nicht mehr unbefangen gegenüber steht. Unerheblich ist, ob er tatsächlich befangen ist.

Und jetzt auf in die Hauptverhandlung!

In der Hauptverhandlung stellt sich Ihnen ein spezifisch juristisches Berufsmilieu vor. Sie bildet nicht selten eine mehrere Verhandlungstage umfassende Sitzung. Sie ist das Kernstück des Strafverfahrens und des gesamten Strafprozesses. Während in den vorangegangenen Verfahrensabschnitten *Ermittlungs- und Zwischenverfahren* durch Polizei und Staatsanwaltschaft festgestellt wird, ob die Durchführung einer *Hauptverhandlung* wegen hinreichenden Tatverdachts geboten ist und für diesen Fall durch das Gericht die notwendigen Vorbereitungen getroffen werden, ergeht erst in der Hauptverhandlung der Spruch über Schuld oder Unschuld des Angeklagten. Unabhängig von den vorangegangenen Ermittlungen werden hier noch einmal sämtliche Beweise erhoben. Das Urteil wird allein aufgrund der in der Hauptverhandlung gewonnenen Ergebnisse aufgrund freier richterlicher Beweiswürdigung gefunden. Die Hauptverhandlung ist in der Regel öffentlich. Sie gliedert sich wie folgt:

- **Der Aufruf der Sache:**

Der Aufruf hat keinerlei Rechtswirkung. Er ist lediglich als nach außen hin erkennbares Zeichen für die Öffentlichkeit und die Verfahrensbeteiligten zu verstehen, dass nunmehr die Hauptverhandlung beginnt.

- **Die Feststellung der Präsenz**

Die Feststellung der anwesenden Verfahrensbeteiligten ist Voraussetzung für die Entscheidung, ob problemlos mit der Verhandlung begonnen werden kann. Es ist lediglich die Feststellung vorgesehen, ob der Angeklagte, der Verteidiger und die geladenen Beweismittel präsent sind. Natürlich wird sich das Gericht auch vergewissern, ob der Staatsanwalt bereits anwesend ist.

- **An die Feststellung der Präsenz schließt chronologisch die Belehrung über die Wahrheitspflicht an.**

Die erschienenen Zeugen müssen anschließend den Sitzungssaal verlassen.

- **Die Vernehmung des Angeklagten zur Person**

Zweck dieser – ersten – Vernehmung des Angeklagten durch das Gericht ist allein die Feststellung der Identität und soweit möglich auch der Verhandlungsfähigkeit. Mit dem ersten Eindruck des Gerichts vom Angeklagten kann auch grob beurteilt werden, ob dieser aufgrund seiner geistigen Fähigkeiten in der Lage ist, sich selbst zu verteidigen. Obwohl dies dem Gesetz so nicht zu entnehmen ist, wird die eigentliche Vernehmung des Angeklagten zu seiner Person (nämlich zu seinem persönlichen Werdegang, etwaigen Vorstrafen etc.) der Vernehmung zur Sache zugeschlagen und erfolgt daher an späterer Stelle.

- **Die Verlesung des Anklagesatzes**

Die Verlesung des Anklagesatzes muss im Ganzen geschehen. Sollten sich hierbei Unklarheiten herausstellen, so müssen diese durch zusätzliche Erklärungen des Staatsanwaltes – die protokolliert werden sollten – aus-

geräumt werden. Da die Verlesung des Anklagesatzes zu den wesentlichen Förmlichkeiten der Hauptverhandlung gehört, muss sie entsprechend im Sitzungsprotokoll vermerkt werden. Ziel der Verlesung ist letztlich die Gewährung des rechtlichen Gehörs. Dem Angeklagten soll nochmals vor Augen geführt werden, was ausschließlich Gegenstand der nun beginnenden Verhandlung sein wird.

- **Der Hinweis auf die Aussagefreiheit**
  Die Hinweispflicht entspricht dem Fairnessgebot, wonach das Gericht insbesondere einen rechtsunkundigen oder anwaltlich nicht vertretenen Angeklagten nicht zu einer ungewollten Selbstbelastung verleiten darf. Es gilt der römische Grundsatz: nemo tenetur se ipsum accusare, das heißt: Niemand muss sich selbst belasten.

- **Die Vernehmung des Angeklagten zur Sache**
  Diese Vernehmung gliedert sich in zwei Teile, nämlich:

  Vorleben des Angeklagten, persönlicher Werdegang und Vorstrafen sowie

  Angaben des Angeklagten zum eigentlichen Tatgeschehen.

  Dabei hat der Angeklagte sich grundsätzlich, sofern er überhaupt zu Angaben bereit ist, mündlich zu äußern. Die bloße Verlesung einer vom Verteidiger abgefassten Schrift ist nicht tunlich. Naturgemäß entspricht es der gerichtlichen Fürsorgepflicht, den Angeklagten bei seinen Einlassungen möglichst wenig zu unterbrechen.

- **Die Beweisaufnahme**
  Der Rechtsstaat urteilt nicht über die Wahrheit, sondern über das, was beweisbar ist. Deshalb ist die Beweisaufnahme das eigentliche Kernstück der gerichtlichen Hauptverhandlung. Maßgebliche Person ist hier der Vorsitzende des Spruchkörpers, welchem die Leitung der Verhandlung obliegt. Selbstverständlich haben auch die anderen Verfahrensbeteiligten die Möglichkeit, in die Verhandlung einzugreifen, wobei jedoch die Grenze auch hier wieder vom Vorsitzenden vorgegeben wird. Als Beweismittel kommen im Strafverfahren in Betracht:

  Sachverständige,

  Zeugen,

  die Einnahme von Augenschein (Ortstermin),

  Urkunden und

  die Einlassung des Angeklagten, insbesondere ein schlüssiges Geständnis.

  Nach jedem Beweisschritt im Rahmen der Beweisaufnahme ist den Verfahrensbeteiligten, also dem Angeklagten, seinem Verteidiger und dem

Staatsanwalt, Gelegenheit zur Stellungnahme zu geben. Die Reihenfolge der Beweismittel wird allein nach Zweckmäßigkeitserwägungen durch das Gericht bestimmt. Wenn alle in Betracht kommenden Beweismittel ausgeschöpft sind, wird die Beweisaufnahme geschlossen und es kommt zu den Schlussvorträgen.

- **Die Schlussvorträge**

Diese haben jedenfalls bei erstinstanzlichen Verhandlungen folgende Reihenfolge:

Plädoyer der Staatsanwaltschaft, welches einen konkreten Strafantrag enthalten muss.

Angebracht sind hier auch eine dem jeweiligen Verfahrensgegenstand angemessene Darstellung des Beweisergebnisses und eine Würdigung der Beweismittel durch den Staatsanwalt.

Ausführungen und Anträge des Angeklagten bzw. dessen Verteidigers mit anschließender Möglichkeit der Erwiderung durch den Staatsanwalt. In der Rechtsmittelinstanz beginnt der jeweilige Rechtsmittelführer mit dem Schlussvortrag. Sollten bei den Schlussvorträgen neue Gesichtspunkte zutage treten, die eine weitere Ermittlungstätigkeit durch das Gericht erforderlich machen, so muss erneut in die Beweisaufnahme eingetreten werden.

- **Das letzte Wort des Angeklagten**

Der Angeklagte soll als letzter Verfahrensbeteiligter nochmals seine Sicht der Dinge darlegen können, bevor das Gericht sich zur Beratung zurückzieht. Dies soll ihm insbesondere in Grenzfällen die Möglichkeit eröffnen, das Gericht für sich einzunehmen.

- **Die Beratung des Gerichts und die Abstimmung**

Dieser Teil des Verfahrens gehört streng genommen nicht zur Hauptverhandlung, da er sich nicht in der Öffentlichkeit abspielt. Gleichwohl gehört er zur Chronologie der Verhandlung. Das Gericht zieht sich in das Beratungszimmer zurück, wobei an der Entscheidungsfindung grundsätzlich nur die entscheidenden Richter (wozu natürlich auch die Schöffen gehören) mitwirken dürfen. Für das weitere Schicksal des Angeklagten ist von besonderer Bedeutung, mit welchen Mehrheitsverhältnissen die Abstimmung im Falle von Meinungsverschiedenheiten unter den Richtern zu erfolgen hat. Es wird mit absoluter Mehrheit entschieden. Dies ist gesetzlich dahingehend präzisiert, dass für jede dem Angeklagten nachteilige Entscheidung über die Schuldfrage und die Rechtsfolgen der Tat eine 2/3-Mehrheit erforderlich ist. Das hat zur Konsequenz, dass theoretisch – beim Schöffengericht oder einer kleinen Strafkammer (Beset-

zung jeweils mit einem Berufsrichter und zwei Laienrichtern, sogenannten Schöffen) – der Berufsrichter von den beiden Schöffen überstimmt werden kann. Bei den großen Strafkammern (in der Besetzung mit 3 Berufsrichtern und 2 Schöffen) ist folglich ein Abstimmungsverhältnis von 4:1 erforderlich, sodass auch hier zwei Laienrichter drei »Profis« überstimmen können. Schließlich muss die Urteilsformel, also der Tenor der Entscheidung, schriftlich fixiert werden, da diese nach Abschluss der Beratung und Wiedereintritt in die öffentliche Verhandlung verlesen werden muss.

- **Die Urteilsverkündung**
  Anders als im Zivilverfahren soll das Strafurteil im unmittelbaren Anschluss an die Beratung verkündet werden. Dabei ist die Urteilsverkündung untergliedert in die Verlesung der Urteilsformel, also des Entscheidungstenors inkl. Kostenentscheidung und die mündliche Begründung des gefundenen Urteils. Letztere erfolgt in der Regel in freier Rede. Sie ist jedoch kein wesentlicher Teil der Hauptverhandlung. Deshalb ist ein Urteil auch dann ordnungsgemäß verkündet, wenn der Angeklagte nach Verlesung des Tenors »türmt«, weil er mit einem Freispruch gerechnet hatte. Gegenstand des Urteils ist die in der Anklage bezeichnete prozessuale Tat nach der Verhandlung. Bei der Urteilsfindung herrscht freie Beweiswürdigung und freie rechtliche Würdigung. Bei anderen als in der Anklage zugelassenen Strafgesetzen bezüglich der angeklagten Straftat besteht eine Hinweispflicht auf die Veränderung des rechtlichen Gesichtspunktes. Bei Einbeziehung neuer, also anderer als in der Anklage zugelassener Taten, ist eine Nachtragsanklage erforderlich.

- **Die Rechtsmittelbelehrung**
  Dem Fairnessgebot entspricht es, den Angeklagten über die Möglichkeiten der Anfechtung des Urteils zu unterrichten. Insbesondere der anwaltlich nicht vertretene Angeklagte wird in der Regel nicht wissen, welche Formen und Fristen ggf. eingehalten werden müssen.

Der Ablauf des Strafverfahrens im groben Überblick:

Begehung einer Straftat

Nach materiellem Strafrecht zu beurteilen(StGB, BtMG u. a.)

Ermittlungsverfahren

In der Praxis eingeleitet durch Strafanzeige oder Strafantrag, § 158 StPO, oder durch dienstlich erlangte Kenntnis von Amts wegen, § 160 Abs. 1 StPO.
Ziel ist es, durch die Staatsanwaltschaft zu ermitteln, ob ein »genügender Anlass zur Erhebung der öffentlichen Klage« (§ 170 Abs. 1 StPO) gegen den Beschuldigten gegeben ist. Dies ist der Fall, wenn nach Auffassung der Staatsanwaltschaft die Verurteilung des Beschuldigten mit Wahrscheinlichkeit zu erwarten ist.
Anderenfalls erfolgt die Einstellung des Verfahrens nach § 170 Abs. 2 StPO mangels Tatverdachts. Zu beachten sind allerdings auch – in der Praxis wichtig – die Möglichkeiten der Einstellung wegen Geringfügigkeit oder nach Auflagenerfüllung gemäß §§ 153, 153a StPO. Erfolgt keine Einstellung, so kommt es zu der …

Anklageerhebung

durch die Staatsanwaltschaft, § 170 Abs. 1 StPO, bei dem erstinstanzlich zuständigen Gericht. Der bisher »Beschuldigte« wird hierdurch zum »Angeschuldigten«, § 157 StPO.

Zwischenverfahren

Das Verfahren geht von der Staatsanwaltschaft in die Hände des Gerichts über. Dem Angeschuldigten wird die Anklageschrift zugestellt zwecks erstmaligem gerichtlichen Gehörs. Das Gericht hat unter Berücksichtigung möglicher Einwendungen des Angeschuldigten zu prüfen, ob der von der Staatsanwaltschaft angenommene hinreichende Verdacht tatsächlich gegeben ist; kommt es zu einem negativen Ergebnis, wird die Eröffnung des Hauptverfahrens abgelehnt (§ 204 StPO). Anderenfalls kommt es zum …

Eröffnungsbeschluss § 207 StPO

der »hinreichenden Tatverdacht« voraussetzt (§ 203 StPO); auch dies bedeutet hinreichende Wahrscheinlichkeit einer späteren Verurteilung. Aus dem »Angeschuldigten« wird der »Angeklagte«, § 157 StPO.

Hauptverfahren

Die Hauptverhandlung (§§ 226 bis 275 StPO) ist das »Kernstück« des Strafverfahrens: Das Gericht hat in der Beweisaufnahme zu prüfen, ob der Angeklagte einer Straftat tatsächlich schuldig ist. Soweit keine Einstellung des Verfahrens erfolgt, kommt es, egal ob Freispruch oder Verurteilung, immer zu einem …

Urteil § 260 StPO,

welches Gegenstand eines Rechtsmittelverfahrens (Berufung/Revision) sein kann und im Falle der Rechtskraft Grundlage ist für die …

Vollstreckung §§ 449 ff StPO
einer verhängten Geld- oder Freiheitsstrafe (einschließlich der Möglichkeiten einer Reststrafenaussetzung zur Bewährung, der Anordnung von Führungsaufsicht und anderem mehr).

»Kann man auch einer Zivilverhandlung solch motivierende Erkenntnisse abgewinnen?«

Ja! Kann man. Auch einen Zivilprozess sollten Sie als jurainteressierter Schüler, spätestens als Erstsemestler frühzeitig einmal aufsuchen und beobachten! Es ist ein streitiges Verfahren vor staatlichen Gerichten zur Feststellung, Durchsetzung oder vorläufigen Sicherung (sogenannter einstweiliger Rechtsschutz) privater Rechte eines Bürgers. Der Zivilprozess versucht, das Bürgerliche Recht, das Handelsrecht und das Arbeitsrecht durchzusetzen.

Auch hier ein Beispiel: Max hat Moritz für 500 EUR ein Fahrrad verkauft und ihm nach einer Anzahlung von 100 EUR das Fahrrad auch übereignet. Nunmehr weigert sich Moritz die Restforderung von 400 EUR zu begleichen und beruft sich auf eine angebliche Mangelhaftigkeit. Max ist empört und glaubt, es handele sich bei der Behauptung des Moritz um bloße Ausflüchte. Er fragt, was er tun soll.

Max hat nach seinem Vorbringen einen Kaufpreisanspruch auf Zahlung von 400 EUR gegen Moritz. Hiermit hat es dann in Ihrer BGB-Vorlesung meist sein Bewenden. Den neugierigen Studenten interessiert aber vielleicht auch der Fortgang des Verfahrens, nämlich wie wird der Anspruch festgestellt und notfalls vollstreckungsrechtlich durchgesetzt.

Das alles regelt die Zivilprozessordnung (ZPO). Hier wird – wie im Strafprozess auch – unterschieden zwischen

1. dem *Erkenntnisverfahren* (Ablauf des Prozesses von der Klage bis zum Urteil) und
2. dem *Vollstreckungsverfahren* (Durchsetzung des Urteils).

1. Das Erkenntnisverfahren

Dieses Verfahren wird nach der ZPO entscheidend geprägt durch seine speziellen Verfahrensgrundsätze:

Der Verfügungsgrundsatz (Dispositionsmaxime)

Der Verfügungsgrundsatz oder die Dispositionsmaxime besagt, dass Max und Moritz als die Parteien die Herren des Verfahrens sind und dass daher sie es sind, die den Streitgegenstand bestimmen und über ihn verfügen können. Es liegt also in der Hand der Parteien, ob überhaupt ein Zivilprozess in Gang kommt und welchen Umfang er hat. Das Gericht ist nicht befugt, einer Partei etwas zuzusprechen, was nicht beantragt ist, was insbesondere für Zinsen und andere Nebenforderungen gilt. Auch während des Zivilprozesses haben die Parteien die Verfügungsberechtigung über den Streitgegenstand. Das zeigt sich daran, dass die Parteien die Möglichkeit haben:

- den Prozess zu erweitern (Klageerweiterung) oder
- den Prozess zu beenden, zum Beispiel durch Klagerücknahme, durch Erledigungserklärung, durch Anerkenntnis, durch Verzicht oder durch Abschluss eines Prozessvergleichs.

Das Gegenstück zum Verfügungsgrundsatz oder zur Dispositionsmaxime bildet die sogenannte Offizialmaxime, das heißt die Einleitung des Verfahrens und die Bestimmung des Verfahrensgegenstandes von Amts wegen. Sie gilt unter anderem in den Angelegenheiten der freiwilligen Gerichtsbarkeit und in Strafprozessen.

Der Beibringungsgrundsatz (Verhandlungsmaxime)

Der Beibringungsgrundsatz oder die Verhandlungsmaxime besagt, dass der vom Gericht seiner Entscheidung zugrunde zu legende Tatsachenstoff nur von Max und Moritz als den Parteien beizubringen ist und nur von ihnen beigebracht werden kann. Dies bedeutet, dass

- allein die Parteien entscheiden, welcher Tatsachenstoff in den Prozess eingeführt wird,
- das Gericht seinem Urteil nur den Tatsachenstoff zugrunde legen darf, den die Parteien vorgetragen haben,

- unstreitige Tatsachen, also von beiden Parteien übereinstimmend vorgetragene oder von der Gegenpartei zugestandene Tatsachen vom Gericht ohne Nachprüfung ihrer Richtigkeit zu berücksichtigen sind,
- allein die Parteien darüber entscheiden, ob sie für beweisbedürftige Tatsachen Beweis anbieten wollen,
- das Gericht nur dann Beweis erheben darf, wenn eine Partei dies angeboten hat.

Eine wichtige Vorschrift ist in diesem Zusammenhang die prozessuale Wahrheitspflicht, denn nach ihr haben die Parteien ihre Erklärungen über tatsächliche Umstände vollständig und der Wahrheit entsprechend abzugeben. Eine Verletzung der prozessualen Wahrheitspflicht kann einen sogenannten Prozessbetrug und weitere strafrechtliche Konsequenzen nach sich ziehen. Die ZPO normiert auch eine prozessuale Erklärungspflicht, das heißt, jede Partei hat sich über die von dem Gegner behaupteten Tatsachen zu erklären. Ein Verstoß gegen die Erklärungspflicht – also auch ein bloßes Nichtbestreiten – hat zur Folge, dass die vom Gegner behauptete Tatsache als zugestanden anzusehen ist.

Beispiel: Der Kläger trägt in einem Schadenersatzprozess wegen eines Straßenverkehrsunfalls vor, seine Ampel habe Grünlicht gezeigt, während die Ampel des Beklagten Rotlicht gezeigt habe. Erklärt sich der Beklagte hierzu nicht, schweigt er hierzu also, so geht das Gericht ohne Weiteres von der vorgetragenen Tatsache aus, berücksichtigt sie also in seinem Urteil so wie vorgetragen.

Das Gegenstück zum Beibringungsgrundsatz oder zur Verhandlungsmaxime bildet der sogenannte Untersuchungsgrundsatz oder die »Inquisitionsmaxime«, wonach das Gericht von sich aus die Wahrheit zu erforschen hat, also auch ohne diesbezüglichen Sachvortrag der Parteien. Dieser Grundsatz gilt – wie die Offizialmaxime – unter anderem in den Angelegenheiten der freiwilligen Gerichtsbarkeit und in Strafprozessen.

Der Beschleunigungsgrundsatz (Konzentrationsmaxime)

Ziel des Beschleunigungsgrundsatzes oder der Konzentrationsmaxime ist es, den Prozess möglichst zügig in einem einzigen umfassend vorbereiteten Verhandlungstermin abzuschließen. Diesem Ziel dienen:

- Beschleunigungsmaßnahmen des Gerichts, wie zum Beispiel unverzügliche Bestimmung der Termine, frühe Erteilung der Hinweise, terminvorbereitende Maßnahmen oder Beweisbeschlüsse schon vor der mündlichen Verhandlung,
- die Prozessförderungspflicht der Parteien und
- die Zurückweisung verspäteten Vorbringens.

Der Grundsatz der Mündlichkeit

Der Grundsatz der Mündlichkeit besagt, dass die Parteien ihre Anträge und ihren Tatsachenvortrag in der mündlichen Verhandlung vorbringen müssen und dass nur der Tatsachenstoff, der in der mündlichen Verhandlung vorgetragen worden ist, Grundlage der Entscheidung sein kann. Die mündliche Verhandlung wird dadurch eingeleitet, dass die Parteien ihre (Sach)Anträge stellen, also der Kläger den auf Verurteilung und der Beklagte den auf Abweisung der Klage. Die Vorträge der Parteien sind in freier Rede zu halten. Allerdings wird in der Praxis in der mündlichen Verhandlung weitgehend auf Schriftsätze Bezug genommen, was zulässig ist. Es gilt der Grundsatz der sogenannten *Einheit der mündlichen Verhandlung*. Finden in einem Prozess mehrere Verhandlungstermine statt, so bilden alle zusammen die »einheitliche mündliche Verhandlung«. Grundlage der Entscheidung wird dann der gesamte – sich aus den mehreren Verhandlungsterminen ergebende – Tatsachenstoff.

Der Grundsatz der Unmittelbarkeit

Der Grundsatz der Unmittelbarkeit besagt, dass die mündliche Verhandlung vor dem erkennenden Gericht stattzufinden hat und dass nur Richter, die an dieser Verhandlung teilgenommen haben, an dem Urteil mitwirken dürfen. Grundsätzlich muss auch die Beweisaufnahme vor dem erkennenden Gericht stattfinden. Die Beweisaufnahme kann aber unter bestimmten Voraussetzungen einem beauftragten Richter oder einem ersuchten Richter übertragen werden, insbesondere bei der Vernehmung von Zeugen.

Der Ablauf einer mündlichen Verhandlung im Zivilprozess, der »Verhandlungs-Fahrplan« des Gerichts, wie ihn das Gesetz vorsieht, stellt sich in der Regel wie folgt dar:

- Aufruf der Sache;
- Feststellung der Anwesenheit;
- Einführung in den Sach- und Streitstand durch den Richter;
- Anhörung der Parteien zum Sachverhalt;
- Rechtsgespräch mit den Parteien und Vergleichsverhandlungen;
- mündliche Verhandlung mit Sachanträgen und Vorträgen;
- Beweisaufnahme;
- erneute Erörterung des Sach- und Streitstandes und des Beweisergebnisses;
- abschließende mündliche Verhandlung.

Vor diesem Haupttermin mit dem vorbezeichneten Ablauf soll das Gericht »in jeder Lage des Verfahrens auf eine gütliche Beilegung des Rechtsstreits oder einzelner Streitpunkte bedacht sein«. Zu diesem Zweck schickt das Gesetz jeder mündlichen Verhandlung eine Güteverhandlung voraus; das ist die gesetzliche Regel. Sie hat zwei Ausnahmen: Entweder hat bereits ein – erfolgloser – Einigungsversuch vor einer außergerichtlichen Stelle stattgefunden, oder die Güteverhandlung erscheint aussichtslos. Zur Güteverhandlung sollen die Parteien selbst geladen werden. Schwänzen beide Parteien diese Verhandlung, ist das Ruhen des Verfahrens anzuordnen. Drückt sich nur eine Partei, ist mündlich zu verhandeln.

Das Erkenntnisverfahren, in welchem der ursprüngliche Gläubiger Max zum Kläger und der ursprüngliche Schuldner Moritz zum Beklagten mutierten, endet entweder durch gerichtlichen Vergleich (Einigung) oder durch Urteil. Wird das Urteil rechtskräftig, gibt es für den obsiegenden Max und den unterlegenen Moritz zwei Möglichkeiten: Entweder Moritz zahlt die 400 EUR nebst Nebenkosten freiwillig oder Max muss im Verweigerungsfall gegen Moritz in die Zwangsvollstreckung gehen.

2. Das Vollstreckungsverfahren

Die Art der Zwangsvollstreckung ist gesetzlich unterschiedlich geregelt, je nach Art des Titels und der Art des zu verwertenden Objekts.

Zahlungstitel

- Die Zwangsvollstreckung in das bewegliche Vermögen des Schuldners aus einem Vollstreckungstitel wegen Geldforderungen (sogenannter Zahlungstitel) – im Beispielsfall Urteil zugunsten des Max auf Zahlung von 400 EUR – wird auf Antrag des Gläubigers Max durch Pfändung in die *beweglichen Gegenstände* des Schuldners Moritz vom Gerichtsvollzieher (GV) als Vollstreckungsorgan durchgeführt durch Anbringen einer Pfandmarke (»Kuckuck«). Die Pfändung, das heißt, die Beschlagnahme eines Gegenstandes zur Befriedigung der Geldforderung eines Gläubigers, findet aber ihre Grenzen an der Unpfändbarkeit von lebens- und berufsnotwendigen Gegenständen und Teilen des Arbeitslohns. Gepfändetes Geld liefert der GV an den Gläubiger ab. Andere Gegenstände werden öffentlich durch den GV versteigert, der dem Gläubiger den Erlös weiterleitet.
- Die Zwangsvollstreckung in *Forderungen* des Schuldners gegen Dritte (zB gegen den Arbeitgeber auf Lohn) und von anderen Vermögensrechten des Schuldners erfolgt durch das Vollstreckungsgericht durch einen Pfändungs- (Beschlagnahme) und Überweisungsbeschluss (Verwertung) zugunsten des Gläubigers.
- Die Zwangsvollstreckung in *unbewegliches Vermögen* (Grund und Boden mit Häusern) wird durch Zwangsverwaltung (Mieten gehen an den Gläubiger) bzw. Zwangsversteigerung (Versteigerungserlös an den Gläubiger) vom Versteigerungsgericht durchgeführt. Wie das alles abläuft, ist im Einzelnen in einem besonderen Gesetz, dem Zwangsversteigerungsgesetz, geregelt.

Herausgabetitel

Geht es dagegen um einen Titel auf Herausgabe einer bestimmten beweglichen Sache, erfolgt die Vollstreckung durch Wegnahme seitens des Gerichtsvollziehers.

Handlungs- und Unterlassungstitel

Bei Titeln auf Vornahme einer selbst zu erbringenden Handlung (zB Widerruf einer Behauptung) *oder auf Unterlassung* (zB Verbreitung von Lügen) ist das Vollstreckungsgericht zuständig, das die Handlung durch Zwangsgeld, ersatzweise Zwangshaft bzw. die Unterlassung durch Ordnungsgeld per Beschluss erzwingen kann.

Die Zwangsvollstreckung endet erst mit der vollständigen Befriedigung des vollstreckbaren Anspruchs des Gläubigers.

Achtes Kapitel
Am Scheideweg

»Bitte kein Abbruch schon vor Ihrem Aufbruch!«

»*Die Idee von Jura und ich haben uns auseinandergelebt und wir sind jetzt geschiedene Leute!*« hört man so oft schon vor, dann im oder auch nach dem 1. Semester. Selbstverständlich kann man seine angedachte »Jura-Ehe« jederzeit beenden. Das komplexe Jurastudium mit seiner methodisch-logischen Welt, wie sie unsere Juristerei beherrscht, ist nun mal nicht jedermanns Sache. Bevor Sie sich aber scheiden lassen, sollten Sie gut überlegen, ob Sie nicht doch noch bei Ihrer Partnerin »Justitia« bleiben, solange Sie keine neue konkrete Vorstellung von einem anderen Studium oder einer anderen Ausbildung haben. Wahrheiten, die Sie über Ihr angedachtes Studium zu sagen versuchen, können nur das Produkt Ihrer gewissenhaften längeren Selbstprüfung sein, kein Schnellschuss. Erforderlich ist eine genaue Selbstanalyse und die konkrete Beschreibung Ihrer Ausgangslage oder Ihrer Studiensituation. Den typischen »Jurabegeisterten« gibt es mangels schulischer Vorkenntnisse ebenso selten wie den typischen »Juraabbrecher«. Jura zu studieren, verlangt nun einmal, sich einem Risiko auszusetzen. Und Sie wollen das, weil ein Jurastudium zwar bedrohlich, aber gleichzeitig verlockend ist und viele Chancen eröffnet. Ich hoffe, ich habe mit meiner Lektüre zu einer Entscheidung beigetragen.

Nach meiner Erfahrung ist eine Verabschiedung von dem Wunsch, Jura zu studieren und später gar ein Abbruch des Jurastudiums meist der Schlusspunkt einer durch Fehl- oder Nichtinformation oder Enttäuschung über das Studium und Nichtverstehen der juristischen Materie entstandenen Resignation. Ein Abbruch des Jurastudiums, oft schon vor dem eigentlichen richtigen Aufbruch, ist immer die Folge des Zusammenwirkens mehrerer Faktoren, die Sie unbedingt kennen müssen, um ihnen zielführend entgegentreten zu können.

Schludrigkeit bei der Information über »Jura« ·· Diskontinuität zwischen Gymnasium und Juristischer Fakultät ·· Große Zweifel an persönlicher Eignung und Befähigung ·· Furcht vor Misserfolgen in den ersten Klausuren, Versagensängste ·· Wenig Anschaulichkeit in Lehrbuch und Vorlesung infolge zu hoher Abstraktion ·· Schlechtes soziales Klima in den Massenfakultäten der Juristerei ·· Scheinbar verpasster Anschluss an Mitstudenten auf den Hörsaalbänken ·· Keine greifenden Lernstrategien gegen diese verdammt komplexe Juristerei ·· Defizitäre Rechtsdidaktik in den juristischen Hörsälen ·· Erhebliche Beratungs- und Betreuungsdefizite durch die Professoren ·· Ausbleiben von Erfolgserlebnissen im ersten Semester ·· Finanzielle Schwierigkeiten ·· Jurastudium war nur Ausweichfach – nicht Wunschfach ·· Zu hoher Leistungsdruck an der Uni ·· Interessen, vielleicht Erfolge oder attraktivere Angebote auf anderen Gebieten ·· Frustration durch fehlenden Praxisbezug bei Gerichten oder Kanzleien ·· Angst vor schlechten Berufsaussichten bei fehlendem Prädikatsexamen, Perspektiven-Pessimismus ·· Erkenntnis, dass Prädikatsexamina nur sehr schwer zu erreichen sind

Damit Ihr Studienbeginn nicht schon das Ende vom Anfang ist, müssen Sie das Bermudadreieck aus Sehnen, Suchen und Verpassen, in dem ein junges Jurastudentenleben untergehen kann, möglichst umschiffen. Vier Ratschläge hierzu:

Denken Sie nicht immer: *»Die anderen sind besser!«* Es sieht bei den »anderen« vielleicht alles leicht und lässig aus. In Wirklichkeit fällt auch ihnen nichts in den Schoß. Sie arbeiten vielleicht härter für ihren Erfolg, haben sich intensiver vorab informiert, lassen sich ihre Anstrengungen aber häufig nicht anmerken. Sie sind nicht »juristisch begnadeter« oder »entscheidungsfreudiger«, sie sind wahrscheinlich einfach besser beraten und fleißiger. Ein erfolgreiches Jurastudium gibt es nicht zum Nulltarif. Aber jeder kann das schaffen, wenn er seine Energie konzentriert in das Projekt »Jurastudium« steckt. Sie müssen mehr als bisher verinnerlichen: *»Du schaffst es! Du kannst es! Du taugst!«* – dann wird es Ihnen zur selbsterfüllenden Prophezeiung. Das Leben ist nun einmal ein Konkurrenzkampf: Gewinnen oder verlieren. Sie wollen gewinnen! Sie wollen Jura studieren und werden es dann mit diesem Vorsatz auch weit bringen. Im Jurastudium ist geduldige Klein-Klein-Arbeit notwendig, es warten keine schnellen Resultate auf Sie. Es verwandelt sich nicht alles gleich in Gold, schon gar nicht im Jurastudium. Ihre Gefühle und Hobbys müssen Sie allerdings im Anfang ein wenig suspendieren können, wenn eine solch schwere Aufgabe zu erledigen ist, und die ist mit Beginn des Studiums zu erledigen. Umso schöner ist der Erfolg nach dem Studium: Eine qualifizierte juristische Ausbildung in unserer wetterwendischen Arbeitswelt hat dann die Studentenjahre doch in Gold verwandelt.

Brechen Sie nicht zu früh ab! Es ist nicht vorbei, ehe es vorbei ist. Aber dafür muss man erst mal anfangen. Eine Eingewöhnungsphase von einem Semester kann durchweg normal sein. Eine Studienkrise, ein Motivationsloch, das Schielen nach einer Alternative sind nichts Außergewöhnliches. Zwar gilt: Je früher ein Abbruch realisiert wird, umso weniger gravierend sind die hierbei entstehenden Folgen. Aber es gibt auch den zu frühen Zeitpunkt. Werfen Sie die juristische Flinte nicht schon vor dem Aufbruch ins Korn! Die ersten Monate an der Uni sind meist weniger fachlich als vielmehr persönlich hart. Man liegt mit sich oftmalig im Abwehrkampf.

Wenn Sie sich für Jura entschlossen haben, bleiben Sie noch eine Weile am Ball der Juristerei! Steigern Sie Ihre Leistungsbereitschaft, suchen Sie die Herausforderungen und schöpfen Sie Kraft aus Ihrer Motivation! Die »Flitterwochen« mit der Uni sind aber nach dem ersten Semester vorbei. Es folgt der harte »Ehealltag«. Wem sein Studentenleben allerdings dann so vorkommt wie eine Variante von »*Und täglich grüßt das Murmeltier*«, sollte über eine Scheidung nachdenken.

Der Mangel an Selbstvertrauen, den der Student des Anfangs erfährt, führt nicht selten dazu, dass er sich vor den Portalen der Hochschulen nach »Autoritäten« umsieht. Er sucht nach jemandem, der Sicherheit bietet und sagen kann, wo es lang geht. Er sehnt sich nach einer Autorität mit unfehlbaren Antworten. Der Erstsemestler – wie auch der Jurainteressierte – in seiner misslichen Lage zwischen Baum und Borke will sich nicht mit undurchsichtigen Meinungen und Grautönen auseinandersetzen: Er will eine studentische Welt, die in Schwarz oder Weiß aufgeteilt ist, und Wahrheiten, die er schwarz auf weiß nach Hause tragen kann. »*Wie und wohin soll ich gehen*?« – »*Wo ist die fehlerfreie Quelle der Wahrheit über das Jurastudium*?« – Seien Sie gewarnt: In dieser Welt tummeln sich viele Scharlatane.

»Warum scheitern schließlich doch so viele Jurastudenten bereits nach den ersten Semestern?«

Weil sie auf ihrem Weg zur Uni ihre Unkenntnis über das Jurastudium mit Imagination zu kompensieren versuchten, statt sich bereits im Vorfeld umfangreich über das zu informieren, was auf sie zukommt. Weil sie die Studieneingangsphase (siehe oben) leider nicht solide genutzt haben, um ihre Studienkompetenz aufzubauen. Weil sie einfach zu oft der Herde der Vorlesungsschafe hinterher getrottet sind. Weil sie zu lang am althergebrachten, disziplinlosen Schul- und Studienschlendrian festgehalten haben. Und weil sie denken: »Scheitern?« – »Das tun doch nur die anderen!« Falsch! Die »Anderen« sind nämlich nicht anders als sie selbst. Verkrampfen, verbeißen, verzweifeln, verzagen – scheitern. Abbruch! Traurige Studenten! Sie werden gleich einem steuerlosen Schiff – anfangs langsam, später immer schneller – vom Sog des Wasserfalls angezogen. Der Sturz über das Kliff ist dann das Ende einer hartnäckigen Resistenz gegen die Ursachen des Scheiterns. Wenn der Student sich dem Kliff dann bedrohlich nähert, ist es bereits zu spät.

Doch zunächst: Warum sollte es sich für einen jungen Jurageneigten – wie Sie – überhaupt lohnen, sich schon vor Aufnahme des Studiums mit »*Gründen für ein Scheitern*« im Jurastudium herumzuschlagen?

- Vielleicht deshalb, weil man vom Scheitern lernen kann, wie man nicht scheitert?
- Vielleicht deshalb, weil man nicht nach zwei oder mehr Semestern wieder da ankommen will, wo man aufgebrochen ist?
- Vielleicht deshalb, weil einem dann die Not des deprimierenden »Sich-für-dumm-Haltens« erspart bleibt?
- Vielleicht deshalb, weil man vor Sinnfragen im Studium bis auf Weiteres sicher ist?
- Vielleicht deshalb, weil sich dadurch ein »langer Wille« konstituiert, um ein hochkomplexes Jurastudium über weite Zeitstrecken erfolgreich zu bestehen?
- Vielleicht deshalb, weil man befähigt wird, ohne Angst, aber mit klarem Blick, den langen Marsch auf den entdeckenden Wegen der Juristerei und ihrer juristischen Denk- und Arbeitsweisen erfolgreich anzutreten?

- Oder vielleicht deshalb, weil die Kenntnisse über Maßnahmen zur Abwendung oder zumindest Eindämmung schwebender Scheiterungsgründe zu den studentischen Klugheitsregeln eines geglückten Juraeinstiegs gehören?

Vielleicht? – Nein, ganz und gar nicht vielleicht, sondern gerade deshalb!

Man muss sie rechtzeitig kennen, die *Gründe* für ein Scheitern, schon gleich im Anfang des Jurastudiums. Ihre Existenz zu leugnen, hilft nicht über die Tatsache ihres Daseins hinweg. Aber wenn Sie die häufigsten *Gründe* kennen, können Sie sie wirksam bekämpfen.

Beim Weiterlesen sollten wir eingangs unserer Überlegungen zum konkreten Scheitern im Jurastudium erst einmal folgende begrifflichen Unterschiede eines Scheiterns im Hinterkopf behalten:

- *Etwas scheitert:* ein Projekt, ein Vorhaben. Es ist das Scheitern einer Sachlage, sie fällt wie ein Kartenhaus in sich zusammen. Aber alles bleibt auf Distanz, rückt mir nicht zu Leibe. Das Projekt scheitert an anderen Umständen als an mir.
- *Ich scheitere an etwas:* an einem Ziel, einer Aufgabe, einer Idee oder der Durchführung eines bestimmten Plans. Vielleicht reicht meine Fähigkeit nicht hin, vielleicht ist auch die Zeit noch nicht reif, vielleicht bin ich zu lässig in das Projekt gestolpert. Vielleicht liegt es an mir, vielleicht auch an den Umständen. Hier muss ich mich meiner Unzulänglichkeit, meiner Leichtgläubigkeit stellen, meine eigene Verantwortlichkeit mit ins Spiel bringen. Ich bin am Projekt gescheitert.
- *Ich selbst bin gescheitert:* mit meinem Leben, meinen Ideen, meinem Glauben an mich. Hier dehnt sich das Scheitern auf die ganze Existenz aus, es ist in das Innere meiner Persönlichkeit eingezogen. Ich bin am Projekt gescheitert und an meinem Leben.

Es gibt kaum ein Studium, ein studentisches Unterfangen, das mit so viel Erwartungen und Neugier begonnen wird und das mit solcher Häufigkeit fehlschlägt wie das juristische Studium. 50 % Abbrecher? – 30 % Durchfallquote? – In jeder anderen Fakultät würde man bei solchen Zahlen in der Luft zerlegt. In der juristischen nimmt man es einfach hin. Dies ist in allen drei Formen des Scheiterns ein fahrlässiger bis leichtfertiger Umgang mit der Lebensplanung und der Lebenszeit junger Menschen.

Nehmen wir die Studenten Eddie und Vincent mal als zwei klassische Modelle.

Jurastudent Eddie

8 Uhr – Eddie sitzt am Frühstückstisch, im Ohr seine Lieblingsmusik. Gesundes Müsli, Kaffee – schmeckt und ist gesund. Er blättert die Zeitung durch und stellt fest, wie gut es ihm doch geht. Diese Momente am Morgen vor dem Aufbruch in den Jurastudenten-Alltag genießt er.

9 Uhr – Auf dem Weg zur Uni lacht die Sonne, Eddie flirtet in der U-Bahn mit einer Kommilitonin, er freut sich auf seine Jura-Vorlesungen, die vor ihm liegen, auf das Wiedersehen mit den Kommilitonen. Er hat Lust loszulegen!

10 Uhr bis 13 Uhr – Im Hörsaal. Eddie ist froh, sich gestern auf die neuen juristischen Themen der Vorlesungen durch leichte Einarbeitung im Lehrbuch vorbereitet zu haben. Er kann gut folgen, freut sich über sein Verstehen, vergnügt sich an der »Zeitgenossenschaft« mit seinen Professoren, hält den roten »Faden« in der Hand und begnügt sich nicht mit der Rolle des passiven Zuhörers, sondern bringt sich aktiv in die Begegnung mit dem neuen Stoff ein. Er ist klüger geworden!

Ganz anders ergeht es Jurastudent Vincent

8 Uhr – Vincent sitzt am Frühstückstisch. Neben sich ein Nutella-Weißbrötchen, mein Gott, wie ungesund ich lebe! Die Zeitungslektüre zieht ihn runter, wie böse die feindliche Welt doch ist. Seine schlechte Laune ist sicht-, spür- und greifbar. Was habe ich mit diesem Jurastudium zu schaffen? Was verbindet mich mit den Kommilitonen, was mit dem juristischen Stoff?

9 Uhr – Auf dem Weg zur Uni scheint die Sonne. Vincent hasst nach durchzechter Nacht das grelle Licht. Missmutig sitzt er in der U-Bahn, glotzt vor sich hin, hat Angst vor der vor ihm liegenden Vorlesung, die wiederum nur an ihm vorbeirauschen wird, sieht nicht den kecken Blick seiner Kommilitonin. Mir reicht es schon, denkt er, die immer gleich dumpfen Gesichter meiner Kommilitonen, ihre immer gleich dummen Sprüche ertragen zu müssen. Wie ich das alles hasse!

10 Uhr bis 13 Uhr – Im Hörsaal. Genau wie immer: Nichts verstanden. Als Alibi ein paar Satzfetzen mitgeschrieben, obwohl er genau weiß, nichts nacharbeiten zu wollen, weil das noch nie was gebracht hat. Zur Passivität verdammt, Tablet raus und rumgedaddelt. Gott sei Dank! Es

ist vorbei! Wenn das »ich« bin und das so weitergeht, werde ich scheitern!

Sehen Sie zu, dass Ihr Übergang ins Jurastudium von Beginn an eher die Gestalt von Eddies Anfangstagen annimmt. Wie? Indem Sie eine geradezu lustvolle Bindung an Ihre erste Begegnung mit Jura entwickeln. Gehen Sie mal hin zur Uni, treffen Sie Menschen in der Uni, besuchen Sie die Räume der Hörsäle und Bibliotheken, den Erfrischungsraum und die Mensa. Schauen Sie sich schon mal das Jurastudium an, die Gesetze und methodischen Werkzeuge, die Ihnen begegnen und mit denen Sie zu tun haben werden. Dann entsteht frühzeitig eine Connection zwischen Ihnen und der »Neuen Jurawelt«. Sie werden das Gefühl haben, das Jurastudium »zu erreichen«. Eddie fühlt sich in der Uni und im Studium »aufgehoben« und getragen, er wird nicht scheitern – Vincent dagegen fühlt sich in das Studium »geworfen«, der Uni »ausgesetzt«, er wird scheitern.

Scheitern ist immer der Endpunkt einer Fehlerkette. Fehler sind durch das Nichterfüllen bestimmter Anforderungen gekennzeichnet. Man muss sich also schon vor dem eigentlichen Anfang mit den Anforderungen *auseinandersetzen*, die aus dem Umkehrschluss der folgenden »*Zwölf Gründe für ein Scheitern*« herrühren: *»Mir wird das nicht passieren!«* Nehmen Sie das »*Auseinandersetzen*« mit den »*Zwölf Gründen*« ruhig einmal wörtlich. Setzen Sie jeden der nachfolgenden Punkte auf einen Stuhl und sich selbst als Jurageneigter gegenüber und schauen Sie das Gegenüber genau und abspeichernd an! Zeigen Sie Ihre Klugheit und bringen Sie die »*Zwölf Gründe*« jeweils in die Ich-Form mit zwölf Mal: »*Ich nicht*!«, um nicht auf dem »Scheiter«haufen Ihres Jurastudiums zu enden.

Die »Zwölf Gründe« für ein frühes Scheitern im Jurastudium

1. **Der Student (»Ich nicht«)** leidet an der Unfähigkeit, die außergewöhnliche Komplexität des rechtlichen Lernspektrums zu reduzieren und immer wieder auf einfache Alternativen zurückzuführen. Die Reduzierung ist mitnichten eine Banalisierung der Juristerei, sondern die via regis. Er drängt danach, die juristische Komplexität immer komplexer und verwirrender zu machen, bis er aus dem Labyrinth nicht mehr herausfindet. Ein sicherer Weg zum Scheitern!
2. **Der Student (»Ich nicht«)** scheitert am Übergang vom Schüler zum Jurastudenten, weil er sich nicht ausreichend auf das Jura-

studium vorbereitet, weil er zu lange an der ausgelebten Schülergestalt festhält und somit die wichtige Studieneingangspassage verpasst. Er hat die Neigung zur Beibehaltung bestehender, oft antiquierter, träger, schulischer Wissensaneignungsverfahren, statt sich von Anfang an eine moderne, frische, völlig neue Lernorganisation durch spezifisch-juristische Lernregeln zu schaffen. Er versucht, seine angelernten Schuleigenheiten von einem System ins andere mitzunehmen. Diese erweisen sich aber im Hochschulsystem als höchst unzuverlässig.

3. **Der Student (»Ich nicht«)** scheitert an dem notorischen Mangel von fundierter und vor allem fundierender Einführungsliteratur und rechtsdidaktisch qualifiziertem Lehrpersonal. Am Anfang müssten die besten Professoren lehren und schreiben, danach genügen auch die schlechteren. Der Student sucht sich die falschen Lehrmeister, auch und gerade in der wuchernden Anfängerliteratur.

4. **Der Student (»Ich nicht«)** strauchelt an der Schwierigkeit, den Nutzen von Vorlesungen optimal für sich zu realisieren. Zu Deutsch: Der Dozent redet vor sich hin und an dem Studenten vorbei. Der Student sitzt die Zeit auf den Hörsaalbänken ohne Gewinn für sich ab. Er hat keine rechte Anleitung, mit diesen Zeitfressern umzugehen, um aus manch einer »Leerveranstaltung« eine »Lehrveranstaltung« zu machen.

5. **Der Student (»Ich nicht«)** verinnerlicht nicht die Erkenntnis, dass nicht das Wort des Professors sondern das des Gesetzes im Mittelpunkt des Interesses stehen muss. Die Primärliteratur ist und bleibt das Gesetz, das A und O der Juristerei; alles andere ist Bei- und häufig genug Blendwerk. Der Student geht zu selten den richtigen Weg vom Gesetz zur Literatur, vielmehr zu häufig den falschen in umgekehrter Richtung.

6. **Dem Student (»Mir nicht«)** mangelt es an dem Bewusstsein, wie man mit juristischen Gesetzen handwerklich umgeht und daran, dass er Probleme nicht auseinandernehmen, strukturieren und Schwerpunkte setzen kann. Hinzu kommt eine unsystematische juristische Denk- und Arbeitsweise mit dem Gesetz und dem Fall. Er beherrscht seine methodischen Werkzeuge nicht.

7. **Dem Student (»Mir nicht«)** fehlt eine Studienstrategie in Form kurz-, mittel- und langfristiger Studien- und Lernziele. Eine Analyse und dauerhafte Planung (das heißt Strategie) und eine

notwendige Priorisierung werden schon vor Aufnahme des Studiums vermisst. Er findet keine Antworten auf die Fragen »Wie bewältige ich die Stofffülle?« – »Welche Vorlesungen erwarten mich?« – »Wie ist mein Studium aufgebaut?« – »Wie organisiere ich mein Studium?« und »Wie teile ich meine Zeit ein?« Er fühlt sich nackt, noch durch keinerlei Studienkonzept geschützt.

8. **Der Student (»Ich nicht«)** scheitert an seiner fehlenden Klausurentechnik. Es mangelt an der notwendigen Umsetzungskompetenz von globalem Wissen auf lokales Anwenden in Klausuren. Der Student hat nicht gelernt, wie er sein Wissen klausurentechnisch auf den Fall lenken muss. Ihm fehlt die Rechtsanwendungsmethode! Er kann sein »Schreibwerk« nicht gut genug »verkaufen«.
9. **Der Student (»Ich nicht«)** ist den Weg zur flüssigen Darstellung und zur überzeugenden Präsentation seiner Gedanken nie zu Ende gegangen. Sprachlosigkeit und Konturlosigkeit in seinem juristischen Schreibwerk führen zu Erfolglosigkeit. Er ist zu wenig in der Lage, in Klausuren sein Wissen so aufzubereiten, dass es in »Form« kommt und dem Korrektor gefällt.
10. **Der Student (»Ich nicht«)** fällt seiner Ignoranz gegenüber den überlebensnotwendigen Sekundärtugenden zum Opfer: Ordnung, Fleiß, Geduld und vor allem Disziplin. Er weiß nicht, dass diese Sekundärtugendresistenz noch verheerendere Folgen hat als fehlende Intelligenz. Sekundärtugendgesteuerte Studenten sind erfolgreicher als die nur intelligenten. Sich ausschließlich auf die Intelligenz zu verlassen, ist der verlässlichste Ausgangspunkt des Scheiterns.
11. **Der Student (»Ich nicht«)** merkt zu spät, dass die Anwendung des Gesetzes auch handwerkliche Tätigkeit ist und nur am Fall erfolgen kann. Das ewig wiederkehrende Spiegeln des Lebensausschnitts (Fall) im Gesetz, das methodische Spiel mit Gutachten und Subsumtion, Auslegungen und Definitionen, Analogien und Umkehrschlüssen kann der Student nicht mitspielen. Er scheitert im Chaos der methodischen Spielregeln, weil er nicht von Anfang an »am Fall« arbeitet, und zwar am Normalfall und nicht professorenverführt am »Exoten«.
12. **Der Student (»Ich nicht«)** schaut dem Korrektor niemals über die Schulter. Er gewinnt keine Klarheit über den Sinn der Leis-

tungsnachweise und die Genealogie einer Note. Er entwickelt keine Vorstellungen über ihre Entstehung, die Bewertungskriterien, die ent-»scheidenden« Maßstäbe der juristischen Benotung.

Seit es das Studium der Rechtswissenschaft gibt, gibt es das »Massensterben« vieler Studenten gleich im Anfang. Das Unbehagen in der rechtswissenschaftlichen Nachwuchsgeneration über das »Unternehmen Jura« ist so alt wie die rechtswissenschaftlichen Fakultäten. Das müssen Sie aber nicht empfinden, wenn Sie das Steuer Ihrer Juraidee vom ersten Tag an selbst in die Hand nehmen, mit dessen Hilfe Sie dorthin gelangen, wohin Sie vielleicht sonst nie gekommen wären: Das 1. Semester mit aufbruchsfroher Lust zu beginnen und erfolgreich zu beenden.

Aber vielen Jurastudenten fehlt es gerade im Übergang von der Schule an diesem Wissen und Können, weil es ihnen niemand erklärt hat, sie es nie so richtig gelernt und verstanden haben und den Gang und die Ziele ihres Studiums nicht kennen. Wer den Hafen nicht kennt, in den er segeln will, für den ist kein Wind der richtige (Seneca).

»Gibt es Alternativen zum klassischen Jurastudium?«

Und nun werter Leser? Hat bei Ihnen eine Art des »Sich-seiner-selbst-bewusst-Werdens« stattgefunden? – Sind Sie angekommen im Einzugsgebiet des Jurastudiums? – Haben Sie Vertrauen in das »Fach Jura« gewonnen? – Haben Sie eine gute Beziehung zu dem Jurastudium, seinen Inhalten und seinen Lehrenden gefunden? – Haben Sie positive Antworten auf Ihre Fragen nach dem »Warum«, »Wieso«, »Wie«, »Wo«, »Was« und »Wozu« des Jurastudiums erhalten? – Und wenn Sie sagen: »Nein! Danke! Das war es denn mit Jura!«, dann denken Sie an die Weisheit: »Sometimes you win – sometimes you learn«.

Vielleicht hat es aber bei Ihnen nach der Lektüre auch so richtig »Klick« gemacht? – Der Weg zum »Klick« kann manchmal ziemlich anstrengend sein. – Sind Sie Ihrer Entscheidung für oder gegen Jura näher gekommen? – Hat sich Ihre locker daher gesagte Eingangsfrage *»Ist Jura das Richtige für mich?«* durch meine Antworten und Ihre wachen Rückfragen präzisiert? – Hat unser Dialog Ihnen weitergeholfen? – Kontrollieren Sie sich mal! Denken Sie an das Orakel von Delphi: »*Erkenne Dich selbst!*« Und sollten nach der Lektüre doch Zweifel am Jurastudium bleiben, sollte Ihnen dieses Studium vielleicht doch nicht so wie erhofft zusagen, Sie aber grundsätzlich »Jura« mögen, gibt es ja noch andere Möglichkeiten, um mit der Juristerei eine Verbindung einzugehen, eine zwar nicht so massive, mehr eine lockere, aber dennoch eine attraktive.

Der klassische Weg in die Juristerei führt allerdings nach wie vor über das langwierige Studium der Rechtswissenschaften und die zwei Staatsexamina. Daran führt auch nach »BOLOGNA« kein Weg vorbei. Wer folglich Richter, Staatsanwalt, Rechtsanwalt oder Notar werden will, muss diesen steinigen Aufstieg nehmen. Nach ungefähr acht Jahren emsigen Studierens hat man endlich diesen Gipfelpunkt der »Befähigung zum Richter« erklommen. Sie fragen sich sicher angesichts dieser Hürden (1. Staatsexamen, Referendariat, 2. Staatsexamen), ob es Umleitungen zu diesen Berufen gibt. Nein, die gibt es nicht. Falls Sie aber keinen der klassischen juristischen Berufe anstreben oder nach dem 1. Semester sagen »Nein, danke, das ist nichts für mich! Ich bin aber nach wie vor am Recht interessiert«, bietet sich mit dem sogenannten Bachelor of Laws (LL.B) eine echte Alternative an. Der 1999 in Gang gesetzte Bologna-Prozess mit seiner Umstellung auf das Bachelor/Master-System hat zwar die Bastion Jura noch nicht schleifen können (wie lange noch hält sie stand?), dennoch haben sich mittlerweile auch andere juristischen Studiengänge etabliert.

Interessant ist der LL.B. (Bakkalaureat [lat.: Junggeselle] of laws) mit seinen 6 bis 8 Semestern, weil er kurz ist und mit unterschiedlichen Studien- und Berufsrichtungen angeboten wird. An zahlreichen (Fach-) Hochschulen und Universitäten können breit angelegte juristische Bachelor-Studiengänge absolviert werden. Es reicht von dem Studiengang »Unternehmenskultur« an der Uni Mannheim, wo eine Mischung aus juristischen und wirtschaftswissenschaftlichen Kenntnissen vermittelt wird, über »GoodGovernance – Wirtschaft, Gesellschaft, Recht« an der Uni Rostock, über den LL.B. »Sozialrecht« an der Hochschule Fulda, über »Wirtschaftsrecht – Nachhaltigkeit und Ethik« ebenfalls in Fulda bis zum Fernstudium LL.B. an der Fernuni Hagen. Der Jura-Bachelor ist kein Mysterium mehr und die Entscheidung gegen das Staatsexamen kein Weltuntergang. Es werden zur Zeit 92 Bachelor-Studiengänge angeboten. Die Auswahl im Internet ist riesengroß. Vielleicht ist für Sie etwas dabei?

Ob nun der LL.B. für Sie Sinn macht, müssen Sie selbst entscheiden. Wenn es für Sie allerdings von vornherein feststeht, dass Sie kein Richter, Staatsanwalt, Anwalt oder Notar werden wollen, es Sie mehr nach der Welt der Wirtschaft, Finanzen oder Verwaltung gelüstet, stellt er eine echte, belastbare Alternative dar. Er ermöglicht eine frühzeitige interdisziplinäre Spezialisierung an der Schnittstelle zwischen Jura und Wirtschaft. Als Nachteil muss jedoch festgestellt werden, dass LL. B. Absolventen in ihrem späteren Berufsleben häufig mit Volljuristen konkurrieren werden. Unter Umständen kann es dabei eine Tendenz geben, die Volljuristen den Bachelor-Absolventen vorzuziehen, weil sie über eine längere theoretische juristische Ausbildung und eine praktische juristische Referendarzeit verfügen.

Wenn Sie sich diesbezüglich also noch unsicher sind, sollten Sie sich für das juristische Staatsexamen entscheiden, umsatteln können Sie ja immer noch. Also: Nichts ist verloren, alles möglich!

Neben dem Volljuristen gibt es im Justizwesen den *Diplom-Rechtspfleger.* Maßgebend für die Stellung des Rechtspflegers ist das Rechtspflegergesetz (RPflG). Der Aufgabenkreis des Rechtspflegers umfasst nach § 3 RPflG vorwiegend Bereiche der freiwilligen Gerichtsbarkeit und der Zwangsvollstreckung: so das Grundbuchwesen, die Registersachen, die Immobiliarzwangsvollstreckung, die Forderungspfändung, Vormundschafts-, Betreuungs- und Nachlasssachen. Daneben sind dem Rechtspfleger einzelne Aufgaben auf dem Gebiet des Zivil- und Strafprozesses und im Rahmen der Strafvollstreckung übertragen. Er hat als sogenannter Spezialist der freiwilligen Gerichtsbarkeit eine richterähnliche, sachlich unabhängige Stellung. Man bezeichnet die Rechtspfleger auch gerne als die »Zweite Säule der Dritten Gewalt«. Seine erforderlichen Kenntnisse erwirbt er in einem Studiengang an einer Fachhochschule. Dieses Studium steht, der Verantwortung entsprechend, die dem Rechtspfleger mit der Übertragung ehemals vom Richter wahrgenommener Geschäfte erwächst, auf einem hohen Niveau. Die gründliche Ausbildung auf wissenschaftlicher Grundlage dauert mindestens 3 Jahre. Sie könnte mit ihrem beispielhaftem Wechsel von Theorie (24 Monate) und Praxis (12 Monate) Modellcharakter für eine neue Juristenausbildung haben.

So! Wir haben das Jurastudium und die Juristerei mittels Ihrer munter drauflos gestellten Fragen und meinen Antworten in hoffentlich sicherem Gang zwischen Distanz und Nähe erkundet. Fragen sind zwar schlichtes Sprachwerk, aber im Gegensatz zu wissenschaftlich anspruchsvollen Kapitelüberschriften die einfachste Art und Weise, miteinander ins Gespräch zu kommen. Ich lasse Sie nun auf der letzten

Seite unseres Dialogs hoffentlich nicht ratloser zurück als auf der ersten. Ein Jurastudium, das wünschen sich viele. Das ist das eine. Das andere ist, dass nur wenige wissen, was das heißen soll, Jurastudium. Sie wissen es jetzt genauer: So geht's!

Danksagung

Damit ein Buch entstehen kann, braucht es viele Mitwirkende. Ich möchte mich mit diesen Zeilen herzlich bedanken. Bedanken möchte ich mich zunächst bei allen meinen geheimen Mitarbeitern und Mitarbeiterinnen. Dabei handelt es sich zum einen um Kollegen und Kolleginnen, die so sind wie ich, genau so vernarrt in die Juristerei, zum anderen um meine vielen Studentinnen und Studenten, die mich die Kunst des juristischen Lehrens gelehrt haben, während ich ihnen juristischen Unterricht erteilt habe. Danken möchte ich besonders meiner Frau, Dr. Barbara Dyrchs, für ihre unermüdliche Jagd nach sprachlicher Perfektion und leider nicht immer erfolgreichen Kürzungen. Sie las das Buch mit den Augen eines erwartungsvollen, aufgeschlossenen, neugierigen Lesers, aber auch mit denen einer erfahrenen Richterin. Sie half mit wertvollen und interessanten Ideen, das Werk zu vervollkommnen. Mit freundlicher Hartnäckigkeit hat sie sich zur Anwältin der jungen Leser gemacht und mich darin ermutigt und bestärkt, kein akademisches Werk zu verfassen, sondern *ein Versteh- und Erkenntnis-Vergnügen*. Ganz besonders gilt auch mein Dank Frau Marion Jungmann für die Könnerarbeit des »Schreibens« und ihre unermüdliche Betreuung, die über das reine Schreibwerk weit hinausging und Frau Dr. Ayla Sommer für ihre großartige Arbeit beim Lektorat des Manuskripts. Herzlichen Dank an alle!